探寻开放与监管新范式

——2018青岛·中国财富论坛

王波明 | 主编
张燕冬 | 执行主编

人民出版社

目　录

序

引　论

第一章
世界复杂变局下的中国经济

第二章
开放与监管并举

第三章
金融助推新旧动能转换

第四章
金融科技实践与规范

第五章
突破金融服务实体瓶颈

第六章
资管新规与财富管理变革

第七章
资管与财富增长

第八章
投资驱动创新

第九章
金融城建设与生态环境

第十章
企业借力资本市场与配套服务

第十一章
区块链技术在金融业的应用

第十二章
中国财富管理发展指数发布

序

山东将加大改革开放力度

龚 正*

青岛·中国财富论坛已连续举办四届，逐步成为中国财富管理行业发展的风向标，本届论坛以“探寻开放与监管新范式”为主题，聚焦服务实体经济等关键问题，与会嘉宾交流思想，建言献策，对促进青岛、山东乃至全国经济发展具有重要意义。

山东经济长期稳中向好，发展基础日趋坚实，特别是去年以来，认真贯彻习近平新时代中国特色社会主义思想和党的十九大精神，按照新发展理念的要求，大力推动经济质量变革、效率变革、动力变革，质量效益、结构层次、创新能力持续提升，高质量发展的向上趋势愈加明显。更拓展两大拐点，服务业占比达到48%，三二一产业格局持续优化，煤炭消费压减超额完成，年度能耗总量近20年首次下降。在转型升级，提质增效的基础上，跨上四个台阶，地区生产总值超过7万亿，一般国民预算收入突破6000亿元，外贸出口近1万亿元，市场主体达

---

* 龚正，时任山东省委副书记、省长。

到 800 万户，经济长期向好的基本面更加巩固。

今日山东改革开放力度更大，发展动力活力更足，上合组织青岛峰会圆满成功，习近平总书记视察山东发表重要讲话，指明了前进的方向，带来了重大的机遇。我们按照习总书记的重要指示要求，全力打造对外开放新高地，坚定不移推动高质量发展，着力推进新旧动能转换重大工程，大力发展新技术、新产业、新业态、新模式，加快培育"5+5"十强产业，促进产业智慧化、智慧产业化、跨界融合化、品牌高端化，努力在建设现代化经济体系上走在前列。

我们编制完成了一系列战略规划，全力打造乡村振兴齐鲁样板，部署实施海洋强省建设十大行动，加快推进污染源头防控四减四增行动。我们大力推进放管服改革，全方位落实一次办好，建设精简高效的政务生态，富有活力的创新创业生态，彰显魅力的自然生态，诚信法治的社会生态。

展望未来，山东正铆足动力，蓄势待发，我们热诚欢迎企业家来鲁投资兴业，共享发展机遇，共创美好未来。

青岛财富管理试验区面临新机遇

孙继业*

山东地处中国东部沿海、黄河下游，面积15.7万平方公里，常住人口近1亿人。山东历史悠久、文化灿烂，是中华文明的重要发祥地，素有“孔孟之乡、礼仪之邦”的美誉。山东是经济大省，去年实现生产总值7.27万亿元，居全国第三位。其中，全省金融业增加值3707亿元，占GDP比重达5.1%，已成为国民经济重要支柱产业。

青岛财富管理金融综合改革试验区是全国唯一以财富管理为特色的国家级金融改革试验区，是山东金融改革发展成果的重要展示窗口，自2014年正式获批以来，已有两批60项创新试点政策落地实施，相关机构引进、载体建设、人才汇集等工作成果丰硕，在2018年3月公布的“全球金融中心指数”排行榜上，位居全球第33位。

当前，世界经济持续复苏，但单边主义、贸易保护主义、逆全球化思潮不断有新的变化，贸易摩擦加剧，给经济金融发展带来较大不确定性；同时，全球金融市场波动及金融科技等新技术带来的各类风险不容忽视，都对金融监管构成新的挑战。此次财富论坛围绕“探寻金融开放与监管新范式”这一主题，深入交流探讨，开展思想碰撞，必将在金融开放、金融监管、金融创新、金融服务实体经济等方面，积极拓展思路，提供有益参考；在积极推动青岛财富管理中心建设，准确把握和引

---

* 孙继业，时任山东省副省长。

领金融改革的方向、重点方面，也具有重要意义。

山东是实体经济大省，工业体系齐全，农业底子厚实，基础设施完善，市场环境优良，是各方面投资兴业的沃土，也为财富管理提供了广阔空间。当前，山东正处在由大到强战略性转变的关键时期，全省上下正在深入学习贯彻十九大及习近平总书记视察山东重要讲话精神，全力打造对外开放新高地，推动高质量发展，推进新旧动能转换重大工程，深入实施乡村振兴战略，扎实做好保障和改善民生工作，奋力开创经济文化强省建设新局面。这不仅为推动全省经济社会及金融改革发展，也为青岛财富管理试验区建设迎来了新的历史机遇。

青岛是一座美丽的海滨城市，是开展财富管理的理想之地。我们真诚欢迎国内外金融机构和高端精英人士来山东投资兴业，参与青岛财富管理试验区建设，不断开拓金融合作新领域，实现互利共赢。我们相信，在各位的关心支持下，山东金融业发展特别是青岛财富管理试验区建设一定会不负众望，取得新的更大成绩。

打造金融业改革开放新高地

孟凡利*

青岛是位于中国山东半岛的一座沿海城市，目前陆域面积 1.1 万平方公里，常住人口近 1000 万人。关于青岛的特点可以从很多角度介绍，目前比较认可的是国务院 2016 年 1 月批复青岛市城市总体规划所作的归纳，青岛是中国沿海重要中心城市和滨海度假旅游城市、国际性港口城市、国家历史文化名城。

作为中国沿海重要中心城市，青岛取得了长足进步，去年全市生产总值超过 1.1 万亿元，人均生产总值 12 万元，财政总收入 3222 亿元，一般公共预算收入 1157 亿元。作为滨海度假旅游城市，青岛观光和休闲度假都有很多有吸引力的地方，去年接待游客 8816 万人次，2018 年有更好的增长，端午节达到 35.8%。作为国际性港口城市，去年青岛港货物吞吐量超过 5.1 亿吨，集装箱吞吐量近 2000 万标箱，与全球 177 个港口保持通航。青岛流亭机场拥有国内航线 157 条、国际航线 27 条，另有香港和台湾各 1 条航线。青岛新机场预计 2019 年 9 月投入使用。青岛至济南的高铁于 2018 年 12 月通车。作为国家历史文化名城，虽然青岛主城区只有一百多年的历史，但见证了中国近现代的历史变迁。

2018 年 6 月，上海合作组织成员国元首理事会第十八次会议在青岛成功举办，给青岛带来难得的机遇。习近平总书记在主持峰会后视察

---

* 孟凡利，时任青岛市委副书记、市长。

青岛和山东时强调，要切实把新发展理念落到实处，不断取得高质量发展新成就，不断增强经济社会发展创新力。一周之前，习近平总书记对上合组织青岛峰会成功举办作出重要指示，对山东省特别是青岛市对峰会的服务保障工作给予充分肯定，并对山东和青岛今后的发展进一步提出新的要求。当前，青岛正在深入贯彻落实习近平总书记视察山东重要讲话和对上合组织青岛峰会成功举办所作的重要指示精神，努力开拓创新、苦干实干，推动各项工作再上新台阶。

自改革开放以来，青岛经济社会发展一直呈蓬勃向上态势，金融业也是如此。特别是 2014 年国家批准青岛作为财富管理金融综合改革试验区以来，青岛的金融业更是步入发展的快车道。当前，我们正在按照支持实体经济发展、防范金融风险、扩大对外开放、加快金融业特别是财富管理业发展的总体思路，做好各项金融工作，加大工作力度，营造良好金融生态，加快建设面向国际的财富管理中心城市，打造金融业改革开放和加快发展的新高地。

青岛 · 中国财富论坛连续举办 4 届，已经成为青岛市财富管理金融综合改革试验区的重要组成部分，在金融界已经和正在产生重要影响。本次论坛的主题是“探寻金融开放与监管新范式”，具有鲜明的时代特征和现实意义。衷心期待各位嘉宾畅所欲言，留下真知灼见，以便指导今后的工作。同时，也诚挚欢迎国内外金融机构和人才来青岛发展，参与青岛金融业改革和发展，携手共创美好未来。

引　论

贸易战会影响全球经济，需及时止损

Alan Greenspan*

摘要： 历史经验表明，加税会导致经济陷入衰退，我们现在已经接近了这一危险局势，应停止继续施加高关税。未来可能会发生一场资本和贸易上的战争。战争会带来经济下滑，整个西方世界可能都会陷入经济困境。在这场战争真正开启之前，我们一定要及时止损。

很多年以来我都专注于经济状况的研究和预测。但开始之前，我先来评价一下美国和其他国家，尤其是和中国的关系。

我准备了一些图表。图表-1 是从 1980 年一直到今天人均 GDP 的变化情况。图表上的蓝色部分是美国，红色部分是中国，可以看到这两者之间的相对差距正在逐渐缩小，但绝对值差距仍较大。我们正在经历一个非常不平凡的时期，所谓贸易战，在中美之间刚刚开始。到底贸易战会有怎样变化，到底起因是什么？不需赘述，大家都非常清楚。

这一变化的本质是什么？首先，美国对钢铁和铝行业变化的反应其实是一个潜在的政治问题。对美国总统来说，这是一个非常重要、且理应做得更好的领域。因为给美国总统投票的选民主要在美国中西部以及偏东的地区。钢铁和铝行业应该得到严密关注，二者所呈现的趋势也

---

* Alan Greenspan（艾伦·格林斯潘），美国联邦储备委员会前主席。

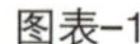

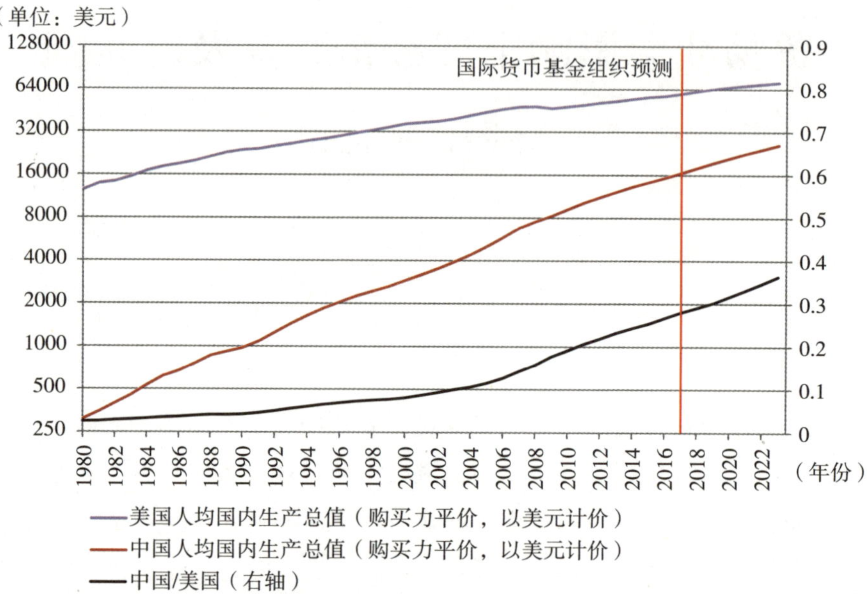

是非常类似的。比如对于钢铁来说，美国在全球总钢铁产量的占比从1976年的23%，下降到2015年的5%。另一方面，我们发现中国的钢铁产量占比从3%增长到50%。这是前所未有的显著增长。铝行业出现了类似趋势，美国的铝产量曾经占到全球产量的40%，但是到2016年，已经下降到3%。相反的是，中国产量所占比例从1960年的1.5%增长到2016年的40%以上。这一变化具有非常显著的政治影响，美国总统必须做出正式反应。这也就慢慢演变成了两大经济体间的贸易战，未来动向扑朔迷离。

在深入探讨这个问题之前，我想谈谈对美国经济的展望，以及对全球其他经济体的经济展望。

如前所述，上图展现出了中国和美国人均GDP的变化，也很好地反映了人们的生活水平。中国人均GDP增长在全球占比不断上升，美国则在下降，这对美国政治体系带来了非常深远的影响。何以如此？

首先，中国能以如此非凡的速度增长，意味着中国的资本投资是非常突出的，因为这是所有经济增长的根本动力所在。我们可以在图表–2中看到端倪。美国的储蓄大约占 GDP 的 20%，中国的比例则显著高很多。这也告诉我们，当你得到的资本越来越多，资本投资越来越多，经济也会显著增长。美国一直困惑于中国人为什么这么喜欢储蓄，当然大家对这个话题比我要清楚得多。

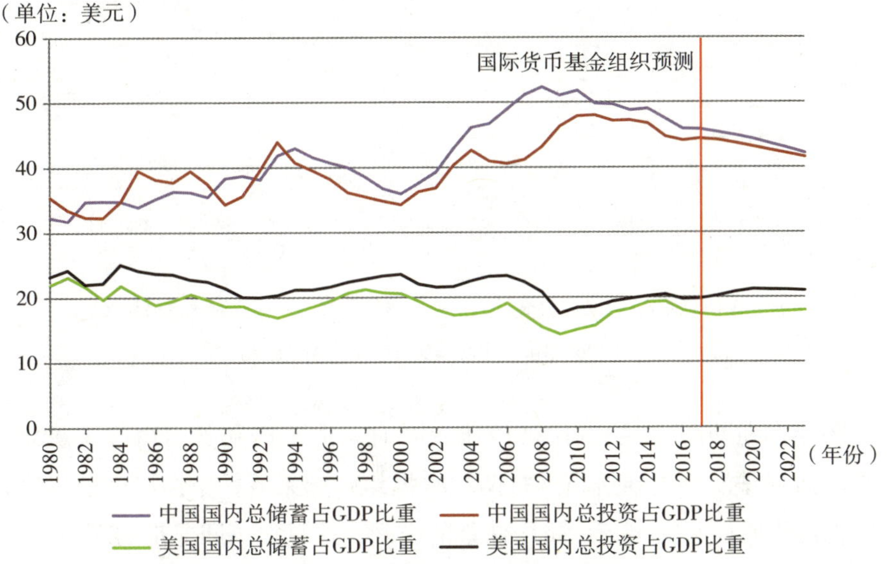

接下来我要呈现的数据，将会为我们解释美国 GDP 增长的来源，以及美国经济路在何方？尽管美国经济有所下滑，但是在二战之后，美国一直是全球最主要的经济体，在其他很多方面美国依然是全球最强大的。我在五六年前观察到了图表上所呈现的这种关系，就像所有经济预测工具一样，我们曾以为这个工具在面世几年之后会失效。但它出现后每一年的效果持续得到了证实，原因就在于它能捕捉到非常重要的元素。图表–3 红线表示全国总储蓄占 GDP 的比重，下面的这条线是社会福利支出占 GDP 的比重。从这两条线的相反走向可以看出，国内的储蓄和福利支出差距在迅速缩小。随着福利支出越来越多，总储蓄也受到

图表–3 国内总储蓄和政府社会福利

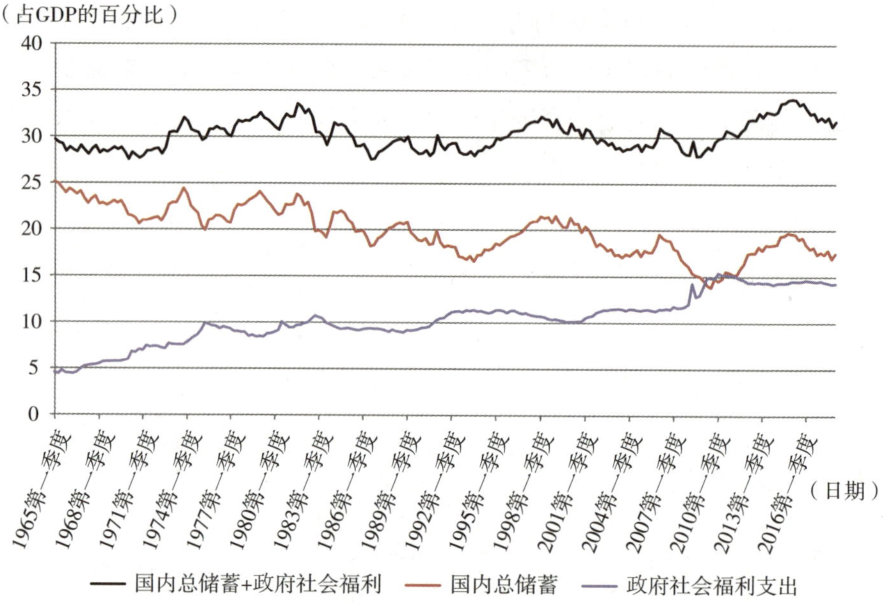

按1965年第一季度—2016年第一季度绘制

了影响，在 GDP 中的占比被挤压。同时，由于福利支出由政策决定，所以福利并没有受到挤压。将两组数据组合起来看，空白区间非常窄，这告诉我们福利支出正在挤压储蓄的空间，这是很不同寻常的现象。

为什么这些趋势非常重要？因为在现有法律之下，我预测社会福利支出在 GDP 中的占比还会不断上升，这也基本意味着国民储蓄总量将会不断下降，在 GDP 中的占比也会下降。这一点非常重要，因为储蓄能为投资提供融资，中国在这方面有非常大的优势；而美国储蓄在下降，所以优势相对较小。

再来看看美国储蓄以及投资的情况（图表–4、图表–5）。1980 年之前，其中一条曲线很明显地影响了另外一条。但 1980 年之后，储蓄不再是唯一一个推动国内投资的因素。从 1983 年或 1986 年起，资本投资找到了另一个很重要的动力，人们更多地开始通过借贷为资本投资融资，从而推动 GDP 增长。美国资本账户赤字到 90 年代初都比较适中，

图表–4　美国储蓄和投资（在美国GDP中占比算）

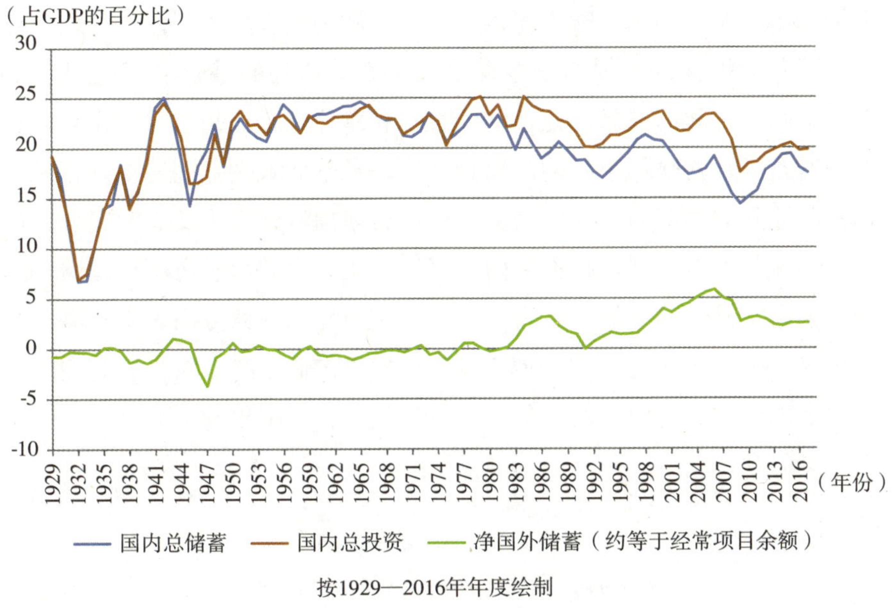

按1929—2016年年度绘制

图表–5　美国净国际投资头寸

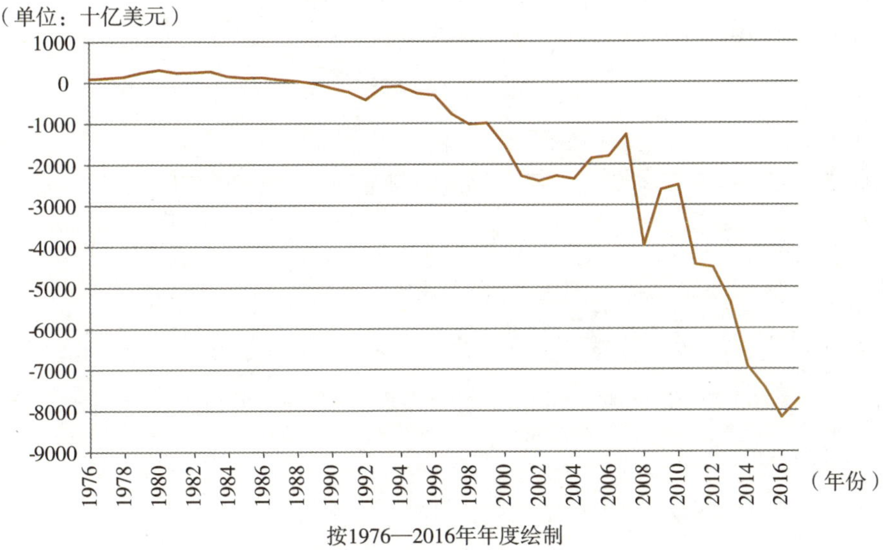

按1976—2016年年度绘制

但在这之后，美国在全球的负债净额增加到了 8 万亿美元。最近的季度数据显示，美元的债权国不愿再像过去一样为美国融资了。

这些数据何以重要？资本存量是生产力增长的基础，图表–6 就展现出这两者之间的关系。蓝色的线表示私营非农企业每小时产出量，相近的这条线，就是每小时的产出指数，即私营非农企业固定投资存量乘以不断提升的生产力。这样的关系可以用来预测生产力随着时间推移的增长情况。可以看到，在很多西方国家，生产力的增长已明显减缓。另一个逐渐明显的趋势是，下表（表–1）左边罗列的西方国家中，有一半在过去 5 年内个人生产力增速不超过 1%。这是生产力增长显著停滞不前的表现，也是为什么西方国家，包括欧洲、美国出现了非常明显的民粹主义问题。

图表–6 1948—2016年资本存量和生产率

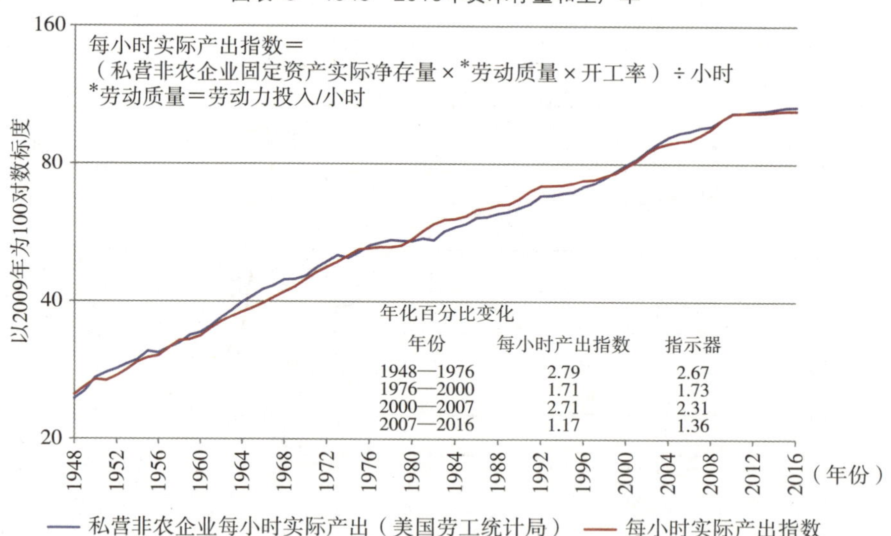

表–1

	国家 / 地区	从业者产出年化百分比变动 2012 年第四季度—2017 年第四季度
小于 1%	巴西	-1.15
	希腊	-0.80
	俄罗斯	-0.11
	葡萄牙	0.18
	意大利	0.26
	智利	0.39
	西班牙	0.54
	日本	0.62
	澳大利亚	0.65
	法国	0.75
	英国	0.80
	墨西哥	0.82
	德国	0.84
	以色列	0.89
	美国	0.91
大于 1%	加拿大	1.11
	爱沙尼亚	1.26
	荷兰	1.31
	瑞典	1.47
	台湾	1.50
	韩国	1.56
	新加坡	1.78
	捷克	1.97
	秘鲁	2.13
	马来西亚	2.47
	波兰	2.57
	土耳其	2.73
	泰国	3.59
	菲律宾	4.49
	* 印度	5.74
	** 中国	6.85
	爱尔兰	6.87
	国家 / 地区数量	32
	小于 1%的国家 / 地区数量	15
	小于 1%的国家 / 地区占比	47%

* 印度数据为 2006 年至 2011 年的年化百分比变化

** 中国数据为 2012 年至 2017 年的年化百分比变化

从长远角度而言，问题的根本是生产力增长的停滞。数据显示，中国是除了爱尔兰之外，生产力增速可以达到 6.8%左右的国家，这是前所未有的高增速，其他很多国家甚至无法达到 1%。此外，爱尔兰即便从技术角度上增速比中国快，但其中很大一部分原因是爱尔兰重新调整了其统计体系，统计数字看似很乐观，实际增速并不如此。

图表–7 挤出公司投资

因变量：（时间跨度：1970 年第一季度—2017 年第四季度，192 个观察期） 美国非金融公司：固定资产投资 / 现金流		
自变量系数 T 统计量	残值	实际值拟合值 *
美国国债收益率差：5 年期—30 年期（%）（盈余调整）**（2 个季度前）	0.077	11.5
美国联邦政府净存款（占 GDP 的百分比）（2 个季度前）	0.038	12.5
调整后的 R 方 Durbin-Watson 检验值 0.73 0.57		
* 用 Newey-West HAC 标准误和协方差计算 T 统计量 ** 调整的目的是消除自变量之间的多重共线性		
注：1977 年第二季度前用美国 20 年期国债收益率代替 30 年期国债收益率。		

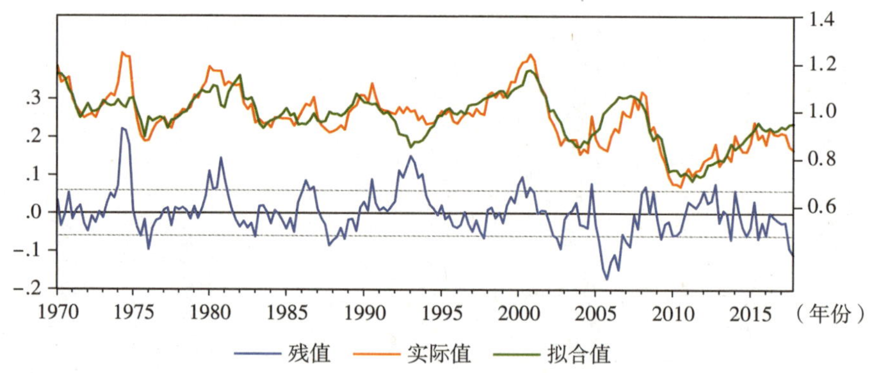

来看图表–7。这里展示的是非金融部门固定资产投资在现金流中的占比。可以看到，这些关键可变量和刚才提到的生产力有明显关系。一家公司愿意投资在长期固定资产上的现金流的比例是衡量企业信心的重要指标。如果把美联储的赤字和刚才这两个数据比较，以两个季度为一

个时间点来看，能看出公司运营中的固定资产投资和流动资产之间是相互促进的关系。自 1970 年以来，很多固定资产投资来自流动资产。有时候，可以以 6 个月为周期预测私人资本投资占现金流的比例。实际上在企业管理层进行资产投资和实际的投资之间，有六个月的时滞。通过这种很重要的统计数据可以帮助衡量“十一五”“十二五”的数据。我们会使用这样的方式来了解为什么在整体经济发展中资本投资非常重要。除此之外，我们也会使用其他金融投资数据。比如这里使用 30 年的国库券的利差减去息差，换句话说，我们在未来看到的就是企业投资方面一定的确定性，通过这个可变量看出联邦赤字占 GDP 的比例。之所以说它非常重要，是因为我们使用金融方面的可变量来解释实际的经济发展问题。

图表-8　非金融公司资本支出回归拟合比例

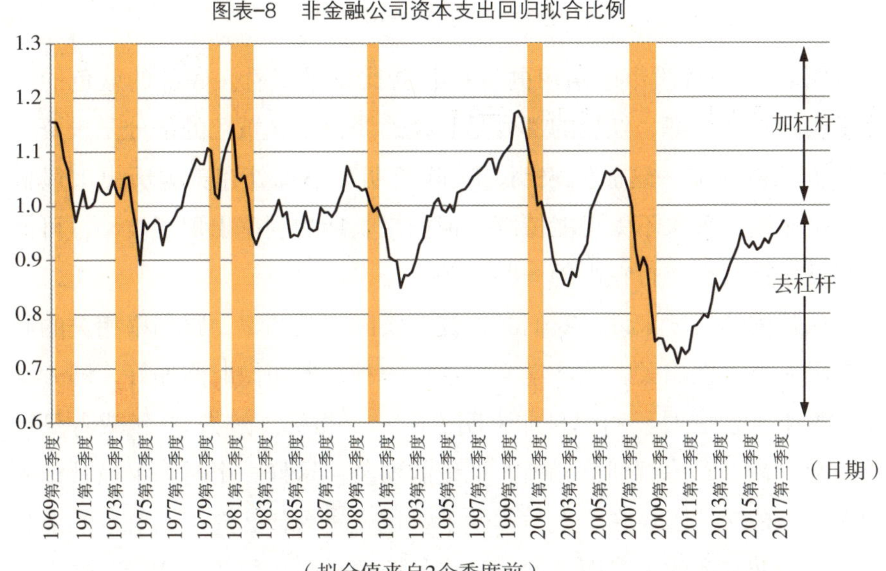

（拟合值来自2个季度前）

按季度绘制，1969年第三季度—2017年第三季度，黄色阴影代表经济衰退期

图表-8 上，橙色的竖线指出现经济衰退的时期。刚才的统计数据表明，峰值和衰退的出现是交替连续的。目前我们的经济发展曲线还在往上攀升，并没有出现下行迹象。

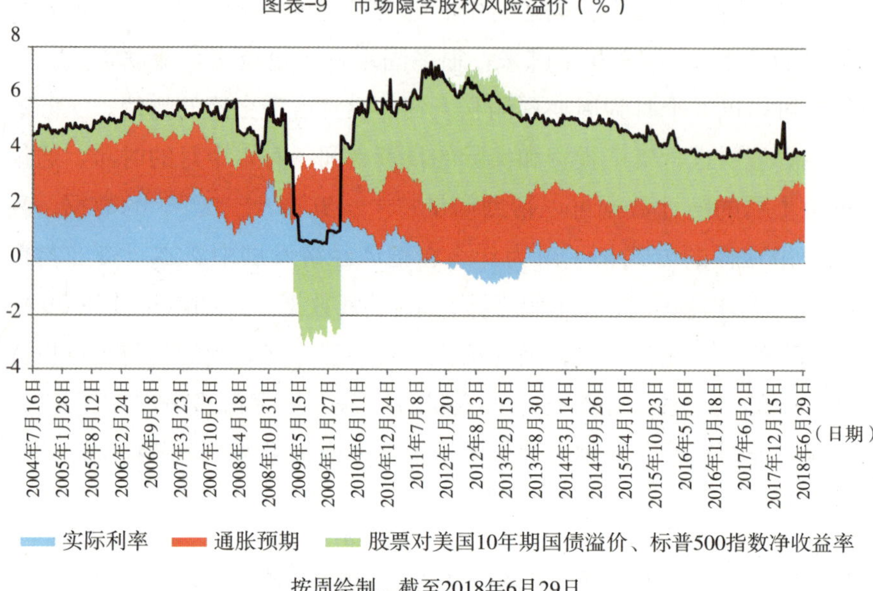

图表–9　市场隐含股权风险溢价（%）

按周绘制，截至2018年6月29日

图表–9 是将股市中常用的价格收益比反过来看。底部的蓝色的部分是实际长期利率，红色的部分是长期通胀比率，黄色的部分是投资者的投资预期收益。这张图表明，实际长期利率正处在美国历史上最低值，虽然这一现象不太可能持续，但如果长期的利率出现了波动，可能会引发包括股市波折在内的一些问题。

从长远的角度来说，我们必须提高实际长期利率，跟利率相关的问题都跟人类本性相关。经济学家称这样一种现象叫做时间偏好，即人类在考虑未来发展时，利率是非常明显的一个指标。过去 20 年或者是当前的利率，可以追溯到公元前 5 世纪的埃及。这样一个时间上极其稳固的现象，根深蒂固存在于人类本性中。这就是为什么最下面蓝色的部分会随着长期利率的上升而增加，价格收益的反向指数将会有所下降。我们目前还没看到这样的趋势，但随着时间的推移，会出现这样的现象。这是股市恢复正常状况的必然要求。

标准普尔对于美股升率的预测，实际是决定股价的重要指标。从 2018 年或者 2017 年下半年开始，美股的盈利显著上升。标准普尔预测，

图表-10 标普500指数估算每股营业收益（美元）

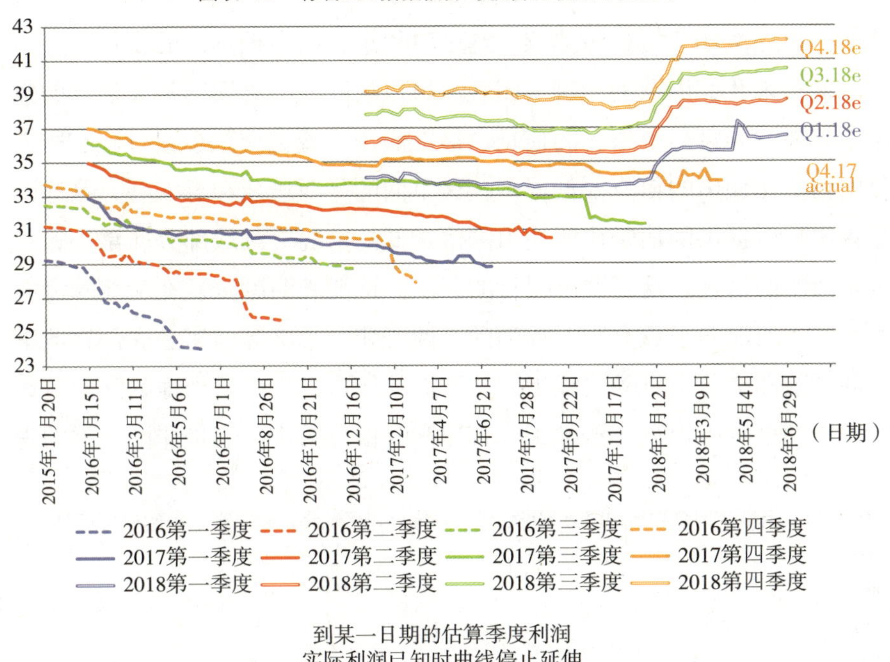

到某一日期的估算季度利润
实际利润已知时曲线停止延伸

出现这样显著的股价上升时，市场就会上扬。虽然现在面临诸多不确定性，但是市场依然是在上扬。所以长期来看，我认为必须要经历这样一个时期，长期利率能够回到正常的历史水平。

英国脱欧带来了越来越多的不理性的乐观情绪，但现在的社会心理非常难以应对，像是回到了拉丁美洲的民粹主义。民粹主义正在席卷美国大陆和西欧国家，且在不断扩散。这一思潮并不是新生事物，但不同于共产主义、社会主义或者是资本主义，民粹主义并不是一种非常稳定的思潮。在美国、西欧以及其他国家，民粹主义的抬头反映了当地人民感觉到未来变得更加灰暗了。任何一个这样的思潮能够站出来，就能得到更多的选票。过去几年美洲出现了很多这样的现象，现在欧洲也面临这样的挑战，而且毫无疑问，美国也受到了这样的挑战。理性分析并不能够帮助我们理解这一问题，我们也很难捕捉到问题的核心，而且也很难找到类似的历史时期。最好的方法或许是承认这是非常特殊的一个现象。就像墨西哥最新选举结果：获选人在过去几年的竞选努力一直是失败的，而这次他获得很多选票。这个时代正在出现根本性的变化。

接下来我们以欧洲为例（图表-11），从欧洲中央银行每天清算的数据中，能看到每一个银行的信贷。最上面蓝色线是德意志银行，它所提供的信贷比使用的信贷要低得多。最下面的是西班牙和意大利，这些国家也出现所提供的信贷比所使用的信贷低的情况。红线部分非常小，基本是滞胀的情况，这是德国银行的分支。这能表明融资是在从北欧流向南欧，主要流向了意大利、葡萄牙、西班牙、希腊等国家。底部在向下走的是欧洲央行本身的曲线走向，欧洲央行自己也在从当地的欧元区银行，比如德意志银行、法国银行、比利时银行借贷，这是非同寻常的现

图表-11　泛欧实时全额自动清算系统余额（单位：10亿欧元，期末值，截至2018年5月）

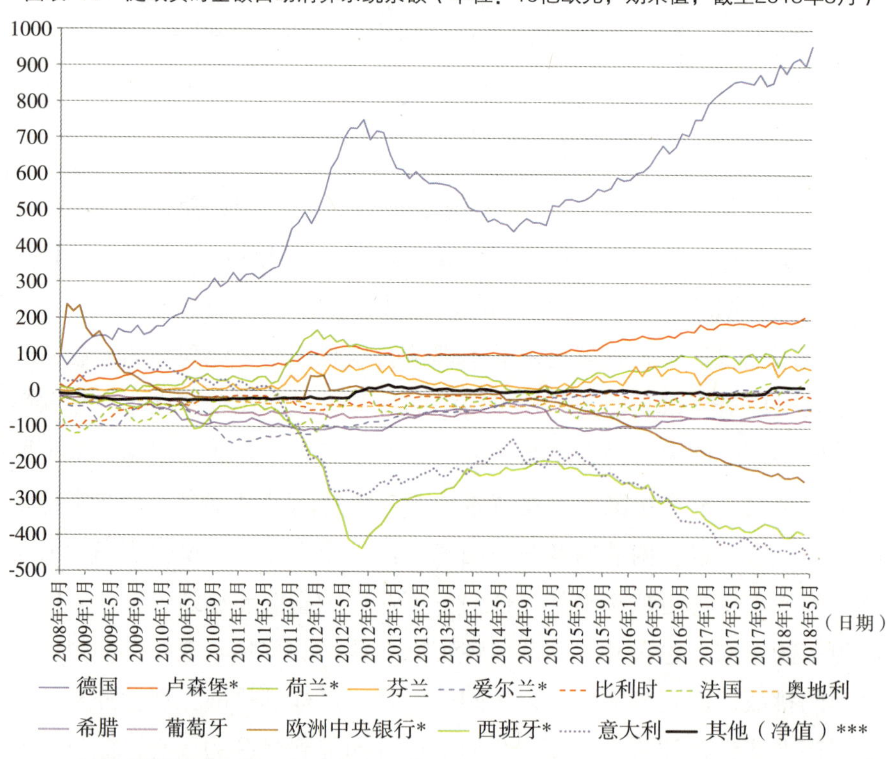

*对应国家数据截至2018年4月

***塞浦路斯、爱沙尼亚、拉脱维亚、立陶宛、马耳他、斯洛伐克，以及未加入欧元区的欧盟国家

象，欧元区将很快出现有问题。但何时发生，似乎无人关注，然而这种现象必须改变。

表-2 商品贸易差额（单位：十亿美元，以离岸价为基准）

2017 年	美国	中国	日本	德国	其他	全球
美国	—	-303.4	-67.4	-73.3	-265.7	-709.7
中国	303.4	—	4.7	-27.3	292.3	573.1
日本	67.4	-4.7	—	-3.6	23.0	82.1
德国	73.3	27.3	3.6	—	200.7	304.9
其他	265.7	-292.3	-23.0	-200.7	—	-250.4
全球	709.7	-573.1	-82.1	-304.9	250.4	—

表-3 经常项目余额（单位：十亿美元，以国际收支为基准）

贸易收支余额	劳务收支余额	收入余额	经常项目余额
-811.2	242.8	102.2	-466.3
476.1	-265.4	-45.8	164.9
44.2	-6.6	158.0	195.8
299.8	-18.4	15.8	297.1

下面我简单谈一谈关税及其带来的问题。美国一些政府官员认为关税是阻拦中国的一种方式，实则不然。施加的关税实际是一个短期税负，是不可延续的做法。现在，关税被施加在了几乎所有商品。包括美国政府在内的其他政府都认为，增加关税是想对进口商品的国家制造麻烦，但实际上是施加国自己的选民在买单，关税的施加会引起选民反应和选举后果。没有关税的时期也确实是全球经济效率最高的时期，著名经济学家大卫·李嘉图就表达过这样的观点，这种系统是一个非常简洁的、能够进行自动调节的系统。

施加关税会给经济带来严重问题。李嘉图辨别出了这个体系长期以来的运行方式。在我看来，提升关税实际上也影响到了关税施加国的购买力。换句话说，当美国对钢铁施加关税的时候，这一关税实际是由美国国民在买单。更大程度上，这类似极大规模的税负。历史经验表明，收税会导致经济陷入衰退，我们现在已经接近了这一危险局势，应停止继续施加高关税。美国这样的关税政策，可能会带来诸如统计数据上的改进之类的积极影响，但这恰是问题所在——我们处在两难局势，如果不削减关税，之前所有的对企业减收营业税以及减少监管所得到的发展上的优势，都会被关税政策抵消。关税可以变得非常高，以致经济增长停滞，这是我们现在面临的重要问题。

未来可能会发生一场资本和贸易上的战争。战争会带来经济下滑，整个西方世界可能都会陷入经济困境。在这场战争真正开启之前，我们一定要及时止损。美国在历史上经历过好几次这样的事件，也总是能够成功地从困境中脱身、重新振作，直到今天仍然是世界上最大的经济体。

可能其他人并不同意上述观点，但是大家的共识是，要描述经济事件、经济趋势，没有全方位深入的统计分析是不可能的。

对话：艾伦·格林斯潘

王波明[*]：格林斯潘先生，我们还有几个问题想要问您。

艾伦·格林斯潘：可以。

王波明：好的。可能观众也有一些问题，但我们只有大概20分钟的时间，不希望影响到您正常的休息时间。

艾伦·格林斯潘：如果有需要，我都会在这里回答问题。

王波明：好的，回到贸易问题，您也知道中美贸易战，在今天或者昨天（取决于美国或中国的时区）刚刚爆发，比如现在双方都有300亿关税的举动，特朗普总统说如果中国有报复性的措施，他会对所有中国对美出口产品施加25%的关税，您能不能对这样的观点进行评论？这个事态会升级到什么程度？这样的贸易战对美国贸易以及经济会有什么影响？

---

* 王波明，时任《财经》杂志总编辑。

艾伦·格林斯潘：刚刚提到，美国过去24小时的贸易政策很大程度上抵消了其前段时间的积极发展。这样的关税政策不仅会影响到美国本身，也会影响到欧洲、亚洲，尤其是中国，也可能会像以前一样诱发危机。美国以前也收关税，但所有的关税实际都是税负。如果有人说要施加十亿、百亿美元的关税，这就相当于对本国国民收十亿、百亿美元的税。这是政治上无法接受且不易实施的。这可能是我们经历过的最大规模的贸易战。我想大家也没有办法从历史上其他贸易战推测出这场战争的影响有多深远。

王波明：好的。在您刚才给我们看的图表当中，您将中国和美国在储蓄率和人均GDP进行了比较，您如何总结这些数据？中国的储蓄率明显更高，同时人均收入的差距也在减少，您的结论是什么？

艾伦·格林斯潘：50%的储蓄率可能也正是中国支持如此大规模的资本投资的原因，这些资本投资又会转换成经济的增长。这也是为什么中国正在逐步减少和美国人均真实收入的差距。我觉得如果储蓄率没有这么高的话，就没有办法追得上这样的人均收入。

我想，只要中国继续保持这样高的储蓄率，中国就会继续保持增长。但是中国的人均GDP跟美国相比仍有着比较大的差距，除非储蓄率突然下降，否则中国的人均GDP还需继续追赶美国。

目前中国的人均GDP大约是美国的1/4，中国展现出来的经济实力又非常强大，这两种现象不太匹配。中国的经济实力自1978年改革开放，就在持续快速增长。我在任职期间也认真地研究了这一政策，改革开放和中国很多经济发展密切相关。我和朱镕基总理是很好的朋友，他是很优秀的领导人。我们如果回顾一下历史，我们会认识到，朱总理在中国20世纪的经济增长中扮演了非常重要的角色。

王波明：好的。您的一位朋友——中国央行行长周小川行长，我想您也非常熟悉他的——几天前说到2008年的金融危机到现在已经10年了。但是，今天我们回顾金融危机，我们对它的影响和意义仍是不清楚的。您对这个观点怎么看？

艾伦·格林斯潘：我想，过去发生的和可能将再次发生的，取决于金融危机的原因是什么。我斗胆认为有两个因素，次贷危机和高杠杆借贷导致的不良资产，这两大因素会导致金融风险。2008 年的金融危机可能也重复了之前金融危机的诱因。我想我们应该停止制定会引发危机的政策。

王波明：好的，接下来证监会副主席方星海先生想问您一个问题。

方星海：主席先生，很荣幸听取您的发言，您是一名卓越的经济学家。刚才的演讲信息量很大，我看到一个非常明确的信息，就是美国储蓄呈赤字，我想这也是美国生产力增长停滞的根本原因。美国和中国并不一样，我想您也非常了解，美国可以通过印刷美元来解决赤字，其他国家不能这么做。中国正在推动人民币成为国际化货币，我们认为在国际市场使用人民币交易要更容易。我想请问您，您对中国人民币国际化有什么看法，未来对美国经济和美元有什么影响？谢谢。

艾伦·格林斯潘：我们无法在近期做出判断。从布雷顿森林体系起，美元就一直作为全球货币。很明显中国在不断努力，这会带来新的变化。除非美国解决一向棘手的福利津贴问题，不然这会影响到美国金融体系的霸主地位，以及美元作为国际性货币的地位。但我觉得做出这样的判断还为时过早，我就言止于此吧。

王波明：最后一个问题，我想请姚先生来提问。

姚余栋：您在 1996 年曾经提出一个非常重要的概念，叫“非理性繁荣”。根据您刚刚讲的美国经济情况，储蓄率下降，资本利得的减少，劳动力生产力处于停滞状态，我们看到美国纳斯达克又创历史新高，道琼斯大约在 24000 点，纳斯达克逼近 8000 点，是不是超期增长率？是不是出现了您当年提出的“非理性繁荣”？如果 1996 年您提出“非理性繁荣”时，美联储加息快，能不能避免 2008 年的情况？同样，今天美联储如果迅速加息，能不能出现新的资产泡沫？

艾伦·格林斯潘：从我们能够回溯到的时期开始，泡沫就一直存在，而且它也是人类本性的一部分。这一人类本性会把我们引向不可持续的非理性繁荣，会带来金融体系崩塌和经济衰退。这从美国第一个经济周期，即 19 世纪 90 年代就开始了。我们经历了很多次同样的经济周期，也没有完全消除这些周期，没有办法完全消除人们对大量的资本回报的追求。

经济学家现在唯一不能确定的是，虽然每一个泡沫都会破裂，但到底哪一个泡沫的破裂会给我们带来不良的影响。有一种假设是，无毒的或不是被大量债务推动的泡沫是良性的，就像过去几十年所呈现的那样。但如果某一体系中有种带有负面影响的泡沫，是由杠杆率较高的金融机构推动的，这也会成为金融危机爆发的一个必要条件。但我们现在并没看到足够多的例子，没有办法确切知道我们能走多远。但可以确定的是，当我们进入这样状况，泡沫的破裂是未来金融体系出现危险的第一个迹象。

王波明：好的，谢谢艾伦·格林斯潘博士。非常感谢您的时间，我知道现在美国已经很晚了，您需要休息了。再次感谢您的分享。

附：《财经》专访美联储前主席格林斯潘：关税、贸易战与资本主义

对格林斯潘的采访最终持续了 1 小时 20 分钟，但不管怎样措辞，他都对两个问题避而不谈，一个是特朗普，一个是央行政策。格林斯潘对政治的回避，不禁让人联想起人们对他“天生的政治家”的描述。只是采访中格林斯潘提到，他和特朗普只有过一次交集，40 年前他们一起打过一次高尔夫球。

2018 年是贸易的多事之年。全球贸易处于紧张状态，商品交易成本增加，全球供给链受到冲击，而美国关税对中国经济的影响已然开始显现——中国 7 月份商业活动增速放缓。美国奥本海默基金公司高级副总裁李山泉对《财经》记者指出，各国国家概念增强，贸易战以及资源安全的考量，正在改变着国际市场的规则。

格林斯潘以指出人类的本性把世界引向非理性繁荣而闻名，他说，泡沫一直存在，它是人类本性的一部分，但它不可持续，它会带来金融体系的崩塌和经济衰退。只是在这些泡沫破裂之中，哪一个泡沫破裂会带来严重的影响尚不可知。现在主要有两个泡沫，股市泡沫和债券市场泡沫，而他最担心的是债券市场的泡沫，担心收益率曲线反转，2 年期国债收益率超过 10 年期国债收益率，那是经济衰退预期的信号。

伍德福德的著作《大师》问世后，人们开始推崇格林斯潘为“大师”。过去，格林斯潘一张口，世界为之颤抖。如今当格林斯潘侃侃而谈时，那个无所不通、无所不晓，能预测任何事情，也能应对各种情况并做出最好政策决策的格林斯潘神话，才和这个头发稀疏、耄耋之年的老者合为一体。他就是那个人们熟识的经济巨人，那个引领美国走上繁荣之路的金融教皇，而不是人们面前这个身体被岁月打弯的老者。

如今在一系列的贸易摩擦后，全球贸易图景纷繁复杂，贸易壁垒增多。贸易摩擦背后，是全球经济图景的变局，美国作为制造业大国从巅峰跌落，近年来制造业虽然在逐步开始复苏，但如何保住美国的产业基础仍是未知数。不过，美国坐拥其他国家难以望其项背的金融竞争力，美国是否通过印美元的方式来解决赤字，甚至动用美元霸权来打赢贸易战？

这些迷津和疑问，在外界看来，或许需要靠格林斯潘以他 19 年的美联储主席之位的高屋建瓴，以他近一个世纪所经历的繁荣与衰退的循环往复，以他的睿智来解读。

格林斯潘对美国的未来相对乐观，他说，民粹主义会出现、会壮大势力然后失败，我们也会重回到资本主义。

关税不会终结便宜时代

关税就像特别消费税（excise tax），它有效地把资金从私营部门转入到政府账户上。征收关税使目标经济体的价值增值量流失。

《财经》：美国已对价值 340 亿美元的中国进口机械、配件和电子产品加征关税，还准备对价值 160 亿美元的中国进口电子产品和其他配件加征关税，特朗普 6 月说若中国实行报复关税，会对另外 2000 亿美元中国商品加征关税。他还称，中国若进一步报复，美国再对额外 2000 亿美元中国进口商品征收关税。美国将对总价 4500 亿美元的中国商品加征关税，几乎覆盖了中国对美 5050 亿美元的出口规模。这意味着什么？

格林斯潘：让我做一件别人不太会做的事，重新定义一下关税是做什么的。关税就像特别消费税，它有效地把资金从私营部门转入到政府账户上，但你不会因此听说什么“政府盈余”，没人用这种术语谈这个问题。但想一想，如果所有进口到美国或中国的商品，它们在全球市场上竞争的同时，竞相被高关税挤压，这些国家损失的是GDP。你说的这种情况，两个国家彼此对对方商品提高关税，双方都会蒙受损失。没错，它们可以一决雌雄来看谁能让对方败得更惨，甚至让对方遭受毁灭性的打击。我推测双方短兵相接的死磕，这就是必然的结果。

《财经》：关税其实并不新鲜，但现在人们似乎也不想以史为鉴？

格林斯潘：美国在20世纪30年代就有类似性质的问题和经历。但现在讨论的背景不同了。自从国际（贸易）体系存在以来，关税已是毋庸置疑的负面政策，对任何人都没有好处。但现在所进行的讨论中并不承认这一点。现在看起来特朗普还是认为贸易战有赢家和输家。贸易战只有输家。这就是为什么"二战"结束时WTO会出现，它是基于对当前这种状况的担心而诞生的。

美国可以在贸易战中打赢中国，但要付出巨大的代价。这样的话，为什么要这样做呢？

可能有些国家储备丰厚，也承受得起很大的损失，但它们能得到什么呢？现在看来，没人想讨论这个事实：挑起贸易战的人是那些不受贸易战负面影响的人，除非有补偿性的措施让他们受到损失。我也不知道如何是好，除了建议那些人去补补课，了解一下什么是关税，加征关税到底会发生什么、后果是什么。

现在有很多人只单纯地想"反抗"，他们缺乏知识素养，夸夸其谈他们自以为了解的东西——但事实上，他们根本就不懂，这真可悲。

《财经》：贸易战打到现在，当特朗普把消费品在内的众多商品列入针对中国的最新关税清单上后，是不是买便宜中国货的时代结束了？贸易战意味着美国消费者最终会为其购买的商品支付更高的价格，这会不会引发通胀高企？

格林斯潘：通胀本质上与货币供应量息息相关，就是说，如果货币供应减少，无论是否有其他因素干扰，价格都会下降。全球各种因素影响供给与需求，影响每个国家的货币量，所以，不能简单地把结果都往通胀通缩上靠。讨论关税时，我永远不会联想到通胀或紧缩，更直接相关的问题是，征收关税使目标经济体的价值增值量流失。

加税了，价值增量就会减小，而经济总量保持不变。经济总量中包括私人部门和政府部门，而私人部门当然是创造各种层面经济活动的源泉。我知道很多理论认为政府会管控经济活动水平，但实证得出的结论相反。

政治是主要因素

中国人民银行卖出美元储备会影响美元走势。但这不是中国发挥作用的最主要因素，从根本上说最主要的力量是政治而非经济。

《财经》：美国失业率水平处于低位，但特朗普大力收紧移民政策，这个政策会不会传导为薪资通胀？

格林斯潘：我不回答你这个问题，太政治了。

《财经》：在贸易战前提下，你如何评价美联储和中国人民银行的货币政策选择？

格林斯潘：对同行我不想做评述。我任美联储主席时，我的前任、美联储前主席保罗·沃尔克从不对我的政策措施说三道四，让你的前任对你事后诸葛亮挺没意思的。我决定把它作为一种经验法则，前任不对现任品头论足，他们没有这个责任。

《财经》：市场关注美国的财政政策、全球贸易政策，同时美联储加息，而从理论上看，加息会使货币产生升值的动力，美元是否会走强？影响美元汇率的因素是什么？

格林斯潘：关税基本上是关税税率起作用，以及在实施过程中吸收和本质上取消的货币数量。所以关税可能会在某种意义上可以使美元走强，但它的影响微不足道。很难说贸易战加剧，美元一定就会走强，因为还有很多其他货币，况且美国有相当量级的官方储备资产，基本没动过。黄金是唯一不需要资格条件限制就被接受的货币，非常有价值。

《财经》：是否会出现美国利用美元霸权压制中国的可能性？

格林斯潘：美国从未想到去动用这些储备资源来打赢贸易战，因为它与贸易或关税是否受到攻击无关。假设通过关税得来的收益都循环进入到私人部门，那么它对整体 GDP 的影响将为零，但总体上的现实并非如此。我不会直接把关税问题与贸易问题捆绑到一起，除非关税是对其中一方不成比例的税收，那样的话，其经济增长力度变弱，可能会、也可能不会导致汇率降低——通常来讲汇率会降低，但事情没那么简单，影响的因素很多。

最简单的方式就是取消关税，这是直到近来 WTO 都在努力的方向。“二战”结束时，人们意识到贸易不像之前我们所想的，尤其不像 20 世纪 20 年代引发国际贸易战的史慕特和哈雷所界定的那样，它对美国极具破坏性。所以定义 WTO 完全意义上的成功，就是所有关税都消失。现在这种可能不会发生了，关税被服务于政治目标了。所以，你问影响美元汇率的因素，因素很多，关税只是通过影响其他因素间接影响汇率。

《财经》：反击美国，抛售美债的提法在中国国内引发了激烈的讨论。抛售美债是中国的撒手锏吗？

格林斯潘：要是中国卖美元，美元就贬值。美元浮动背后的动因很多。中国或直接或间接地持有大量美元，这个数据中方已有段时间没更新了。但说穿了美国国债是美国财政部直接发行的，所以我们很清楚。中国也持有很多欧洲主权债务但以美元计价，那就不算美国的直接债务了。

我们从未见过中美间打汇率战，但两国都有很多资源，也能搞清楚在这类“战争”中哪些是重要资源，但没有必要，直到最近也没人打算深究。所以，我不能说后果会是什么，假设的影响可能是三四个，实际上也可能扩大到十多个。影响美元汇率的因素太多了，关税谈不上是主要因素，其他因素轻而易举就可以抹消关税的影响。

前两天我刚做的一个研究，中国总的外汇储备（黄金除外）与人民币汇率走势的关系。央行资产负债表收缩或扩张会对汇率产生影响。如果你卖出美元，汇率会上升，人民币贬值。北京有人研究过这个吗？它们相关性很强。

《财经》：俄罗斯大举减持美国国债引发关注，中国如果也大举减持，后果是什么？

格林斯潘：中国会不会卖出美元？你更应该知道答案。这是一个政治决定，不是经济决定。我唯一能说的就是，它会引发一些我们还不知道的后果。我们在诺克斯堡和美国其他地方都储有大量的黄金，但从来没用过它们，人们说，只有用到这些黄金时它们才有价值。

同样，政治决定会导致本币贬值、股市下跌、资本外逃、本币加速贬值的恶性循环。国际金融体系会以多种微妙的方式对资本市场产生影响，国际金融体系与各国的相互作用就体现在一系列的汇率上。汇率互相作用和影响，时刻在变化。如果关税在全球各地都大幅增加，那最终它对汇率的影响降为零。中国人民银行卖出美元储备会影响美元走势。但这不是发挥作用的最主要因素，从根本上说最主要的力量是政治而非经济。

中美怎么拼经济

中国的经济增速在相当长一段时间比美国快很多，但从数据上看已开始放缓。现在是 6.5%左右，我认为会更低，美国经济增长能否更强劲取决于现在美国的政治乱局如何发展。

《财经》：中国经济出现放缓迹象，在此时中美贸易战开打，它是否会拖累中国经济的增长？

格林斯潘：中国的生产力增速可以达到 6.5%左右，其他很多国家只有 1%。爱尔兰的增速比中国快，但很大原因是统计的技术因素。生产力效率取决于资本投资。中国资本投资占 GDP 的比重很大，前者是经济增长的根本动力所在。中国资本投资额高因为中国存了太多钱，中国的国民储蓄率接近 50%而美国大约才 20%。

但中国储蓄率的增长也在逐渐放缓，因为原来的速度不能为继了。这也导出一个问题，资本投资被用在了什么上面？

中国的经济增速在相当长一段时间比美国快很多，但从数据上看已经开始放缓。现在是 6.5%左右，我认为会更低，当然只要中美间储蓄率的差距存在，中国的投资额更高，每小时产量增速更高，中国经济增速就会持续快于美国。

《财经》：对美国经济而言，特朗普关税会带来怎样的影响？你最大的担心是什么？

格林斯潘：美国经济在很多方面是全球最强大的，美国经济走向将会影响全球经济。美国走出了经济衰退，但有一个变量影响全球却最不受重视，即美国社会福利支出，它可能把美国经济推向经济衰退。

美国经济中总福利支出占 GDP 之比与国民储蓄占 GDP 的走向相反。随着社会福利越来越多，挤压了储蓄的空间。未来社会福利占 GDP 的支出还会不断上升。

比较各国的社会福利要看起点的不同。美国的情况是，社会福利标准起点很低，然后逐渐升高，在早期上升过程中对资本投资有很强的负面影响，这就是美国面临的状况。它促使美国寻找更多的借贷，为资本投资融资，使美国资本账户的亏损从 1990 年前的适中水平，一跃达到借贷金额高达 8 万亿美元。

《财经》：前段时间季度数据显示部分美国的债权国为美国融资的意愿下降，为什么？

格林斯潘：很难解释原因何在。不过在急速下降后这个数据又趋于稳定了。可能这意味着债权人不愿再持有美元了，或者是其他原因。当然现在企稳也是临时性的，未来还会继续下降。这种情况从未发生过，所以很难预测。

《财经》：美国是完全摆脱了金融危机，还是要卷入另一场金融危机？

格林斯潘：金融危机从定义上理解是很狭义的。我们从高处跌落，这个下降过程已经结束了。虽然是在缓慢恢复，但之前跌得太狠，我们现在比在底端时期是不可同日而语了，但不比过去的峰值时期好太多。这取决于怎么看，要是以失业率为基准，现在就业市场非常紧俏，这也是通胀一定上升的原因。但美国没有很多空间来扩大生产了；另外现在开工率已经很高了，说明美国经济也难以有非常快速的增长。

美国经济增长能否更强劲取决于现在美国的政治乱局如何发展。如果向着近来的走向前进，我根本不乐观。但美国是个非凡的国家，体量很大。“二战”结束后，全球50%的制造业都在这里，傲视群雄。我愿意相信美国可以回到那种状态，但即使美国可以恢复到过去也不会发生在今天或明天。

狂喜与恐惧、资本主义与民粹

民粹主义出现，壮大势力然后失败，我们会重回到资本主义。一直以来都是一样的

《财经》：自2018年1月以来，全球股市只经历了一次大的波动，其他大多数时间波动性都较低，为什么？

格林斯潘：股票价格的波动方式带有某种系统性因素，反映了人类的天性。大家偏向于认为恐惧的力量远强于狂欢的力量。所以基于狂欢情绪的股市上涨缓慢，而恐惧来袭，市场就急剧大跌。分析市场有很多技术指标，虽然都被奉为圭臬，但有一半可能都不好使。只有从人性的这一基础理论出发，由此衍生出更多的分析，才能把技术指标作为参考。

互联网泡沫时就是股市狂欢的情绪占主导地位。现在的市场没什么狂欢情绪。如果有的话，GDP增长率就不会是2%而是5%了。没有狂

欢情绪不是坏事，股市上涨，减税政策给市场以正面的刺激。可惜还没到付账的时候，明年赤字要超过 1 万亿美元，最终美国政府可能得卖出所有的债券。

《财经》：现在于波动性升高的前提下，美元利率走势如何？

格林斯潘：历史告诉我们，赤字增加，利率的压力也将增大。现在还没到这样的程度。那将是很难处理的情况，因为利率是时间偏好最明显的体现，即人类考虑未来发展时，利率就是一个非常重要的指标。

企业愿意在长期固定资产上投资的资本比重是一个值得关注的指标，特别是从真实的长期利率、通胀率、投资者预期收益的关系来看，2000 年左右出现过一个明显的经济衰退。如果长期利率出现波动，那么可能会引发一些波动，包括股市。长远来看，那就必须提高真实的利率。

我们可追溯的政府债券发行和利率数据是 1789 年，数据曲线是平的。其他国家也是这样，比如公元前 5 世纪的希腊，利率与现在没什么大区别。也就是说，有些事情是不会变的。若追溯到圣经时代，就会发现利率处于较大的个位数。这是人类天性的一部分。从这些数据里你不会从政策的角度研究出很多东西。就像依靠阿波罗的神谕，德尔菲才在希腊城邦的政治生活中发挥了重要而又不可替代的作用。对市场的预测实际上是试着预测人类的天性。

《财经》：你的最新著作“Capitalism in America”即将出版。这本书在当下的语境中，要表达什么？

格林斯潘：资本主义撬动了美国，美国的资本主义是在增长率核心之上的、一部创造性破坏的历史，这个历史在自由经济体制下发生。中国在十多年前或更早，好像就要变成资本主义时，这样的变化却停止了。

每个人都喜欢创造的部分，却讨厌破坏的部分，总有些进程会覆盖掉其他的进程。当政治没有发挥应有的作用，周期性的民粹主义会出现。民粹主义不是资本主义，共产主义或者社会主义这样的哲学，它只是痛苦的呐喊。民粹主义出现，壮大势力然后失败，我们会重回到资本主义。一直以来都是一样的。其他国家的故事也很相似。

（本文作者为《财经》杂志特派记者金焱）

银行业高质量发展要做到“三个必须”

周 亮*

摘要：银行业实现高质量发展，必须回归本源服务实体。实体经济是金融的根基，金融是实体经济的血脉，为实体经济服务是金融的天职，也是金融立业之本。银行业实现高质量发展，必须严格监管守住底线。防范化解金融风险，特别是防止发生系统性金融风险，是金融工作的根本任务和永恒主题。银行业实现高质量发展，必须深化改革扩大开放。回顾40年的发展历程，我国银行业从小到大、由弱到强，靠的就是改革开放。

本届论坛以“探寻开放与监管新范式”为主题，就金融业服务开放型现代经济体系、推动高质量发展问题进行探讨，具有十分重要的意义。下面我谈几点体会，供大家参考。

2018年是我国改革开放40周年，40年在人类历史长河中只是一瞬间，但瞬间铸就永恒。经过40年不懈努力，我国已成为全球第二大经济体、最大的贸易国，对世界经济增长的贡献率超过30%，是拉动世界经济复苏和增长的重要引擎。40年来，伴随着改革开放和经济的蓬勃发展，银行业经历了脱胎换骨的深刻变革，走过了不平凡的发展历程，取得了历史性成就。特别是党的十八大以来，在以习近平同志为核

* 周亮，时任中国银行保险监督管理委员会副主席。

心的党中央坚强领导下，我国银行业进入全面深化改革和扩大开放的新时代。截至 2018 年 5 月，我国银行业总资产 250 万亿元，资本充足率 13.6%，拨备覆盖率 178%，在全球主要经济体中保持较好水平。总的看，我国银行业从机构、市场到产品体系日趋完善，资产质量稳定，经营效益良好，资本和流动性充足，整体运行稳健，风险总体可控，这些都为未来的发展奠定了坚实的基础。

站在新的历史起点上，以习近平同志为核心的党中央高瞻远瞩地做出了建设现代化经济体系、实现高质量发展的战略部署，为我们指明了前进的方向。金融是国家重要的核心竞争力。银行业是我国金融体系的主体、社会融资的主渠道、金融服务的主力军，其自身的高质量发展对于推动我国转变发展方式、优化经济结构、实现高质量发展至关重要。推进银行业高质量发展，最根本的就是要以习近平新时代中国特色社会主义思想为指导，贯彻落实党的十九大精神，把握银行业发展规律，不断促进金融与经济良性循环，保持经济金融安全稳定健康运行。

第一，银行业实现高质量发展，必须回归本源服务实体。

实体经济是金融的根基，金融是实体经济的血脉，为实体经济服务是金融的天职，也是金融立业之本。金融与实体经济共生共荣，相互依存，正如古人云“皮之不存，毛将焉附”。一段时期以来，我国银行业出现了较严重的脱实向虚问题，一些机构热衷于加杠杆、搞通道、做过桥，大量资金在金融体系内层层嵌套、自我循环，拉长交易链条、抬高融资成本，背离服务实体经济的宗旨。按照党中央国务院的统一部署，银保监会迅速采取有力措施，疏堵结合引导银行回归服务实体经济的本源。我们坚持防控金融风险与企业转型发展相互促进，积极运用联合授信、债权人委员会、市场化法治化债转股等多种手段，推动企业兼并重组，稳妥有序去产能和促使“僵尸企业”退出市场。在支持重点领域和薄弱环节方面，督促银行加大对“一带一路”建设、京津冀协同发展、长江经济带等国家重点战略的金融服务，着力解决小微企业融资难融资贵，提出“两增两控”的新目标。今年 1 到 5 月，小微企业贷款余额

31.9 万亿元，同比增长 14.2%，为国民经济健康发展提供了有力支撑。

下一步，我们将继续坚持新发展理念，以深化供给侧结构性改革为主线，督促银行转变片面追求规模和速度的发展方式，更加注重质量和效益，以优质高效的服务推动经济发展质量变革、效率变革、动力变革，提高全要素生产率。重点推进结构性去杠杆，将破除无效供给和支持培育新动能相结合，鼓励金融创新，增加对战略性新兴产业、现代服务业和传统产业改造升级的信贷支持，促进市场化债转股项目落地，增加小微企业贷款投放。坚持以人民为中心，运用互联网、大数据、人工智能等金融科技，提升银行的服务质量和水平，满足人民群众多样化金融需求，增强人民群众的获得感。通过优化金融机构布局、改进普惠金融服务，助力农业现代化、乡村振兴、精准脱贫、绿色低碳和城乡区域协调发展。银行业要在推动实体经济从高速增长向高质量发展转变中，实现自身的高质量发展。

第二，银行业实现高质量发展，必须严格监管守住底线。

防范化解金融风险，特别是防止发生系统性金融风险，是金融工作的根本任务和永恒主题。防风险要坚持底线思维，增强忧患意识，凡事从坏处准备，宁可把困难和挑战估计得大一些，把防范措施做得足一些，在守住底线的同时努力争取最好的结果。党中央决定，深化金融监管体制改革，设立国务院金融稳定发展委员会，监管协调的权威性、有效性显著增强。银保监会正式组建以来，坚持稳中求进工作总基调，把防控风险放在更加重要的位置上，强化审慎监管、行为监管和功能监管，开展了一系列加强监管、治理乱象、打击非法金融活动、弥补监管制度短板的工作。在严肃整顿、严格问责的同时，注重从宏观大局出发，合理把握政策的力度和节奏，稳定市场预期，防止出现“处置风险的风险”。在严控增量风险的同时，逐步化解存量风险，通过治标为治本赢得时间。经过多方共同努力，防范化解金融风险取得积极成效，结构性去杠杆有序推进，高风险金融业务收缩，一些机构野蛮扩张行为收敛，金融乱象得到初步遏制，金融秩序明显好转。

我们清醒地认识到，我国仍处于并将长期处于社会主义初级阶段。目前，金融市场发育还不成熟，金融风险形势依然复杂严峻，“灰犀牛”的威胁没有完全消除，“黑天鹅”事件也若隐若现。这些风险的形成与我国金融所处的发展阶段密切相关，有着复杂的周期性、结构性、体制性原因和国际经济金融因素影响，加之金融监管法规制度还不完善，监管队伍的能力和水平亟待提高，化解风险不可能毕其功于一役。“行百里者半九十”，在打好防范化解金融风险攻坚战的过程中，我们必须继续坚持监管姓监，不能混淆“裁判员”和“运动员”的角色，让监管真正从“宽松软”走向“严紧硬”。要坚持严字当先、敢于亮剑，对少数严重违法违规的机构和人员依法严厉查处，形成“不敢违规”的有力震慑；加快补齐监管制度短板，扎紧“不能违规”的制度笼子；推动银行机构落实主体责任，提升风险防控能力，健全合规文化，增强“不想违规”的自觉。历次国际金融危机的教训表明，好了伤疤一定忘了疼。我们决不能重复别人犯过的错误，要按照党中央国务院确定的时间表和路线图，坚持稳定大局、统筹协调、分类施策、循序渐进，有效防控流动性风险和影子银行风险，加快处置银行不良资产，坚决打击违法违规金融活动，捡出市场中的“烂苹果”，严厉查处监管套利行为和各类花样翻新的“庞氏骗局”，保护金融消费者合法权益，保持金融稳定健康运行，形成良好的金融生态。当前国际金融市场复杂多变，外部不确定性有所上升，首要的是把中国自己的事情办好。我们要保持战略定力和历史耐心，在不确定中把握确定。可以十分确定的是，在党中央坚强领导下，我们有信心有能力防范化解各类金融风险，牢牢守住不发生系统性金融风险的底线。

第三，银行业实现高质量发展，必须深化改革扩大开放。

回顾 40 年的发展历程，我国银行业从小到大、由弱到强，靠的就是改革开放。目前，我国银行业已初步形成商业性、开发性、政策性、合作性金融共同发展、国有银行和民营银行相互补充的格局；金融市场的制度建设和基础设施不断完善，资源配置功能持续加强；金融产品和服务的覆盖面、普惠性、可得性、满意度和效率不断提升。银行的公司治理、经营实力、创新活力和国际竞争力持续加强。按反映财务实力的一级资本排名，我国有 130 多家商业银行进入全球银行前 1000 名，其中 4 家大型商业银行被纳入 30 家全球系统重要性银行名单。我们坚持“引进来”与“走出去”相结合，本着自主、安全、有序的方针，与时俱进推出一系列主动开放举措。放宽外资设立机构条件、扩大外资业务范围、取消外资持股比例限制等开放政策，有力地激发了外资参与我国银行业发展的活力，丰富了国内金融产品服务体系，提升了行业整体管理效率和创新能力。同时，鼓励符合条件的中资银行积极稳妥实施国际化战略，为企业“走出去”提供金融服务。银保监会作为金融稳定理事会、巴塞尔银行监管委员会成员，全程参与了国际金融监管改革进程和国际监管标准制定工作，话语权和影响力不断提升。我国以资本充足率、流动性为核心的监管规则已与巴塞尔 III 国际标准接轨，在推动银行强化风险管理和计量方面发挥了重要作用。

下一步，我们将加快体制机制改革和组织制度创新，重点推动银行业机构持续健全公司治理机制，建立有中国特色的现代金融企业制度。鼓励银行机构做好战略规划和战略转型，强化创新引领和科技支撑，提高服务和管理的精准度和精细化水平。充分发挥市场配置资源的决定性作用，按照以竞争促进优化与繁荣的总体思路，继续推进银行业扩大对外开放。经济全球化的潮流不可阻挡，我们坚决反对各种形式的保护主义，在平等互利的基础上，欢迎和支持更多符合条件的外资金融机构参与中国对外开放进程，在持续完善法规制度的同时，同步受理各项新开放措施的准入申请。需要指出的是，深化改革开放，关键靠人。要营造金融人才健康成长的环境，倡导有创新意识、有专业水准、有家国情怀、有责任担当的银行家精神，更好发挥各类金融人才的作用，以全方位的改革开放推进银行业高质量发展。

中国特色社会主义新时代是奋斗者的时代。青岛是我国首批设立的 14 个沿海开放城市之一，34 年来敢为人先，敢闯敢试，取得令人瞩目的成就，并率先在全国设立财富管理金融综合改革试验区。中国银保监会将一如既往地支持试验区建设，推动财富管理在我国经济社会发展中发挥更大的作用。

深化保险业改革开放，服务实体经济与财富管理

梁　涛*

摘要：商业保险服务于人民群众的财富管理。一是通过价值补偿实现财富兜底。二是通过风险平抑实现财富安全。三是通过代际传承实现财富积累。中国经济已由“高速增长阶段”转向“高质量发展阶段”。随着转型升级的逐步推进，保险业在提高资源配置效率、防止社会财富缩水等方面将大有可为。首先，防范化解风险是保险业的永恒主题。其次，服务实体经济是保险业的根本宗旨。第三，深化改革开放是保险业的关键一招。我们将全面落实好中央扩大对外开放战略部署，坚定不移地提升保险业对外开放水平。一是抓住机遇扩大开放，加快提升监管能力。二是深化“放管服”改革，打造便利化营商环境。三是推动高质量发展，提升行业服务经济社会发展能力。四是保护消费者权益，夯实保险业平稳健康发展根基。

这次论坛以“探寻开放与监管新范式”为主题，为我们提供了很好的思想交流和智慧碰撞的平台。借此机会，我谈几点看法：

习近平总书记指出，人民群众对美好生活的向往就是我们的奋斗目

*　梁涛，时任中国银行保险监督管理委员会副主席。

标。财富管理是人民群众非常关心和经常面对的现实问题，与其获得感、幸福感和稳定感直接相关。商业保险兼具风险保障与储蓄投资属性，是实现中长期财富管理的重要工具、是服务人民美好生活需要的有力保障。说起来非常凑巧，明天就是一年一度的“7·8全国保险公众宣传日”，已经连续举办六年，今年的主题是“守护美好，从一份保障开始”，它所弘扬的正是党中央提出的坚持以人民为中心的发展理念，它所秉持的正是保险业在新时代服务人民美好生活需要的行业初心，它所倡导的正是满足人民获得感、幸福感、稳定感的保障供给，应该说这一主题的内涵正与中长期财富管理的要求不谋而合，体现出商业保险在满足人民群众中长期财富管理方面大有可为。那么商业保险究竟怎样服务于人民群众的财富管理呢？

一是通过价值补偿实现财富兜底。有理论认为，财富管理风险可以划分为三个层次，保障性风险、市场性风险和成就性风险。其中防范保障性风险是最基础的环节。财富管理一旦失去了保障，就如同世界杯足球比赛没有了门将。而保险作为应对保障性风险的重要手段，可以通过保险产品覆盖到人们生活的方方面面。对于务工农民而言，可能小额人身保险就是一份保障；对于工薪白领而言，可能交通意外保险或重大疾病保险就是一份保障；对于家庭而言，可能汽车保险和家庭财产保险就是一份保障。可以说，正是各式各样的保险提供的这一份份保障，才能让人们在努力打拼、创造财富的过程中少了一份后顾之忧。

二是通过风险平抑实现财富安全。保险是信用等级较高的市场化契约，可以通过建立市场化的风险转移机制，强有力地平抑突发及不可预知风险，为财富安全保驾护航。随着中国开放的大门越开越大，类似于青岛这种有临海优势的地区对外经济往来会越来越多，风险的多样性、复杂性也会随之提升，企业财产风险、创新风险、航运风险、贸易风险、公众责任风险等都可能给企业带来巨大财富损失。以对外贸易为例，海外买方破产、拖欠货款、利率变动、汇兑限制等带来的出口信用风险，已经成为出口企业面临的最重要风险之一。但保险机制可以有效平抑国际贸易的信用风险。2017 年，短期出口信用险为 10.9 万家出口企业提供 4627.7 亿美元的风险保障；中长期出口信用险和海外投资保险为我国企业海外业务发展，分别提供 238.6 亿美元和 488.9 亿美元的风险保障。

三是通过代际传承实现财富积累。财富管理的本质是“跨周期”管理。经济周期往往是难以控制的，而保险是从相对确定的生命周期角度来进行财富管理，可以一定程度上熨平周期波动的影响。传统保障型产品通过消除生老病死等人身风险对家庭带来的经济损失，可以确保家庭财务上的稳定性；长期储蓄投资型保险产品不仅为个人提供保障服务，还可以通过投资增值实现个人财富的积累。此外，保险产品有独特的税收优惠政策，比如说个人税收递延型养老保险产品允许投保人在一定金额内税前列支保费，降低了投保人一生的总体纳税负担。保险在发达国家也常被用做合法避税手段，保证财富的代际传承。

党的十九大报告提出，中国经济已由“高速增长阶段”转向“高质量发展阶段”。随着转型升级的逐步推进，保险业在提高资源配置效率、防止社会财富缩水等方面将大有可为。党中央国务院提出金融工作的服务实体经济、防控金融风险、深化金融改革三大任务，这既是做好保险工作的基本着力点，也是当前保险业面临的最大形势。

首先，防范化解风险是保险业的永恒主题。党中央国务院提出全面建成小康社会的三大攻坚战，防范化解重大风险居首位。从财富管理的角度，防控风险也是保护财富的重要前提。经过一段时间努力，保险业风险得到有效遏制，保险业综合偿付能力充足率为 248%，风险总体可控。但保险业风险形势仍然复杂，必须把防控风险放在更加重要的位置。我们已在制定银行业和保险业防范化解风险攻坚战行动方案，力争用 3 年时间，以加强监管体系建设为抓手，扎实做好重点领域风险防控和处置，坚决打击违法违规保险活动，切实规范互联网保险，有效处置问题公司风险，全面加强制度建设，提高行业风险防控能力，坚决守住不发生系统性风险底线。

其次，服务实体经济是保险业的根本宗旨。服务实体经济是金融的天职，也是金融为社会大众创造财富的根本途径。比如，目前保险业直接间接为实体经济和人民群众提供的资金支持就近 15 万亿元；2017 年保险业为科技创新提供风险保障 1.2 万亿元，其中为 95 家新材料企业的首批次新材料创新提供风险保障 102 亿元，2018 年 1 到 5 月，保险业为全国 5761 台 / 套重大技术装备提供风险保障千亿元；大病保险覆盖全国 31 个省（区、市）的 10.6 亿城乡居民。可以说，保险作为市场经济的基础性制度安排，在服务实体经济发展，推动社会财富积累方面有很大潜力。下一步，我们将坚持以服务供给侧改革为主线，不断提升保险业供给体系的质量和效率，切实发挥好经济“减震器”和社会“稳定器”功能，更好满足国家战略和经济转型的金融需求，更好助推我国现代化经济体系建设。

第三，深化改革开放是保险业的关键一招。2018 年一季度，我国经常项目逆差 341 亿美元，这是我国时隔 17 年后再次出现经常项目逆差。2018 年 1 到 5 月，我国货物贸易顺差 995 亿美元，而服务贸易逆差达到 1270 亿美元，经常项目逆差的压力依然很大。中国要继续提升全球竞争力，就必须继续深化改革，增强内生发展动力和防御外部冲击的韧性。对保险业而言，就是要在总结好前期历史经验的基础上，继续推进产品定价、资金运用、市场准入、公司治理等关键领域的改革，进一步增强市场活力，提高现代保险服务业的发展水平。

当今世界，开放融通的潮流滚滚向前。世界已经成为你中有我、我中有你的地球村，各国经济社会发展日益相互联系、相互影响，推进互联互通、融合发展成为促进共同繁荣发展的必然选择。保险业对外开放的大门只会越开越大。我们将全面落实好中央扩大对外开放战略部署，坚定不移地提升保险业对外开放水平。

一是抓住机遇扩大开放，加快提升监管能力。保险业在我国金融业中开放时间早、开放力度大、开放水平高。截至目前，共有来自 16 个国家和地区的境外保险公司在我国设立了 57 家外资保险法人机构，下辖各级分支机构1800多家，世界500强中的外国保险公司均进入了中国市场。2017年，外资保险公司保费收入的全国占比为5.9%，资产规模的全国占比为6.2%。对外开放的扩大深化，为中国保险业发展注入了新的动力。下一步，我们将推动中央已宣布的保险开放措施尽快落地，进一步放宽外资机构股比限制，将人身险公司外资持股比例上限放宽到51%，三年后不再设限；进一步推动外资投资便利化，通过扩大开放促改革促发展。同时，监管部门将学习借鉴国际先进监管规则和经验，持续深化保险业供给侧结构性改革和监管改革，坚持“引进来”和“走出去”相结合，不断提升行业竞争力，打好防范化解金融风险攻坚战。

二是深化“放管服”改革，打造便利化营商环境。简政放权、放管结合、优化服务改革是一场刀刃向内的自我革命。过去几年，保险监管部门抓住“放管服”改革这个牛鼻子，对促进行业改革创新发挥了积极作用，保险市场活力明显增强。下一步，我们将认真落实“放管服”要求，进一步优化行政审批事项，为外资和内资保险企业打造便利化的营商环境。推进简政放权，完善市场准入，探索推进重点领域改革，发挥市场在资源配置中的决定性作用，更好发挥政府监管作用，更大激发市场活力、增强内生动力、释放内需潜力。

三是推动高质量发展，提升行业服务经济社会发展能力。我国经济已由高速增长阶段转向高质量发展阶段，保险业也必然经历这样一个过程。比如，我国服务贸易逆差较大，其中2015至2017这三年，保险和养老金服务逆差分别为30亿美元、88亿美元和64亿美元，在服务贸易统计的12大类中，排在逆差总额第4位。我国直保市场已位居全球第二，而再保险市场仅排名全球第7，再保险产品有效供给不足、再保险机构竞争力不强、再保险市场风险分散能力偏弱等问题还比较突出。即使是在直保市场，保险产品和服务不适应人民群众生活需要和经济社会发展要求的问题也仍然存在。下一步，我们将深入践行保险业姓保，监管姓监，加大保险产品和技术创新力度，推动保险业高质量发展，支持污染防治，助力乡村振兴战略，推进大病保险服务精准脱贫，服务国家重大战略，更好地服务实体经济发展。

四是保护消费者权益，夯实保险业平稳健康发展根基。消费者是保险业生存与发展的基石。这些年来，保险监管坚持以人民为中心，着力加强消费者权益保护。“12378”热线自设立以来，累计解决咨询问题112万个，处理投诉举报40万个，维护消费者经济利益超过30亿元。建立保险纠纷调解组织424个，累计成功调解案件57万多件。实践证明，只有坚持把人民群众需不需要、满不满意作为保险监管的根本评价标准，才能真正赢得人民群众的信赖。下一步，我们将坚持以人民为中心，进一步强化保险消费者权益保护意识，不断完善保险消费者权益保护制度机制，推动建立保险服务标准体系，探索在保险消费和服务各个环节引入“最多跑一次”改革，加强风险提示和消费者教育，强化信息披露，实现好、维护好消费者的根本利益。

未来中国财富管理发展前景广阔、空间巨大。我们将一如既往地支持青岛财富管理金融综合改革试验区建设，推动财富管理在服务实体经济、全面建成小康社会、建设社会主义现代化强国进程中发挥更大作用。

美国对外政策变化的国内政治基础

方星海*

摘要：美国当前的对外政策，是基于国内的政治变化，这个变化有深刻的民意基础。而且这个外交政策的转变，可能要持续很长一段时间。我们还是要加大改革开放力度，把自己的事情做好。冷静分析国际经济体系的改变，找准自己发展的路径，延续我们过去改革开放40年来的良好势头。

这段时间很特殊，国际形势在发生很大的变化。财富管理本质上是一个资产配置的过程，跟国际政治、经济形势密切相关。大家在讨论美国的对外政策变化的同时，也在问是什么导致了美国发生这么大的变化？我今天想探究一下美国对外政策变化的国内政治原因。因为外交是内政的延伸，任何国家对外政策的变化，都取决于内政。

刚才格林斯潘先生的演讲非常好，我建议《财经》整理一下，交给有关部门参考。现在的国际经济体系，是二战以后美国主导创立的，这个国际经济体系在20世纪70年代之前，对美国普通老百姓都是有益的。因为那时候美国经济特别是工业非常强大，在全世界没有什么竞争对手。美国的外贸逆差，是70年代以后才开始的。在这之前，美国外贸大部分年份都是顺差的。当时有一个说法，说美国一个高中毕业生，

* 方星海，时任中国证券监督管理委员会副主席。

能够在福特汽车公司找到工作，就能够很舒服养活一个四口之家。但是后来欧洲日本发展起来了，到了80年代之后，中国也发展起来了，美国工业的竞争优势相对减弱，而且这个竞争优势的减弱，还是在美元大幅度贬值情况下发生的，现在1美元兑110多日元，以前是兑360日元。外贸赤字持续，这是很大的一个问题，说明美国的竞争力在削弱，什么原因呢？格林斯潘先生刚才说得很清楚了，因为美国储蓄不足，投资不足，导致劳动生产率增速的下降。

美国近四十多年来，靠什么保持生活水平呢？如果把美国比作一个家庭的话，挣得少，花得多，怎么办？那就卖资产或借钱。刚才格林斯潘先生有一个数字，美国现在净外债已经积累到9万亿美元。当然美国有一个优势，美元是国际储备货币，可以印钞票还债务。所以我刚才问格林斯潘先生，人民币国际化对美国有什么影响？他回答了一个问题，但没有回答另一个问题，就是美元不是唯一主要储备货币后，是否有助于倒逼美国提高储蓄率。

当然，说美国的工业总体竞争力在下降，也不是说美国所有行业国际竞争力都不行。大家知道美国的高科技、军工、娱乐、金融、农业，这些方面国际竞争力都是很强的。但是这些领域吸纳的就业人口是有限的，而且这些领域在国际经济体系中产生的收益，其实也为美国少数人所拥有。所以美国总体的竞争力下降，外贸逆差，外债增加的前提下，收入分配变得不均，而且越来越不均。诺贝尔经济学奖获得者斯蒂格利兹教授的研究表明，从1978年到2018年40年里，美国50%的人口的实际收入是下降的。这样的事情我想发生在任何国家都是要引发革命了。所以美国国内有一大部分人是充满着愤怒的情绪，因为他们的收入下降了。

特朗普利用了收入比较低的这些人的不满，当上了美国总统。当总统以后，他和他的谋士就感到现有的国际经济体系，是必须要改变的，因为它导致美国不断的外贸逆差，也导致美国国内收入分配极度不均，而且中国等非西方国家都借此发展起来了。现在看增加关税，只是第一步，我感到美国有些人的长远目标是要把 WTO 这样的体系都冲垮。当然，新的替代体系是什么，我觉得他们也没有想好，但是肯定是朝这个方向走的。而且，美国现在是谁对现有的国际经贸体系发起冲击，谁就政治上得分。格林斯潘先生刚刚说，美国政治进入了民粹主义，大家请注意格林斯潘先生对民粹主义下的一个非常好的定义，即民粹主义跟其他主义不同之处在哪里呢？是不讲道理的一个主义，内在是自相矛盾的。其他的主义，社会主义也好，资本主义也好，内在是一体的，互相不矛盾。民粹主义是谁能承诺给你好处就支持谁。但是现在这套东西在美国政治上得分，所以美国目前的外交政策可能还会持续很长一段时间。

当然了，对美国也有两个制约因素。一个是打贸易战，美国经济会不会吃得消？因为贸易战提高关税，对其他国家有负面影响，对美国也有负面影响，美国经济能不能撑得住？特朗普现在民调比较高，很重要的是美国经济比较强。贸易战对美国经济有何影响，这一点不同经济学家会有不同的判断，按照格林斯潘先生的判断，他觉得会产生负面影响。他刚才说减税，减少经济管制，放松监管，这方面带来对经济好的作用，可能都会被关税增加抵消。这些负面影响，自然制约了特朗普打贸易战的积极性。因为特朗普打贸易战是为了选举，不见得是为了美国长期的发展。经济下滑对选举是不利的，所以要看美国打贸易战能否持续。

另外一个可能的制约因素，就是民主党是不是会出现类似于富兰克林·罗斯福这样的人，提出改革政策，使大家确信这个政策可以让美国经济重新焕发活力，并解决收入分配不均的问题。如果有这样的人，有可能在 2020 年大选中击败特朗普。但是看现在整个美国政治环境，这样的人出现也不容易。最近我看了几场特朗普公开演讲的录像，发现他很容易获得下面听众的欢呼支持。民主党领导人出来讲，则没有人听，即便讲的话都很有道理，但是民众不见得听。所以 2020 年大选，特朗普还是完全有可能获胜的。

所以美国当前的对外政策，是基于国内的政治变化，而这个变化有深刻的民意基础。而且这个外交政策的转变，可能要持续很长一段时间。

刚才格林斯潘先生也提到，这样一种政治的变化，不仅仅在美国，他觉得在西欧也是在进行同样的一种转变。大家知道最近意大利的新政府成立，这个新政府很有意思，是北方联盟党和五星运动党的联合政府。北方联盟党是极右的，五星运动党是左派的，右派跟左派可以结合起来，因为他们在对外政策上都非常一致，都是反全球化的。在美国也有类似的情况，特朗普的对外政策，与民主党桑德斯的对外政策也很相近。所以这种反全球化的政治潮流，在西欧也慢慢在形成一种潮流。

总体来说，美欧这两股潮流如果合在一起，对现有的国际经济体系会有一个非常大的冲击。所以前阵子我们中央召开了外事工作会议，不知道大家有没有看这个会议的新闻公报，上面有一个判断，就是说世界正在面临百年不遇的一个变局，我个人体会的这个变局，指的就是世界整个经济体系在美国和西方的一些国家国内政治运作的冲击下，有可能会发生非常大的转变。

在这样的情况下，中国怎么应对？今天我没有时间去细谈这个问题。总体来说，我们还是要加大改革开放力度，把自己的事情做好，然后冷静分析国际经济体系的改变，找准自己发展的路径，延续我们过去改革开放 40 年来发展的良好势头。但是这当中应该会有很多的挑战。

新时代财富管理的挑战与应对

李东荣*

摘要：财富管理是与社会财富、个人家庭财富打交道的行业，这既是关系国家经济金融发展的大事，也是关系人民群众获得感和幸福感的实事。而推动新时代财富管理行业规范健康可持续发展，一是坚持财富管理服务实体经济的内在要求；二是打造规范协调开放的财富管理市场体系；三是有序推进金融科技在财富管理领域的应用；四是扎实做好投资者保护与风险教育工作。

财富管理是与社会财富、个人家庭财富打交道的行业，这既是关系国家经济金融发展的大事，也是关系人民群众获得感和幸福感的实事。如何把财富管理这件事办实办好，需要政府、市场、社会共同的智慧和努力。此次中国财富论坛围绕“金融开放与监管新范式”的主题，为政产学研各方交流探讨提供了国际性平台，具有重要的现实意义。当前，随着中国特色社会主义进入新时代，经济、社会、政策、科技、客群等内外部因素都在发生一些新的变化，这将使我国的财富管理行业面临很多新的机遇和挑战。

一是世界经济形势带来新挑战。当前，世界经济有望继续复苏，但

* 李东荣，时任中国互联网金融协会会长、中国人民银行原副行长。

不稳定不确定因素很多，主要经济体宏观政策调整及其外溢效应存在不确定性。从中期看，由于劳动生产率增速低迷、全球债务规模上升、地缘政治风险加剧等因素的影响，国际经济政治领域还可能出现各种“黑天鹅”、“灰犀牛”风险事件。近期，美国政府采取一系列单边主义和贸易投资保护主义措施，给全球贸易秩序和国际金融市场稳定带来了负面影响，给世界经济复苏进程蒙上了一层阴影。如此错综复杂的世界经济金融形势，无疑会给财富管理行业带来很多不确定因素，从而会增加财富管理特别是全球化资产配置的难度。

二是中国经济改革提出新要求。当前，中国经济正处在转变发展方式、优化经济结构、转换增长动力的攻关期，总体来看经济基本面良好，增长保持韧性，结构性去杠杆稳步推进，应对外部冲击的能力在增强。但同时也要看到，经济发展不平衡不充分问题依然突出，部分地区经济下行压力较大，一些企业特别是小微企业经营困难，金融等领域面临的风险不容忽视。对此，党中央、国务院前段时间已果断出台了以供给侧结构性改革为主线、以推动高质量发展为根本要求的诸多改革举措，这无疑给财富管理带来了新的需求，并对资产配置方向和结构提出了新的要求。

三是强化金融监管明确新秩序。金融业是一个与财富打交道的特殊行业，存在高风险性、强涉众性和内在脆弱性等特点，如何实施恰当有效的监管一直都是金融业面临的难题。针对当前我国面临的复杂的经济金融形势，党的十九大和第五次金融工作会议特别明确要将强化监管作为做好金融工作的重要原则之一，这反映了党中央、国务院领导对金融发展本质规律的深刻理解，以及对当前金融乱象治本之道的深入思考。具体到财富管理行业，2018 年 4 月，人民银行等四部委联合发布《关于规范金融机构资产管理业务的指导意见》，针对部分资管业务发展不规范、多层嵌套、刚性兑付等问题，强调统一资管产品监管标准，明确合格投资者要求，这为我国财富管理行业规范发展指明了方向、划清了跑道。

四是信息技术发展提供新手段。随着全球信息化进入全面渗透、跨界融合的新阶段，技术创新代际周期大幅缩短，云计算、大数据、人工智能、区块链等数字技术不断取得新的突破，驱动着经济社会各领域向数字化、网络化、智能化的更高阶段发展，也必然对金融业财富管理的经营模式、服务方式、产品工具产生重要影响。比如，传统意义上的财富管理更多是小众、高成本、面向高净值客户的“私人定制”，但金融科技手段的运用使得规模化、低成本、面向普罗大众的“私人定制”也成为可能，相信大众理财将逐渐成为我国财富管理行业又一重点的发展领域。

五是客户群体需求出现新变化。当前，随着中国城乡居民收入总量持续增长，收入结构不断优化，财富管理需求呈现几个新的变化：需求主体从高净值客户扩大到广大中等收入群体乃至长尾客户；需求类型从单一的储蓄存款转变为多层次、多领域、综合化的财富管理需求；需求范围从主要面向国内理财市场扩展到全球化资产配置；需求期限从短期理财偏好转向侧重家庭财富的中长期筹划和代际传承。

面对上述新时代带来的新机遇、新挑战、新变化，我国财富管理行业应加强研究规划，做好基础性工作，采取针对性措施，以更好地抢抓机遇、化解挑战、应对变化。下面，我想结合论坛主题和自己的观察思考，就如何推动新时代财富管理行业规范健康可持续发展谈几点意见，供大家参考。

一是坚持财富管理服务实体经济的内在要求。为实体经济服务是金融业的宗旨和天职。财富管理行业应以服务实体经济、补齐当前财富管理存在的短板为导向，科学合理把握资产配置和资金投向，紧紧抓住中国经济转型升级与结构调整产生的有效投融资需求，在推动实体经济高质量发展过程中谋求财富保值增值，同时要避免资金脱实向虚，在金融体系内部自我循环，特别要防止产品的复杂嵌套，为可能出现的金融风险跨行业、跨市场、跨区域传递埋下隐患。

二是打造规范协调开放的财富管理市场体系。持续完善财富管理法律制度，严格落实和执行资管新规，加强财富管理综合统计监测，将财富管理行业全面纳入法制监管轨道。要引导从业机构加强企业内控，建立健全信息披露、投资适当性管理、产品分层分级等制度。推动银行、证券、保险、基金、信托、资产管理等财富管理机构实现有序竞争和差异化定位，形成分层有序、品种齐全、功能互补的产品服务体系，更好地匹配不同投资者的风险偏好，提供跨周期的多元化配置选择。应注重吸收借鉴美国、欧洲等国际财富管理模式的先进经验，结合当前中国扩大金融开放的政策措施，进一步融入全球市场，对接全球资源，建立完善双向开放的财富管理模式。

三是有序推进金融科技在财富管理领域的应用。应充分利用互联网特别是移动互联网的技术、渠道和平台，打造线上自助化、标准化，线下专业化、个性化，线上线下良性互动的财富管理服务模式。应探索利用大数据、人工智能等在精准营销、风险定价等方面的技术优势，根据不同财产规模、风险偏好、人生阶段和配置要求，为客户提供覆盖全生命周期的差异化、精细化理财服务。应支持财富管理机构、金融科技企业在依法合规和风险可控前提下开展合作，有效提升服务效率和客户体验。

四是扎实做好投资者保护与风险教育工作。应依托统一规范的信息披露、合同登记、风险提示等手段，增强财富管理机构和理财服务全流程的透明度，落实投资者适当性要求，强调“卖者有责”。针对高净值客户、长尾客户等不同客群，注重在理财咨询、购买产品等可教育时刻(Teachable Moment)，分类开展金融知识普及和理财教育，引导投资者树立“收益自享、风险自担”的投资理念，打破刚性兑付的不合理预期。同时，严厉打击各类以“互联网理财”为名，实为非法集资、违规营销、商业欺诈等侵犯投资者合法权益的违法违规行为。

展望未来，我国财富管理行业机遇与挑战并存，机遇大于挑战。我相信，只要始终遵循金融活动基本规律，认真做好系统规划和顶层设计，真正发挥好市场化机制作用，我国财富管理行业一定会适应社会和人民群众的客观需要，取得更好更快的发展。

要用创新思维改善金融服务

蔡鄂生*

摘要：经济和市场本身有很强的基础支撑才能具有韧性，而货币政策工具要富有弹性，怎么处理韧性和弹性的关系，也要在实践当中来把握好。在具体的执行过程中，要根据实际情况的变化用创新思维来解决问题。

2018年7月6日中央全面深化改革委员会开会，习近平总书记在会上指出，改革进一步触及深层利益格局和调整，以及制度体系的变革，改革的复杂性、敏感性、艰巨性更加突出。十八届三中全会确定了改革的总体方案，十九大从我们国家发展方向和新时代改革的总体要求上都做了具体的、明确的部署。在“五位一体”总体布局和“四个全面”发展战略上对目标讲得很清楚。在稳中求进的总体指导下，怎么做好“三去一降一补”，现实生活中我们也有切身感受。有些事情不是简单的好与坏，而是看相关措施下来以后，是不是在按照目标和总体要求的方向前进，这个可能让我们有更好的判断。

现在央行的领导，还有包括金融稳定发展委员会开会，都讲了经济韧性和市场韧性的问题。经济和市场本身有很强的基础支撑才能具有韧性，而货币政策工具要富有弹性，怎么处理韧性和弹性的关系，也要在

* 蔡鄂生，时任南南合作金融中心主席、银监会原副主席。

实践当中来把握好。在具体的执行过程中，要根据实际情况变化来解决问题。

但有一些理念上的东西，我觉得还是挺有意思的。到了青岛跟一个企业家聊天，他说现在传统企业出了点问题，资金融通和资本补充的能力就马上受到挤压；而当新型企业例如互联网企业出现问题，资本会很快得到补充。这到底是为什么？我觉得值得思考。创新发展没有问题，但是实体经济的支撑和新动能的产生到底需要什么样的行业？经济结构到底应该是怎么样的？从“高速度”向“高质量”的转变，首先是指现在各个基础的行业，除了产能过剩以外的所有行业都要转变，而不是简单的淘汰。淘汰是在政策下，通过市场来解决问题。现在企业面临各种问题，但市场本身就是要有一个竞争和淘汰的过程。就这些问题，我们处理的结果，和我们政策目标的偏离度、契合性到底怎么样，我觉得大家应该有判断，特别是作为金融行业，现在通过债转股支持中小企业，能有价值出现的不良资产是什么？不是厂房机器设备，而是土地，因为未来价值不一样。

这些现象和问题，需要我们在新时代下，用创新思维解决。因为我们现在是深层利益格局和体制形势的问题，不能用老的思想去看“三去一降一补”所出现的问题。现在的金融委开会，总体调子也讲稳中求进，经济整体向好，去杠杆已经取得初步成效。但不可能没有新的问题产生，不能光看到取得的成绩，是不是就没有问题了？这不是我们面对现实的正确的看法。

我们老讲底线思维，守住不发生系统性风险的底线。但是从思维方式来讲，我认为总书记讲的是两层意思：一个是底线思维，一个是问题导向。这个底线思维是什么呢？就是我们要面对可能出现的现实。如果说我不认为它可能发生这种事，就不叫底线思维。底线思维我认为它可能发生事，而且我要面对，才能守住不发生系统性风险的力量。因为你认为这种东西可能就是我未来要面对的现实，就必须想怎么办？这就是问题导向，问题才是我们创新发展的一个驱动，因为看到了问题，通过措施来解决才行。所以现在这个市场，实际很多经济生活中面临问题就是这样。我在其他论坛讲过，我们的改革开放和我们的企业发展，金融支持很关键，是信贷支持高速增长的，这一点我觉得大家不应该有什么怀疑。

但是高速增长下的企业状况是怎样呢？我们企业改革的状况是什么？资本金不足，资产负债表错配比较严重，资产质量也不是很高，在这种情况下，去杠杆的话资产负债表就出问题。去杠杆过程中，怎么让资本有所增加，资产负债表怎么有所改善，关键是怎么提高你的资产质量，这个时候我们的杠杆率，企业发展和国家实行的“三去一降一补”的政策措施就慢慢融合在一起。我们在实际的过程中，要向这方面推进。

有人问我：银行的贷款到底贷给谁？实体经济，我们认为的实体经济，在有些银行人士的观念里头是什么？我们现在由于政府债务、政府平台这块不能贷款，那政府推动经济的冲动和到底怎么与市场结合？真正要通过创新思维改善金融服务。我之前也反复说不能把监管和创新作为对立面来看，把它作为一个整体来看，不要说到强监管，就好像压抑创新和企业的发展。而这种所谓的强监管的东西，它的政策措施本身也要改革。昨天我们周亮副主席讲到银行怎么转轨向高质量发展，第一条就是服务实体经济，所谓回归本源。所以要这些向这个方面用力，而不是简单的在利润冲动下做事，可能会有所变化，或者处理现实生活当中的问题，可能就会比较柔和一点。所以，我觉得我们现在真正还是要解决创新思维问题。如果光说创新，但思想不解放，思维方式没有变化，谈何创新？无非是新技术的研制。但你对社会发展和我们总体目标的实践作用怎么样，结构变化怎么样？值得思考。

在这种整体转变、结构调整的方向中，完成向高质量、高效益转变的情况下，我们肯定需要兼顾很多的利益格局。目前的一些格局是受到冲击，但你不能认为是被伤害了，要看这种冲击是不是有利于我们整体经济的发展和人民生活的改善。这样可能我们的心态就会好很多，就会增强我们的信心，我们就会坚韧不拔地、脚踏实地地、毫不动摇地去落实十九大提出的各项目标和任务。

去杠杆的市场逻辑

王忠民*

摘要：我们今天去杠杆，要用市场自身的逻辑、工具和方法，一可以有效地在一定时间内解决问题，二可以让所有的杠杆都在函数曲线运行中延伸，三是带来的负面作用最小化。

郭树清主席在山东担任省长的时候，除了同意设立“中国财富论坛”，还把山东的社保基金结余1000亿元委托我所在的中国社保基金管理；同时又成立了类似社保基金的机构来管理剩下的社保结余，这是山东养老财富管理当中的两个重大动作，这两个动作今天都有收益了，实现了财富增值保值，回报了山东的养老群体和民众。

我今天分享的题目是《去杠杆的市场逻辑》。五六年前，我们就在讲“三去一降一补”，从实体角度去杠杆，包括去企业杠杆，去地方政府的杠杆，去宏观经济的杠杆，去民营企业的杠杆，去国有企业的杠杆，也产生了诸多成效。从去年到现在，更多的是去金融杠杆，我们在资管系统，在金融机构的股权、入股、补充资本、退出市场方面，以及在金融机构本身的杠杆率方面，出了大量的政策，也解决了诸多问题。现在看起来，金融杠杆率和实体杠杆率都大幅下降，也开始对金融杠杆资产的重新评估和杠杆里价格水平市场的重新定位。

---

* 王忠民，全国社会保障基金理事会原副理事长。

但同时，这期间也出现了负面的或者说新的经济问题。比如，当我们感觉到全社会缺货币，事实上我们已经放开了货币端口的投放，但是基于原来的监管和去金融杠杆的逻辑，从信用的端口来看，有了货币，但从信用的角度传递不出去。因为原来的传递通道可能被禁止、被缩小、被限制，新的通道当中，需要钱的机构又没有信用支撑，使用这个钱的效率如何，未来产出的流动性杠杆会怎么样，表现出典型的“有货币之水，没信用之流”的现象，货币传导机制有问题。

比如从债的角度来看，市场中突然出现信用债大量违约，不只是在民营小企业，民营企业的大企业甚至几百亿市值的信用债发不出去，只能以1%或2%的规模满足回流资金的补充，连到期日的补偿兑付都不够，何况本金的兑付。国有企业和地方政府也面临大量的兑付问题。

如果从股的角度，在过去股价水平之上，如果已经把这些股权全部抵押出去，而且抵押率可能不是30%、40%，可能是80%、90%，如果这个时候股价下跌了得补仓，还要考虑如何补仓，才足以保证在原有的契约结构下，不让别人以债权的形式把所有股权拿走，因为你弥补不了别人，就是最后你的股权归于债权的所有者。

金融机构原来为了支持实体经济，用债权的方法去服务实体经济。因为去杠杆，实体经济的风险突然暴露，金融机构自身的风险如何管理、如何交易、如何规避？所有这些现象，我们可以从这样一个逻辑中找出两条路径：第一条路径，用果断的、迅速的、一刀切的方法，甚至运动式的方法解决这个问题，一定能短期解决这方面的弊端和问题，但是由于这种方法没有在市场当中重新产生债权和股权的定价，没有产生资产市场的流动性，所以会让所有的市场行为中断，而这种中断本身会带来风险，包括资产风险，资产价格风险，杠杆率的风险。这也是刚才蔡主席说的，我们因为去杠杆还会带来新的自身风险。第二条路径，如果所有这些风险，不管增杠杆还是去杠杆，在流动性、债权、股权诸多角度中，我们用市场性的方法、市场的金融工具，提供新的逻辑、新的产品去解决的话，会怎么样？

这就是我今天的主题，市场去杠杆有什么样的工具和逻辑。不仅去杠杆，而且杠杆可以重新定价，重新交易，重新形成，让杠杆成为市场上一条不间断的函数曲线。我分三个方面来讲。

（一）事先：市场工具能否释放风险？

风险形成之初，有没有市场工具可以释放风险？市场主体有时要用杠杆，来获取投资、信贷、股权。这些东西都有风险，任何金融活动都有风险，能不能在最初就有市场工具把风险提前交换出去？昨天有美国交易所的嘉宾提出来应该在青岛做期货市场。根据定义，期货无非是把今天投资的东西放到期货市场当中，让远期的市场参与主体给的定价和交易，当你不愿意承担远期风险的时候，就可以在期货市场做一个套期保值，只挣自身产品销售的利润，而不去挣市场风险波动的利润。例如在投资做一项产品的同时，如果是期货市场当中的产品和类别，就可以用套期保值的方法把风险全部转移出去。因为市场中其他的投资者专门研究这方面的投资，他们买了套期保值以后，通过战胜风险得到风险溢价的回报。市场让任何交易变成金融产品的时候，对卖出的人来说是风险的交易，付出了一定的成本，对买入的人来说可以拿到风险回报，可以战胜风险，从而让自己得到回报。

在具体物品的期货市场中，我们已经有原油、铁矿石的期货市场，但我们最缺的是怎样的期货市场？是所有金融产品的期货市场，包括股指期货、债权期货等，如果早些年就健全这些市场，我们今天所有金融去杠杆的风险都可以提前交易出去。不愿意承担风险就可以交易出去，真正有能力有水平、摸爬滚打于期货市场的人就可以做这样的产品，当然他们也会把风险交易出去。如果你要做期货市场，一定不要做长期的，在买入的同时就卖单挂出去，只挣买卖过程中微弱的市场差额就够了，因为长期看谁也把握不了市场。这才是我们今天防范风险、转移风险、交易风险的市场机制。只有金融期货市场完整、市场逻辑深厚，所有金融端口才能事先的把风险转移出去，才能去全心全意以金融为实体经济服务。如果自己都有很大的风险，怎么可能全心全意为你服务呢？今天的金融期货市场不是太多了，而是太少了；今天已经成立的期货市场，但是没有交易规模的，效果也很微弱，这些实际上是我们今天去杠杆时期的最大的市场缺陷。这是我说的事先风险的交易逻辑问题——让市场形成新的市场，解决原有市场的欠缺和不足，而不是把风险捏在自己手里。

（二）事中：债务与股权优先股两大工具的缺失

今天，我们有债务方面和股权方面的两大工具，但我们今天都弃而不用。先看债务方面，我们今天债务的总体规模和债务去杠杆的影响是最大的。有一个债券的特别品种，有人叫它高收益债，因为这个债的定价水平、溢价价格很高；也有人叫它垃圾债，是说这个债背后的违约和达不到收益水平的可能性比较大。但是越垃圾的债，在市场当中发出去的话，收益率水平必须足够高才有人买。注意我是讲的是一级市场的债，不是二级市场的不良信贷，二级市场这个我后边来讲。

如果你有债权违约，杠杆率水平很高，这种情况下想发新的债，你在原有债的价格水平上，只提高10个BP（基点）或一个百分点的时候，就很难发出去，因为这个价格不足够反映这个债在去杠杆时期的风险水平。如果价格提高不是5%、6%，而是50%，就一定会有人卖，因为他们觉得一定时间内能解决风险，就可以买你的债。所以一定要把风险在市场中通过价格释放出去才有人买。如果没有垃圾债市场，所有的债券都在原有的价格水平中，或者小幅价格波动水平的时候，肯定没有人买，因为买家拿到的受益中不含风险溢价。去杠杆一定是让债务风险大幅提高，这就要价格大幅溢价，而且溢价水平要高，市场当中才有新的买家去接这个东西。如果价格只浮动一定的小幅度，就没有人进去交易，一定会导致市场停止交易，原有的杠杆率水平不可能延续，债券市场就会停滞，这意味着什么？发债的企业不仅不能继续增大现金流运行，所有的运行都会终止，这个企业就顷刻倒塌。是这样一个逻辑。

我们回想一下去债务杠杆的逻辑。上一次四大资产管理公司从四大银行剥离不良贷款的时候，什么让四大资产管理公司挣钱了？是剥离的时候给的风险溢价，这四大管理公司就抓住了风险溢价的机会，把原有的国有银行的债务放出的时候，不是按原有的资产水平和估值，而是只要收回 25%就算完成任务，收回 25%以上算收益。这个风险溢价已经把不良资产的 75%溢出去了。

如果我们今天这一轮去杠杆，债转股的时候，原有的债务风险没有溢价，把你的债权转成股权，银行就不干，认为风险没有转移出去，风险没有交易，没有重新估值，银行法规定，银行只能做信贷，不能做股权，所以要成立全资新的资产管理公司，把这一块划过去。所有的不良资产，在债权领域当中，风险溢价市场如果存在，一定会有市场的新进入者捕捉它，所以在债务去杠杆中，可以做的比例多大，价格多高，那是最简单的决策，最重要的决策是如果要降低杠杆率，一定要重新做市场估值，有新的进入者再把风险溢价拿到自己的手里，这时候所有的原有杠杆可以交易，市场才会形成动态。不能说企业都要死掉了，还不让溢价。这时银行经常让企业赶紧还款，承诺按照新的利率水平全部再借给企业，企业借了高利贷，但银行又反悔了。这种现象是因为我们没有利用有效的高收益债市场。如果过去我们扭曲或变相解决了这些问题，今天还要通过市场去解决问题。

再来看股权市场。2008 年美国金融危机的时候，谁通过一种特殊的股权交易挣大钱？是美国财政部和巴菲特。他们用了一个工具——优先股。当企业股本出现重新估值，并基于所有的股本的再估值和原估值，去股权杠杆和债权杠杆的时候，整体估值水平的高低，在市场当中都是杠杆率高低的砝码。在二级市场中，当股权抵押出去的时候，每跌

10%都要补仓，结果这个时候没有钱补仓，怎么办？股权就有可能被债权人收购。注意，我们这次的去杠杆当中，遇到了一个最大的干扰，叫“特朗普干扰”。我们本来做自己的事情，美国却要跟我们打贸易战，而贸易战背后是金融战，结果我们股市跌了，债市跌了，人民币汇率跌了，而如果我们基于原来的价格水平做的股权杠杆和债权杠杆，就得补仓，所以我把这次看作是特朗普干扰。

如果今天企业还可以从股权、股本角度获得大额资本的补充，而且是高估值的补充，一定是在一级市场。因为一级市场当中的股东和新的投资者之间是点对点的，例如蚂蚁可以吸引国外的投资者，让估值达到 1 万亿人民币，这个钱从哪儿来的？是从外部投资者来的。小米到香港上市，估值也到五六百亿美元，这个全部是一级市场的重新估值。当股权遇到去杠杆的风险的时候，能不能有一种像一级市场点对点的交易结构？这个时候有一种股权工具叫优先股，对方给你注入资本，解决你的兑付，但重大决策权都要交给对方。例如巴菲特上次买了高盛的优先股。上次金融危机，花旗是我境外托管的银行，跌到不到一美元，我现在很后悔当时为什么不用优先股去收购它？如果有优先股，有资本的人就会有机会抄底，谈股价的时候，因为公司已经危在旦夕，单一交易就很容易谈，既救了市场，也通过抄底获得了财富。优先股基金、并购基金就干这种事情。

遗憾的是今天我们没有优先股市场。我们上次曾经把优先股当成债券，只是股权在分配的时候先分股息，我们把优先股用成了一个公开市场当中的大众的交易产品，而没有用在救大量股权高波动率下的风险，这个市场太偏弱了。以至于我们市场当中没有大批的有资本的人，通过有组织的专业投资方法去寻找、挖掘这样的机会，才让我们从股权角度看到去杠杆风险一地鸡毛，以至于百分之百的股权已经抵押的上市公司，居然必须补仓和必须交易完了之后，才发文件停止交易，用终止市场的方法来做这件事情，太遗憾了。如果我们有股权优先股，那今天的格局不是这样。

（三）事后：运用破产保护和特殊目的载体

刚才我讲了事先、事中的风险释放，和风险估值当中的特殊市场工具。现在我们从事后来看，有两个东西是挺有意思的。第一个东西是破产保护。今天有的企业想破产都破不了，因为资产在债权股权角度，把债务人和股东都拽住了，根本带不来现金流，即使发行了大量的 M2，也没有任何的信用去利用。为什么我们的公司都要等到无法起死回生的地步，才去慢慢地等死呢？企业自己想死的时候，有没有可以解脱的办法？人类这个时候还找到一个办法——安乐死。企业也有一种死法，叫破产保护。如果当企业在债权、在股权、在现金流、在每一种生产要素当中用别人的资本和劳动、用别人的东西，都还挺好的时候，可以被允许解体。破产保护，保护了一个企业主体背后所有的生产要素和所有金融要素原来签约的杠杆要求，和一切的契约双方。当这个时候退出，没有任何一个人吃亏。如果可以这样，那所有的企业一定不用等到资不抵债，不要等到股权被别人白白拿走，就可以破产，这样对职工、资本、土地、一切的股权和债权人都负责任。我们的破产法，居然没有一个让公司在这个时候，轻轻松松、皆大欢喜地终结自己企业的寿命，而是必须要等还不了债，跑路甚至自杀。即便如此原来的契约关系也存在。所以企业家要么就奋力干活，要么就一地鸡毛跳楼自杀。没有一个皆大欢喜的社会机制。我们呼吁，要允许在你盈利的时候破产，一定让破产成为正常社会企业风险解构的平台，而不是到了不可解构的时候去破产。

有趣的是另一个工具：SPV（Special Purpose Vehicle，特殊目的载体）。如果从我们今天去杠杆的市场机制来说，在原来的企业要破产还没破产的时候，如果有一种特殊的目的的载体，跟所有的要素和所有的杠杆端、股权端约定一件事情，只做这个事情的载体的公司就叫 SPV。SPV 一旦做起来有几个特点：第一，和原有的资产、契约关系和原有的交易，全部风险隔离；第二，让风险隔离以后，税务关系通常是优惠甚至可免税；第三，一旦这种公司建立，所有透明机制是充分的，信息都是清清楚楚；第四，SPV 完成了这件功能以后，自动解体。成立的时候就只做这件事情，完成了这件历史责任和任务以后自动解体，又回到各自的生产要素，各自契约的独立拥有方式。如果有无数个 SPV，以及有针对性的金融服务，破产保护的时候，就很少有企业跌于去杠杆当中的万劫不复，而可以通过自身的破产保护，组建新的 SPV，让原有的风险隔离，让新的动能、机制、交易结构可以产生。

我们今天讨论了事先、事中、事后的既有制度设计，又有社会运行经验的工具和方法。如果我们今天已经面临不得不去杠杆，不得不去扫除发展当中这样或者那样的障碍，我们呼吁的是，要用市场自身的逻辑、工具和方法，一可以有效地在一定时间内解决问题，二可以让所有的杠杆都在函数曲线运行中延伸，三是带来的负面作用最小化。

打造面向未来的金融城

李礼辉[*]

摘要：金融业是带动第三产业发展、驱动经济增长的重要引擎。金融城则是吸引金融机构聚集、促进金融业发展的主要引擎。要瞄准大目标、瞩目大课题、打造大环境，才能成功打造面向未来的、富有竞争力的金融城。

金融业是带动第三产业发展、驱动经济增长的重要引擎。我国金融业的发展速度连续10年明显高过GDP增速和工业增速，提高了金融业以及整个第三产业在国民经济中的比重。2015年，我国金融业增加值占GDP的比重达到8.4%，比2005年的4%翻一番，超过美国、英国、日本等发达国家。金融业投入产出比高，利税贡献大，同时可以优化国民经济结构性指标，因而成为各省市的重点发展产业。2015年，28个省市的金融业增加值占比超过5%，其中上海、北京超过17%。

金融城则是吸引金融机构聚集、促进金融业发展的主要引擎。因此，许多城市都在建设金融城。建设金家岭金融城，是青岛市面向未来的战略性布局。这几年，青岛金家岭金融城建设取得了长足发展，金融业增加值年均增速20%以上，2017年金融业税收达到64亿元，增长42.6%。目前落户金家岭的金融机构及类金融企业670家，其中法人

* 李礼辉，时任中国互联网金融协会区块链工作组组长、中国银行原行长。

金融机构 16 家，占全市的 75%。山东是个经济大省、人口大省，但金融业增加值占 GDP 的比重偏低，全国排名靠后。这说明，山东省金融业发展的余地很大，而青岛市更是大有可为。国务院批复的山东新旧动能转换综合实验区建设总体方案明确提出："支持青岛加快建设财富管理金融综合改革试验区，培育发展财富产品专业市场。"金家岭作为青岛财富管理金融综合改革试验核心区、金融科技先行区和金融安全示范区，有区位优势，有政策支持，有实践经验，更重要的是，有懂金融、爱金融的党政领导。因此，我相信，金家岭一定能够成功打造面向未来的、富有竞争力的金融城。这里谈谈个人的几点体会。

第一，瞄准大目标。大目标不必是大而全的目标，而应该是具有巨大市场潜力的专业化目标。在全方位的金融市场青岛不是上海，金家岭也不是陆家嘴。但是在财富管理市场，青岛市金家岭完全可能标新立异，异军突起，并且带动相关金融业齐头并进。

第二，瞩目大课题。中国的财富管理市场是不成熟、不规范的市场。在北京大学光华管理学院不久前举办的论坛上，刘俏院长对我国的财富管理市场做了分析。一方面需求侧资源丰富，2017 年中国个人可投资的金融市场财富总量已经达到人民币 142 万亿元，预期 2021 年将会达到 220 万亿元。与此同时供给侧产品匮乏，缺乏风险稳定、收益可观的投资产品。个人可支配的财富，将配置到什么地方？在价值约 280 万亿元的存量房地产资产和大量的基础设施项目资产中，能有多少可以成为证券化的底层资产？中国版"不动产信托投资基金"REITs 的产品模式、市场架构、监管方式如何设计？对于这样一些大课题，如果能够引进像北京大学光华管理学院这样的高端智库，合作研发，相信能够提升金家岭的市场影响力，并且带动青岛财富管理市场的发展。

第三，打造大环境。能否在竞争中脱颖而出，营商环境是重要因素。良好的营商环境有利于吸引资金、人才、技术等要素的聚集，并激发各类市场主体的活力。与改革开放初期不同，国家现在坚持实行国民待遇，保持税负政策的一致性，不允许产生新的税收洼地。但这并不意味着在打造有竞争力的营商环境方面我们就无所作为。营商环境是市场环境、法制环境、政务环境、人文环境的总和，对于企业来说我认为最重要的是成本、效率和产出。降低税收和行政性收费可以降低企业的直接成本，控制房地产价格和租金可以降低企业的劳动力成本，提高政府行政效率可以降低企业的办事成本，而让企业生意更多、产出更多、收入更多，就可以提高投入产出比，提高资本回报率。我相信，也祝愿，金家岭金融城成为中国金融市场特别是财富管理市场皇冠上的明珠。

将私募基金行业自律推向更高水平

洪　磊*

摘要：创新资本形成能力是现代金融体系的基石。我国私募基金已经成为创新资本形成的有力工具。私募基金本质属性和治理逻辑不清晰，防范利益冲突、保护投资者利益仍面临巨大挑战。将自律挺在法律之前，勇于承担规范责任。中国要从工业化的跟随者走向创新发展的探路者、领路人，迫切需要增强自主创新能力。创新就是试错，成败难以预测，天然具有风险，必须依靠风险容忍度更高的投资者和风险分散能力更强的资本市场。私募股权投资基金就是要为高风险的创新活动找到有风险承担能力的投资者。

在改革开放40周年之际，中国财富论坛聚焦改革开放，以“探寻开放与监管新范式”为主题，探讨经济转型和现代金融体系建设中的热点难点问题，将为我们更好地解决中国问题、探索中国答案提供深度思考和有益启示。借此机会，我想就私募基金行业的发展谈几点看法，供大家参考。

---

* 洪磊，时任中国证券投资基金业协会会长。

一、创新资本形成能力是现代金融体系的基石

金融体系有两大基本类型，一是以金融中介提供间接融资为主导的金融体系，二是以资本市场提供直接融资为主导的金融体系。金融体系的现代性主要体现为与生产力发展相适应的金融资源组织、配置能力。经历漫长的农业革命和不断加速的工业革命，人类生产力已经走到全面科技创新的前沿。只有科技创新驱动产业升级，才能推动经济持续成长。对我国而言，土地、资源、劳动力等生产要素的潜能基本得到充分开发，增长潜力面临资源、环境、社会约束，无法维持数量型扩张，只有优化经济结构、加强科技创新，提升全要素生产率，才能实现可持续增长。因此，现代金融体系的核心内涵就是适应结构优化和创新发展要求，发展出有利于创新资本形成的金融资源配置体系。

从国际经验看，以金融中介为主导的金融体系以货币信贷创造为主，通过债权债务关系配置金融资本，具有低风险偏好、高杠杆偏好的典型特征，风险承担能力不足，无法为全社会提供足够的风险资本，无法支撑广泛的技术创新。而以资本市场为主导的金融体系以风险定价为基本原则，主要通过股权投资活动配置金融资本，可以为不同行业、不同规模、不同发展阶段的企业，提供与之相适应的风险资本。只有资本市场足够发达，才能形成强大的创新资本形成能力，适应创新风险，容忍创新失败，推动广泛而持久的原创性、颠覆性创新。20 世纪以来，美国领导了电气化革命、信息化革命、互联网革命，以及 21 世纪以来的能源革命和人工智能革命，在创新基础制度、创新的广度、深度与转化效率上远远超出了世界其他国家。社会风险资本与企业创新活动充分结合，从而推动各个领域、各个产业方向上的全面创新，是美国创新能力超群的重要原因。美国从崛起到强大的过程就是美国企业与资本市场相互结合，在资本市场助推下高速发展、加速竞争、快速迭代的过程。

二、我国私募基金已经成为创新资本形成的有力工具

自2013年私募基金纳入新《基金法》统一规范以来，行业监管不断完善，行业自律渐成体系，社会公信逐步形成，私募基金迎来爆发式增长。截至2018年5月底，在中国证券投资基金业协会登记的私募基金管理人2.37万家，已备案私募基金7.32万只，管理规模12.57万亿元，从业人员24.4万人。私募证券投资基金活跃于股票、债券、期货衍生品市场，提升资本市场价格发现和价值投资能力。私募股权和创业投资基金全面参与企业初创培育、成长壮大、资源整合与并购重组，为实体经济转型和创新发展提供了可观的资本金支持。

在证券投资方面，私募基金已成为我国多层次资本市场的重要生力军。截至2018年5月底，各类私募基金持有A股市值1.03万亿元，已经成为公募基金、保险资金之后的第三大机构投资者。在股权投资方面，私募基金为高质量经济发展形成了不可或缺的资本金。截至2018年一季度末，私募基金累计投资于未上市未挂牌企业股权、新三板企业股权和上市公司再融资项目数量达8.56万个，累计形成4.72万亿元资本金。2017年全年，私募基金为未上市未挂牌企业形成新增股权资本金1.14万亿元，相当于当年社会融资规模增量的5.85%，成为长期资本形成的重要载体。在投早投小方面，早期创业项目成为私募股权与创业投资基金的重点投资对象。截至2018年一季度末，私募股权与创业投资基金在投项目中，投向中小企业项目4.2万个，在投本金1.35万亿元，分别占在投项目总数和在投本金的66.9%和29.0%；投向种子期与起步期项目3.1万个，在投本金1.57万亿元，分别占在投项目总数和在投本金的50.1%和33.7%。在支持创新方面，私募基金敏锐布局战略新兴领域，为创新型企业发展提供关键支持。从私募股权与创业投资基金在投项目行业分布看，互联网等计算机运用、机械制造等工业资本品、

医药生物、医疗器械与服务、传媒等产业升级及新经济代表领域成为布局重点，在投项目企业数量3.7万个，在投本金1.60万亿元，分别占在投项目总数和在投本金的58.5%和34.5%，助推供给侧结构性改革与创新增长。

三、私募基金本质属性和治理逻辑不清晰，防范利益冲突、保护投资者利益仍面临巨大挑战

从法律层面看，私募基金的内涵和本质缺少法理界定，导致行政监管和行业自律规则无法将基金治理要求落到实处。国际证监会组织2010年10月发布的《私募股权基金的利益冲突》报告明确提出："私募股权基金是通过非公开方式募集形成的权益性资本"。其核心要义有以下几点：首先，私募股权基金是权益性投资，不得以基金名义对外承诺收益。其次，私募股权基金是面向合格投资者募集，必须让投资者了解与投资于特定基金有关的风险。三是，私募股权基金是长期性资本，不是投机性资本，基金存续周期一般为十年以上，在存续期内封闭运作。四是，私募股权基金是专业管理的组合投资。我们对私募基金本质的理解与国际证监会组织完全一致。但是，由于《基金法》缺少对基金的实质性定义，全行业关于私募基金本质和治理规范的共识尚未形成，监管自律规则也无法在基金治理层面形成有效约束，大量募投管退活动与基金本质发生偏离。

一是有限合伙型基金中，部分LP和GP关系不清带来利益冲突。LP与GP之间是信托关系，GP作为受托人，其行为应当与出资人或基金整体目标保持一致。规范LP与GP之间的信义失衡和利益冲突，构成了私募基金内部治理的核心。从LP与GP的关系看，既有LP越位、过度干预GP经营运作的困境，又有GP信义缺位，损害LP利益的风险。实践中，一个比较突出的问题是，有限责任公司担任GP，造成

GP 的无限连带责任无法穿透有限责任公司这一法律实体，有限责任公司股东及其实际控制人实现了风险规避，但却损害了 GP 对 LP 的信义义务。如果在基金治理层面不能解决好这一问题，在风险来临时，LP 与 GP 之间将爆发严重的利益冲突，基金信义义务无法实现，从而动摇行业发展根基。

二是同一 GP 同时管理多只同类型基金，存在潜在利益冲突。有的 GP 同时运作多只策略一致或投向一致的基金，各只基金的募投管退很难做到相互独立，实践中很容易出现分期募集、联合投资甚至借新还旧、相互接盘等问题，不仅造成对投资者的不公平对待，成为利益输送的掩体，甚至与其他资产管理产品多层嵌套，演变成事实上的资金池和庞氏骗局，基金财产独立性原则和投资人利益至上原则受到严重挑战。

三是单一项目融资情况大量存在。由于上位法对基金本质缺少界定，自律规则缺少法理支持，在登记备案中无法将是否组合投资、是否风险自担等本质要求落实到位，大量名为受托管理、实为单一项目融资的资金中介业务以基金名义出现，导致单一项目风险等同于基金风险，加剧风险集中度和风险传染可能。例如，一些机构以私募基金之名，主动充当银行资金表外运作的通道，或引入信托融资业务模式，将私募基金业务项目化、债务化。这些做法均违背了基金的组合投资、风险自担本质。

四是运作期限短，缺少“耐心”资本应有的投资运作属性。国际上私募股权基金的存续期多数在 10 年以上，而国内私募股权基金存续期普遍偏短，期限 1 至 2 年甚至 6 个月者并不鲜见。部分私募股权基金名为投资、实为储蓄，从其运作本质看，名为股权投资，实为资金拆借。这类基金出现的主要背景是，特定出资人持有大量可投资产，但是出于自身风险偏好，规避资金运用风险，不以权益性投资回报为目的，仅要求债权投资的固定收益。也有部分私募股权基金单纯追求一二级市场价差，快进快出，有较强的投机心理。

四、将自律挺在法律之前，勇于承担规范责任

偏离本质必然造成基金治理困境，进而诱发行业风险。当法律有所滞后时，行业自律要站在法律规范前沿，遵从法的基本精神，遵循行业本质要求，通过行业自律主动填补法律空白，推动《基金法》原则全面落地。就当前面临的若干问题，协会将积极推动以下几方面工作。

一是推动完善上位法，维护公平发展环境。《基金法》和《私募基金管理条例》应当厘清私募基金本质与边界，明确契约型、合伙型、公司型基金的信托义务。无论何种组织形式，都要遵循非公开募集、组合投资、公平交易和风险自担本质要求，私募股权投资基金应当围绕权益资本展开投资，按封闭期要求规范运作。我们始终认为，应当在信托关系下统一规范各类资产管理业务，《基金法》应当成为资产管理行业的根本大法。私募基金是受到《基金法》规范和持续监管的合法主体，应当在金融体系中得到公平对待。

二是优化登记备案规则，防止“病从口入”。坚持从行业本质出发，明确登记备案和风险监测标准，防范利益冲突，防止刚性兑付、资金池产品甚至非法集资活动渗透到私募基金领域，守住行业风险底线。协会已发布《私募基金登记备案相关问题解答（十四)》和登记须知，明确了不予机构登记的 6 类情形；更新备案须知，明确了不予产品备案的 3 种情形。针对行业中出现的新问题、新风险，协会正在持续完善登记须知和备案须知，积极研究并提出契合行业本质和长远利益的解决方案。

三是积极探索基金治理有效机制，推动行业治理水平提升。以“7+2”自律规则体系为基础，推动基金管理人与中介机构、投资者、被投企业之间形成三重信用博弈，让市场主体行为回归市场，让私募基金管理人关注的焦点从监管部门回到自身信用、客户利益和实体经济需求。目前，私募证券投资基金管理人会员信用信息报告已经正式上线，

将会员机构日常经营与信用情况纳入合规性、稳定度、专业度、透明度4大维度15项指标的信用评价体系。2018年内，信用信息报告制度将扩展到全部私募会员机构，以信用约束促进行业良性发展。同时，协会将严格私募基金内部控制要求，私募基金要有独立的股东账户和资金清算账户，每只基金做到单独建账、单独管理、单独核算；在资金募集环节确保风险揭示真实准确完整，每个投资者逐项确认并签署13项风险揭示声明，确保公平对待投资者，投资者风险自担。此外，协会已初步完成《中国私募股权（创投）基金行业尽职调查问卷指引》，希望该清单能帮助机构投资者更加高效地开展对基金管理人的尽职调查，选择专业合规尽责的管理人投资，建立管理人展业的市场标准，激发行业发展活力。

四是推动双受托人制度在私募基金行业落地，让基金信义义务得到全面履行。根据《基金法》，基金管理人和托管人是共同受托人。基金托管人的法定职责既包括保管基金财产、办理清算交割、复核审查资产净值等谨慎职责，也包括开展投资监督、召集基金份额持有人大会等勤勉职责；其中，投资监督又包括了对基金投资对象、投资范围、投资比例、禁止投资行为等的全面监督。托管人受托职责是基金依法合规运作的重要保障。在基金管理人发生异常且无法履行管理职能时，基金托管人作为共同受托人，应当接管受托职责，尽最大可能维护投资人权益。

在此，我们呼吁，全社会要正确认识投资风险的来源。中国要从工业化的跟随者走向创新发展的探路者、领路人，迫切需要增强自主创新能力。创新就是试错，成败难以预测，天然具有风险，必须依靠风险容忍度更高的投资者和风险分散能力更强的资本市场。私募股权投资基金就是要为高风险的创新活动找到有风险承担能力的投资者。广大投资者要充分理解股权投资的本质，不能被高息和概念诱惑，做到理性投资，量力而为。合格投资者制度是对普通公众投资者的保护，也是鉴别私募基金合法合规性的试纸。不能把私募基金简单理解为100万以上的投资，100万以上的投资也会有骗局。只有真正遵循了《私募基金募集管理办法》和投资者适当性的完整要求，才能避免非法集资陷阱。投资者在签署投资合同时，一定要逐项确认并签署 13 项风险揭示声明，如果基金管理人没有要求投资者签署相关资料，投资者就要高度怀疑该产品的合法合规性，不仅要拒绝认购，还应当将有关情况向有关部门反映。基金募集机构要审慎筛选出合格投资者，做好风险提示和信息披露。基金管理人、托管人和全体基金从业人员，要正心诚意，恪尽受托职责，任何时候都要把投资人利益放在首位，真正做到卖者尽责、买者自负。当风险事件发生时，绝不要“一跑了之”、“一推了之”，要在法律框架下主动承担起对投资人的责任。我们要明白，《基金法》赋予了我们受托人责任，我们就要穷尽一切努力将受托责任进行到底，这既是法律的根本要求，也是取信于投资者的根本前提。对于以私募基金为名从事违法犯罪活动的，有关部门一定会严肃追究责任，给广大投资者一个负责任的交代。未直接从事犯罪、受到蒙蔽的从业人员不要一走了之，要珍视个人信用和从业声誉，积极配合有关部门调查，做好本职工作。任何困难都是暂时的，在困境中勇于面对，承担责任、履行义务，才有我们每个人的未来，才有基金行业的未来。

期货是开发青岛财富管理中心的重要资产

William Purpura*

摘要：所有金融中心共同的特征就是期货市场的建立，不管是纽约、芝加哥、新加坡、香港，与期货市场都有或多或少的联结。中国期货市场现在遇到较大问题，在延期合约中缺乏流动性。中国的期货市场也应以此为方向，而不仅是以投资套利为主要目的的近期合约，缺乏长期流动性。长期基金池可以使用期货来复制指数的构成，这时基金经理就可以使用大宗商品的价格，使用期货来复制投资者想要的指数构成。开放市场有利于投资者进行资产管理，用期货进行广泛的国内和国际资产管理，价值不可估量。期货毫无疑问是帮助青岛建设财富管理中心的重要资产。

青岛财富管理行业的发展振奋人心。所有金融中心共同的特征就是期货市场的建立，不管是纽约、芝加哥、新加坡、香港，与期货市场都有或多或少的联结。我成长在芝加哥，一直在纽约和芝加哥交易所工作。我认为芝加哥和青岛的相似之处在于，二者都是金融中心，而且都是主要的港口城市，同时也都非常宜居。除此之外，两个城市也有浓厚的创新以及创业环境。中国的期货市场在过去几年经历了非常显著的增

---

* William Purpura，时任纽约商品交易所理事会主席。

长，中国也正在努力建立黄金和原油方面的全球基准。同时，期货交易也在帮助中国建设人民币的基准，不仅能让中国受益，同时也能向全球其他市场提供价格参考。

中国期货市场现在遇到较大问题，在延期合约中缺乏流动性。对比来看，纽约交易所的原油价格一直可以延续到 2019 年 9 月，这些企业可以通过观察持续可执行的价格水平，管理自身在石油市场中的风险。实际上这一价格可以延续到 2026 年 12 月。中国的期货市场也应将在延续合约当中有足够的流动性作为目标，充分考虑未来的风险管理。如果一家燃油公司在看未来原油成本价格的趋势时，就可以通过期货市场来估算五年后的价格。中国的期货市场也应以此为方向，而不仅是以投资套利为主要目的的近期合约，缺乏长期流动性。要考虑监管部门和交易所，以及与相关的交易人员和行业进行密切的合作，确保市场足够成熟，能有效进行风险管理。跟世界期货市场充分联系的益处亦不容小觑。这样的对冲服务可以让商品交易的从业者，包括利率以及股票指数的参与者均获益。比如，美国铜业的价格是以每月的收盘价进行计算，美国铜业需要在某种价格上进行交易，就需通过期货市场定价。其他行业也有这样的做法，沙特的沙美石油进行原油期货交易时，使用阿曼原油的价格。

从投资角度来说，长期基金池可以使用期货来复制指数的构成，这时基金经理就可以使用大宗商品的价格，使用期货来复制投资者想要的指数构成。其他的产品可以在这种受管的期货方面，通过各种不同策略的投资组合，做不相关或者负相关的资产类别。跟传统的股票和基金相反，很多基金经理在管理期货的时候，发现期货收益比股票收益更好。期货可以作为股票投资组合的部分，通过投资组合管理的波动性，加强收益。

有关基于 24 小时长期合约的流动性，最佳案例即是 2016 年 11 月 8 日美国大选之夜。大选结果举世震惊，市场需要管理风险，当时这一市场在中国时区也是开放的，全球的参与都需要有很好的流动性。于是，特朗普票数出现领先的时候，黄金出现了大量的购买，大量投资进入黄金市场。何以如此？大选结果导致市场情绪紧张，进入黄金市场成为进行自我保护的必选动作。黄金市场跟全球股市呈现反向变化，使用期货来跟自己的股权进行弥补。而彼时股市有明显的下挫。当一些情绪性事件发生的时候，人们可能会有过度反应。而期货市场是开放的，会吸收人们下意识的行动和情绪波动。市场确实很快进行了自我纠正，恢复正常。同样地，美元也从出现明显下挫，到后续慢慢恢复。

一位叫保罗的著名经济学家在《纽约时报》上发表的文章，恰好就是自我情绪克服了理性思维。他在大选之夜写出了这篇第二天要出版的稿子。文章中说，看起来特朗普要当选总统了，市场会跳水，但会不会回暖呢？他的答案是永远不会，他认为特朗普当选是一场灾难。所以在这里，人的情绪创造了偏见，超越了理性思维。当文章发表时，实际上市场已经做出了自我的纠正。这一点就很好说明了市场上需要更多理性。格林斯潘先生也已提到，人们的情绪是有偏见的。人的直觉很多时候会引导我们走上错误的道路。但因为我们有着非常好的高流动性的期货市场，市场会克服大选期间出现的这些情绪波动。青岛就正处在一个利用期货市场的极佳机遇下：在本地打造期货交易所和交易，可以给交易者打造很好的环境，通过期货更好管理资产组合，进行更好的本地资产管理。这一市场会有自己的趋势和方式，这样的一些产品确实是我们在投资组合中非常需要的，另类投资的类型是可以考虑的。

开放市场有利于投资者进行资产管理，用期货进行广泛的国内和国际的资产管理，价值不可估量。期货毫无疑问是帮助青岛建设财富管理中心的重要资产。

第一章
世界复杂变局下的中国经济

稳增长、调结构、防风险——中国经济近年来在三者的权衡中前行。进入2018年，除了经济增长内部三角关系的拿捏，外部经济变量的权重影响陡升。中美贸易摩擦加剧，在全球经济紧密相连的今天，两个贸易大国之间的贸易对垒，牵动的不仅是两国国民经济的神经，更是引发国际连锁反应。对于中国经济来说，当下正处于调整增长模式以及进一步融入全球经济的关键时期，如何在复杂形势下，内外兼修，成为新的命题。

变局中的中国经济应对

张燕生*

我想谈三个观点。

第一，对世界复杂变局的理解。从今年达沃斯论坛听到三种声音：第一种是马克龙、默克尔的声音，他们希望未来世界仍然能按照自由贸易的方向发展；二是特朗普的声音，按贸易公平的方向发展；第三种是中国的声音，希望未来是开放包容的贸易。这三种声音也是对未来的国际秩序、国际规则的不同看法，究竟会按照哪个方向走？

现在大家最关心的就是特朗普目前推行的公平贸易，因为从特朗普总统来讲，他认为自由贸易带来了不公，比如说北美自由贸易协定就不公平，他认为加拿大、墨西哥通过不公平得到更多利益；他认为与欧盟的贸易也不公平；他认为与日本、印度、中国的贸易也不公平。他解决不公平的方式，是通过贸易战的方式来解决。

当前是公平贸易、自由贸易，还是开放包容的体系？这反映了世界复杂变局中的不确定性。因为我们知道，解决不公平，用贸易战；解决对等方式用什么形式解决呢？昨天看到美国对340亿美金商品增加25%的关税。你会发现这里两百多亿的商品都是针对在中国投资的外商企业，那是不是这些在中国投资的美国企业、欧洲企业、日本企业回家呢？这样就能让世界公平吗？这些问题，使世界变得非常复杂。

---

* 张燕生，时任国家发改委学术委研究员、中国国际经济交流中心首席研究员。

第二，贸易战的影响。如果对 500 亿美元的商品征 50%的关税率，对中国经济的影响大致在 0.12%左右，如果再对 200 亿美元的商品开征 10%的关税率，影响大致在 0.25%左右，如果在这个基础上再对 2000 亿美元的商品开征 10%的关税率，影响大致对中国经济是 0.45%左右。因此很多朋友讲，它的影响看起来是有限的。但是，如果加上叠加因素会怎么样？比如说如果贸易战的同时进行加息，会出现什么形势呢？美国经常贸易逆差会不会增加？贸易逆差增加，从而中美贸易更加不平衡，那么贸易战更有打的理由。如果贸易战的同时减税，减税以后财政赤字会增加，进而进行财政融资，也会使经常项目的逆差增加，这个时候，贸易战就更有打的理由。如果贸易战再加上增加基础设施投资，美国的债务率会上升。因此我们可以看到，如果加上叠加因素，就会面临不同的场景：中美之间如果是合作会是什么样的场景？如果中美之间不合作会是什么样的场景？

如果再加上我们的一些风险因素，比如说贸易战如果引发了金融和国际收支的风险显著上升，会是什么结果？如果引发了科技创新方面的风险上升，引发治理和制度方面的风险上升，会出现什么样的复杂局面？因此，贸易战一方面是持久战；另一方面，它的综合、全面、长期的反应，就是我们这个主题，即非常复杂的变局。

第三，中国应该如何应对？以中国加入 WTO 为例，今天美国人说中国加入 WTO 是最大的受益者，但如果把场景回到 2001 年，中国的 WTO 议定书和工作组的报告，在一些外国朋友看来，实际上是中国接受了很难接受的条款，比如 15 条，比如 16 条，比如“232 调查”。1999 年朱镕基总理到美国的时候，当时绝大多数的美国工商界人士认为对美国这是最好的协议。从事后分析，我们可以看到中国是受益。为什么接受 15 条，为什么接受 16 条，为什么接受“232 调查”？当时中国回答了三个原因：第一，为了开放，为了参与全球化并融入世界。我们这个民族是有着深刻历史教训：开放带来进步，封闭必然落后。第二，是为了改革，为了体制机制与高标准的制度接轨。第三，我们叫

"狼来了"，也就是说开放会带来冲击，而应对冲击最好的办法就是提高企业的竞争力，提高产业的竞争力，提高国家的综合实力和竞争力。WTO 的冲击是一个不可预测和严重不确定性，但最后我们发现，加入 WTO 深化了改革开放和提升了竞争力，冲击转回了机遇。因此，我觉得现在的贸易战，也是同样一个场景。

从这个角度来讲，当前的中国经济，正在进入一个创新驱动过程。我用研发强度这个指标来衡量中国，全社会研究与实验支出占 GDP 的比例，中国是有着 3 个完全不同的板块：第一个板块是中国的东部沿海 7 个省市，研发强度已经超过 OECD 的平均水平，已经进入创新驱动阶段。随着时间的推移，10 年、20 年后，这个地区一定会出现一流的创新型企业，一流的大学和一流的直接融资的体系。第二个板块是中国的中部地区，他们的研发强度普遍是明显低于东部，他们在投资驱动阶段，像湖北，湖北的研发强度是 1.86，显著低于江苏 2.66，广东 2.56，湖北一年投创新的钱，大致上是 600 亿人民币，是广东、江苏的 1/4。第三个板块是西部地区，研发强度低于 1，11 个省市、自治区合到一起，一年投创新的钱 888 亿，也就是 11 个省市、自治区合到一起，还不到广东、江苏一个省一年投入创新的钱的 40%。因此，当我们讲中国经济的时候，我们是有三个完全不同阶段的经济业态。下一步解决的问题是不平衡、不充分的矛盾。我们中国经济在这个复杂变局下，它的潜力、韧性、回旋余地都比较大。所以在这种情况下，我个人觉得，应对复杂变局，先要做好中国自己的事情，然后从全球的角度来推动全球的开放、发展和全合作。

全球经济趋势与宏观政策分歧

王　宇*

我今天和大家分享两个问题：一是全球经济趋势，二是宏观政策分歧。

全球经济趋势，这是第一个问题。尽管最近一个时期，全球政策的分歧扩大，争论升级，但是世界经济仍然按照其自己的规律和道路在向前发展。所以，我个人对当下和未来一段的世界经济及其发展前景持比较乐观的态度。全球经济已经走过拐点，走过危机后的调整期，并摆脱全球金融危机的影响，回到了正常增长的轨道。有三个论据来支持我这个看法：

第一个论据，宏观经济指标向好。主要是失业率，最近主要发达国家的失业率已经大幅度降低，到了多年来的历史最低水平。我们都知道，主要发达国家是全球金融危机的重灾区，在危机中，当时高达两位数的失业率造成了主要发达国家的经济严重衰退。因此，失业率降低到4%左右，实现充分就业，就成为经济复苏的一个重要标志和心理关口。从最新的数据看，现在美国的失业率是3.8%，这是大概20年以来的历史新低，英国的失业率现在是4.2%，是42年的历史新低，也是1975年以来的最好水平。目前日本失业率为2.4%，是世界最低的失业率之一。欧洲区19国平均失业率也从危机时期的15.5%，大幅下降到现在

* 王宇，时任中国人民银行研究局研究员。

的 8.4%。有一点很重要，西方发达国家的经济主要是由消费带动的，失业率下降就意味着居民收入的增长和社会需求水平的提升。这样在一定程度上能够扩大消费，促进经济增长。

第二个论据，全球经济复苏进程加快。从去年下半年以来，国际货币基金组织已经连续三次上调了今年和明年全球经济的平均增长率和大多数国家的经济增长率，国际货币基金组织把今年和明年全球经济的平均增长率，现在已经上调到 3.9%，这是 2011 年以来国际货币基金组织对世界经济的最高预测值。

第三个论据，世界将进入新一轮经济增长周期。这是一个中期判断。发生在 20 世纪 90 年代初期的互联网革命，曾经极大改变了我们的工作方式、生活方式，甚至思维方式。它带来了一个长达 10 年时间的世界经济的高增长、低通胀，牵领着世界经济进入一个新的增长周期。现在我们能够感受到新一轮的产业技术革命正在酝酿和突破当中，比如人工智能和生物制药，现在都已经到了突破的临界，一旦这些领域出现突破，就有可能带动世界经济进入危机后的新一轮增长周期。这是我跟大家分享的第一个问题，就是全球经济趋势。

从整体上讲，尽管现在有很多的争论，或者说很多的分歧，但是世界经济还是在向着好的方向发展。

我的第二个分享是政策分歧扩大。主要包括两个方面的内容：一个是全球货币政策分化，一个是宏观经济政策组合的分歧在扩大。

先来看货币政策分化，全球金融危机爆发之后，世界各国的货币政策在迅速地趋同，呈现出高度一致。也就是说世界各个国家要么就是实行扩张性的货币政策，要么就是实行极度扩张的货币政策，危机之后，由于全球经济复苏的不平衡，所以现在全球各国的货币政策也开始分化。表现为发达国家的货币政策分化和发展中国家货币政策分化两个方面。

我们先来看发达国家的货币政策分化。从 2015 年 12 月的时候，美联储已经打开了加息窗口，走上了加息通道，到目前为止，美联储已经

7 次加息，英格兰银行从去年下半年开始也开始加息，也就是说美联储和英格兰银行通过加息实行货币紧缩。而另一些中央银行，比如说欧洲中央银行和日本中央银行，在危机之后却通过不断的降息在实行货币扩张。这两个中央银行甚至在 QE 的基础上实行了负利率政策，也就是说他们的货币政策基调是极度扩张。一方面是货币紧缩，另一方面是货币扩张甚至是极度扩张，这主要是发达国家的货币政策分化。

我们再来看一下发展中国家。在危机后，一方面一些发展中国家比如说像韩国、智利，通过不断的降息，实行货币扩张，促进国内经济恢复。还有一些国家也面临同样的宏观环境，但是在大幅加息，实行货币紧缩。比如说俄罗斯中央银行在危机后曾经把它的基准利率提高到 12.5%，大家会说这很高，但是还有更高的，巴西中央银行把它的基准利率提高到 14.25%，他们的目的一方面是要防止通货膨胀，另一方面主要是防止国内资本的外流。所以它用高利率、大利差来把这个资本维持在国内的金融市场里面，为金融发展赢得时间。这是发展中国家货币政策的分化。现在发展中国家货币政策其实又出现了一轮分化，俄罗斯中央银行和巴西中央银行从去年以来却在大幅降息，他们现在两个中央银行的基准利率已经分别降低到 7.75%和 6.25%，这个基本上也是他们利率的最低。这是发达国家和发展中国家货币政策的分化。

最后再看一下主要发达国家宏观政策组合的分歧。宏观政策一般是指财政政策、货币政策，宏观政策组合是指财政政策和货币政策以什么样的方式搭配。在危机时期和危机后的经济恢复时期，主要发达国家和世界上大多数国家都采取了扩张性的财政政策和扩张性货币政策，现在随着世界经济的恢复，主要发达国家的宏观政策组合，也在发生分歧，而且分歧在不断扩大。现在美国政府和英国政府，他们现在选择的政策组合是扩张性的财政政策和紧缩性的货币政策，英国和美国首先紧缩货币，有两个原因：第一是英美复苏的情况相对比较好，第二是都面临着通胀上升的压力。比如说五六月份的时候，美国的通胀率已经达到 2.8%，英国的通胀率已经达到 2.9%，所以他们现在采取了扩张性的财政政策和紧缩性的货币政策。

欧元区和日本政府，他们现在的宏观政策组合是紧缩性的财政政策＋扩张性的货币政策，也就是叫紧松搭配，而英国和美国是松紧组合。为什么欧元区在经济恢复还不够好的情况下，首先紧缩财政？一个很重要的原因，是《马斯特里赫特条约》的约束，现在欧元区有很多国家，政府债务占 GDP 的比重或者说财政赤字占 GDP 的比重，都已经远远超过标准，所以当经济初步恢复的时候，就首先选择紧缩财政，以符合《马斯特里赫特条约》的标准。这是欧元区的情况。

日本为什么在这个时候首先选择紧缩性的财政政策？是因为日本政府债务占 GDP 的比重已经高达 254%，基本是全世界最高的比例。这里需要强调的一点是，尽管欧元区和日本他们现在已经开始紧缩财政，但是他们仍然坚持着扩张性的货币政策或者极度扩张的货币政策，因为现在还实行 QE 加负利率。总之，主要发达国家的宏观政策组合也出现了分歧，而且分歧还在不断扩大。

贸易摩擦的影响与应对

彭文生*

我讲一点对贸易战的看法。昨天开始的340亿征税，对经济的直接影响是比较小的，关键是未来怎么发展？我围绕这个方面来谈三点看法：

第一，未来贸易战可能扩大。会不会有某种动力使得贸易战的力度会进一步扩大？我注意到刚才格林斯潘先生提到，贸易战在美国国内实际是一个民粹主义的结果，民粹主义是没有什么经济分析或理性的。我觉得可能还不仅仅是归罪于民粹主义这么简单。从格林斯潘先生后面的分析，他把美国的贸易逆差、美国的储蓄率低，主要归结于美国的社会保障福利支出增加，也就是说实际上他把美国的贸易赤字问题归结于社会福利支出，归结于对穷人、社会底层的支出，这个观点可以理解为社会精英阶层对美国贸易赤字的解读，是不是有普遍的代表意义？

我马上想到一个问题，就是欧洲的社会保障制度也很好，为什么欧洲国家没有经常项目赤字很大的问题？我自己也没有很好的答案，我就是提出这个问题，来说明社会不同阶层对同一个经济现象的解读，是有不同观点的。这让我也想起了上一次全球贸易战是什么时候？是20世纪20年代，最终是1930年美国国会批准大幅增加进口关税。实际上整个20年代，不同的国家贸易保护主义的政策势头都已经开始了，这也

---

* 彭文生，时任光大集团研究院副院长、光大证券首席经济学家。

反映了当时社会贫富分化所带来的社会矛盾急剧扩大。有一点在经济学文献上也是有争议的：到底是1930年的美国股市崩盘以后增加贸易关税，加大了经济的大萧条，还是因为经济的萧条导致国际贸易大幅萎缩并带来贸易保护主义政策？这是两派不同的观点。

这就引出我想讲的第二个问题：提高关税到底对经济有什么影响？格林斯潘先生说这对美国是不好的，因为关税加大了企业和个人尤其是消费者的税，所以最终是不好的影响。其实在经济学也有两派的争议，历史上有一派叫"合理关税理论"或者"有效关税理论"，认为一定的关税对国内经济是有帮助的，为什么呢？增加了进口的关税，导致价格上升，从而国内的需求从进口产品转向国内产品，所以由此对国内产品的需求和就业是有帮助的。而且这个国家的贸易条件会改善，因为需求转向国内产品，就会导致国内产品出口的价格相对于进口价格上升。所以这个国家能不能受益于关税增加，最终要看贸易条件会不会改善。有人研究经济学文献，发现美国在20世纪30年代的贸易条件是改善的，所以由此认为国际贸易的萎缩不是因为加关税，最起码对美国来讲，贸易条件改善了。

最近美国加关税，它的一些逻辑和依据是不是有这些理论支持？美国对进口商品加关税，能不能改善美国的贸易条件？所谓改善贸易条件，就是能够用比较少的出口来换取比较多的进口。这个当然要看这个产品的可替代性。如果产品可替代性比较大的话，会处于不利的一方。假设中国对美国产品加关税，如果美国产品的可替代性比较低，我们还得买，那加关税对我们对美国产品需求影响不是那么大；如果我们对美国出口的产品可替代性比较高，美国政府加了关税以后，美国国内需求可以转向国内或其他国家产品。按照这个逻辑的话，应该说美国产品的可替代性相对于我们产品的可替代性是比较低的，也就是理论上来讲，他们的贸易条件改善的可能性，比我们贸易条件改善的可能性要大。

但这不是说由此中国在贸易摩擦里处于完全不利的一方。如果要比较现在和20世纪30年代那一次全球关税增加、贸易战，现在有两个不同：一是现在的全球产业链，表面上看是中美之间的贸易摩擦，实际上是美国和其他国家，甚至说和整个新兴市场国家的贸易摩擦。因为中国产品的好多零部件是来自于其他的市场，所以我们看最近的中美贸易战，日本、韩国也很担心，他们的股市也随着中美之间的贸易摩擦变化而波动。这个是和 20 世纪 30 年代那一次应该说一样，也有不一样，20 世纪 30 年代美国是对它主要贸易伙伴都增加关税，是一个全面的贸易战。这次表面上看是美国和中国之间，但我认为不光是美国和中国之间，是美国和好多国家之间的摩擦。

第二个更重要的差异，20 世纪二三十年代，西方国家之间是金本位、固定汇率制，现在是浮动汇率制，起码不是固定的。如果美国贸易条件改善，美元升值，反过来会达到一个抵销关税增加的作用。20 世纪 30 年代的加关税，为什么后果那么严重？就是因为美国加关税和贸易条件改善以后，美元不能升值，而是导致其他国家的黄金在固定汇率制下，都流向美国，导致全球贸易体系和经济体系的崩溃，带来非常大的冲击。

所以这次如果美国加关税，对美国真的是有利的话，一个体现就是美元升值。美元升值对其他新兴市场国家是什么影响呢？经济规模比较大，相对比较独立的话，这种汇率灵活性造成本币对美元贬值，能够在相当大的程度抵消美国加关税的影响。所以我们要增加汇率的灵活性。当然，有些新兴国家有比较大的美元外债，汇率贬值增加债务偿还负担，可能带来金融波动，那是另外一个问题了。

最后一点，除了增加汇率灵活性以外，其他政策应对是怎么样的？就像今天早上格林斯潘先生讲的关税也是税，应不应该通过其他应对措施来应对呢？我觉得主要的应对措施应该是税收政策，格林斯潘先生说美国政府税收增加了，但进口商品成本增加，老百姓可能受害，但是美国政府可以通过减税把这个还给老百姓。如果我们增加关税作为应对措施，我们应该通过国内减税，还给消费者、还给企业。应该更大力度降低国内的增值税、流转税、消费税。

世界变局的原因与展望

陈兴动*

我想跟大家分享一些结论性的观点，包括三个问题。第一，怎样理解世界目前的复杂变局？原因是什么？第二，站在市场角度，怎样理解中国当下的经济和金融形势？第三，作为商业经济学家，我预期会发生什么变化和该怎么办？

第一，聚焦过去这 12 个月，世界局势为什么变得如此复杂？我认为原因有三：第一个是因为中国，第二个是因为特朗普，第三个是因为世界经济本身发生了很多比预期要复杂的变化。

第一个原因——中国。中国变化很大，特别是十九大对世界有一定冲击。十九大报告表明中国坚定奉行独立自主的和平外交政策，这让世界其他国家思考应该如何应对。一年之前我在全球做路演的时候，发现全世界都非常羡慕中国的经济、政治形势和科技发展速度。全世界的政治家、企业家、资本市场的投资者都看好中国，希望搭上中国发展的这趟快车。那时候，我发现我是一个非常“受欢迎”的人。我相信当时所有谈论中国的专家，都收到许多会议的发言邀请。然而一年之后的今天，大家可能会感受到形势已经发生变化。这是十九大前后产生的不同，应该是非常明显的。中国作为一个强大的刺激力量，让世界深刻地感受到发生了变化。全球格局因中国产生变化，形势迅速地变得复杂。

---

* 陈兴动，时任法国巴黎银行（中国）有限公司首席经济学家、董事总经理。

第二个原因——特朗普。往前追溯到20世纪80年代初，一直以来，其实特朗普对国际贸易和全球化的看法一直是一致的。特朗普认为自由贸易对美国是不公平的，美国在全球化的过程中让利于其他国家，尤其是中国。格林斯潘的演讲给我带来最大的震撼是，即便他是忠实的民主党人，即便他是贸易全球化和自由贸易的坚定支持者，他还是提到：无论是谁当美国总统，都要面对美国产业空心化的问题。奥巴马说："我们要重新领导世界100年"，但特朗普说我们现在已经没有能力领导了。美国事实上是在衰落，特朗普要让美国重新强大，必须重新强大起来。所以他奉行"美国第一"政策——凡是对美国不利的都要改，不让改，就退出。美国即便衰落也还是有实力，政治上的实力、经济上的实力、货币上的实力、军事上的实力。这些实力让全世界必须跟着美国的指挥棒转，所以全世界给了美国一个称谓，叫"霸王"；商务部直指这是"贸易霸凌主义"。这对中国和世界经济的影响是相当严重的。现在的问题不再是要不要打贸易战，而是后贸易战时期是什么样的，好情景、坏情景、中情景分别如何？中国会受到多大的冲击和损害？中国应该怎样采取措施应对？

第三个原因——世界经济本身发生的变化。金融危机之后，全球经济恢复增长，2015年至2017年三年经济表现非常好，但是2018年全球经济开始出现比较大的分化。发达国家当中，欧盟的经济形势表现是让人失望的，比预期要差得多；美国的表现是最好的，应该说是如日中天，第二季度GDP可能冲击5%。发展中国家的问题比较大，很多国家已经出现货币危机，像阿根廷、巴西、土耳其、南非的货币已经有崩溃的迹象，甚至已经开始呈现货币危机初期的形势。

第二个问题，中国当下的经济和金融形势怎样？5月份中国的一系列统计数据出炉，媒体已经做了很多的评论了。我们也可以看出，经济增长下行的压力要超出市场预期，而且，金融危机和金融恐慌的苗头已经出现了。

第三个问题，在经济增长下行压力和中美贸易战的背景下，会发生什么和该怎么办?

我想分享一下我们对中美贸易战的三个情景推演。最好的情景是特朗普及共和党在2018年11月中期选举中大败，中美贸易战或在6至12个月内结束。中性或者说基本的情景是中国采取比较明智有效的应对策略，特朗普及团队在未来6到12个月当中没有得到想象的好处，由此，中美之间的贸易摩擦可能在12个月内逐渐化解。最糟糕的情景是通过贸易战，欧盟、加拿大、墨西哥向美国屈服，甚至与美国结盟限制从中国的进口。

基于以上情况，我有几个政策预期。第一，中美贸易战触发时点上双方的状态，和1985年美日广场协议时双方的状态，完全处在不同的水平上。第二，对中方来讲，贸易战的核心利益是贸易；但是对美方来讲，这一核心利益是技术而不是贸易。我认为第一轮摩擦之后，中国应该考虑怎样行动，而非针尖对麦芒。中国应该采取积极向内的改革措施，当然除此之外国际合作也是需要的。短期来讲，中国应当调整国内政策，2018年到2020年利用这三年促进国内经济从高速度向高质量转型。必要时，这种打扫院子式的准备工作还可以再拉长一点。在保持稳定的前提下，把重要的政策着眼点放在未来的3到5年。要清楚地认识到中国最大的优势就是庞大的国内市场，要积极调动国内需求，这里有许许多多的文章可做。要谋求长远，而不是着眼短期利益。

中国经济发展需开放市场和充分创新

Christoph Loch*

我主要讲四点，两点关于贸易战，两点关于中国经济。

第一，贸易战的毁灭性影响是全球共识。特朗普是一个说到做到的人。我在 1985 年搬到美国，那时他已经是一个频繁上新闻的房地产开发商了，因为他习惯签一些非常冒险的商业协议，并把所有的风险都放在合作伙伴身上，而且会霸凌合作伙伴。他已经做了 30 年，他选举的时候说会这么做，他实际也是这么做的，他把这种风格带到政策制定中，并不出乎意料。

特朗普总统的这种做法实际也代表了一部分希望把美国孤立起来的美国人。一战前，美国很多人支持独立思潮，他们相信美国不需要在全球经济中寻找合作伙伴，认为美国可以追求自己的利益，通过双边协议和其他国家进行交往。因为美国是最大的经济体，所以在双边协议中始终是优势方。随着特朗普总统的上台，美国正在逐步远离世界最大经济体的地位，虽然短期给我们带来一些阵痛，但长期看，这给中国带来了非常好的机会：美国留出的空位，中国可以弥补。

第二，中短期应该如何应对贸易战。我的观点非常简单：像在学校里一样，当有人欺凌你的时候，你是反抗还是任由欺负？如果继续让人欺负你，你得不到任何好处，因为这个人会变本加厉欺负你。因此贸易

---

* Christoph Loch，时任剑桥大学嘉治商学院院长。

战并不是由经济原因，而是由政治因素推动的。这种政治局面中，反抗也许不是那么高效，要考虑到可能造成更多损失的因素。根据博弈论，我们需要以牙还牙、以眼还眼，所以短期内，中国应该坚定自己的立场，以合适的方式对美国进行反击。比如跟一些合作伙伴携手，同时在投资方面加力。过去多年的经验告诉我们，不能依赖某一个供应商，而是需要有多个供应商，可以以此作为解决美国产品不可替代性问题的短期方案。中国在反击过程中应该注意不要太过情绪化，情绪化报复会带来毁灭性结果，这是谁都不想看到的。

第三，概述所有这些变化对中国经济带来的影响。一是，这意味着中国经济的确需要更加开放。中国很多市场对于外界依然是关闭的，关闭市场并不是只能通过关税完成，还有很多其他方式，比如信贷政策、法律限制，抑或企业所有权的限制。中国现在在全球经济中扮演更加重要的角色，也应该更像一个领导者，而不仅是一个发展中国家。所有主要经济体在经济发展过程中，或多或少都采取保护主义政策，随着中国在全球逐渐承担领导者的角色，应该脱离保护主义政策，这也是符合中国诉求的。

二是，中国财富管理市场或金融市场的打开，将引入新的竞争和想法，同时也促使本土公司提升自我，这对中国经济本身也是一个利好。另外一个好处是，人民币或将成为外汇储备货币。随着中国逐渐积累和其他国家之间的信任，这也理应会帮助人民币提升它国际性的地位。

最后一点是关于内部的。金融市场的开放会使这一市场变得更加高效，也会带来生产力的提升。格林斯潘先生也说到，生产力的提升和投资是紧密相关的。投资有很多不同形式，可以进行基础设施投资，也可以投资在创新中。中国经济正在从现有的模式逐渐转向创新，如果想要成为世界经济的领导者，中国就需要更多创新。部分国企也像全球很多国家一样，能很快地、很有效地赶上经济大潮，但创新效果并不突出，这就意味着私有部门需要在创新方面扮演更重要的角色。金融创新可以通过风险管理、金融科技、更好地理解消费者需求，以及推出新的商业模式来完成，这需要私有部门在这些方面有更多的参与。10 年前的金融危机告诉我们，创新发展的过程依赖于市场本身是有风险的，我们依然需要非常活跃的监管。监管可以让我们充分利用创新的力量。全球的监管机构都已经注意到，金融市场创新的步伐非常快。剑桥大学嘉治商学院已经证实监管并不会减少商业活动，实际上监管能够推进商业活动的发展，因为这能减少一些市场参与者的莽撞行动带来的不确定性。我认为监管方可以建立一些沙盘来帮助自己了解创新的力量和影响到底是什么，这样可以引领创新往对经济有利的方向发展。

总的来说，全球化对于全球经济发展至关重要，几乎所有的国家都受益于全球化。但是，全球化带来的利益的分配形式和受益者是不一样的，有赢家也有输家。可以说，全球化加剧了赢者通吃的状态，这一问题在很多国家并没有得到很好的管理，导致了民粹主义的兴起。美国并没有很成功地应对社会不平等现象，中国也存在此类风险。

对 话

李亦非[*]：因为您是最后的发言人，我就先从您开始提问，特别想问一问您刚才讲到的一些观点。现在有很多人都就中国到底怎么应对贸易战向中国领导人提出了很多建议。其中一个建议就是，解决贸易战取决于两个国家，取决于G2。所以我想请问一下，您觉得中国能不能很好地通过打好日本这张牌或者是欧元区这张牌，或者通过建立区域性联盟解决这样的问题？

Christoph Loch：之前有发言人提到过一个非常可怕的场景，贸易战会不断地扩散，一直影响到全球。如果真的出现这样的情况，所有的国家都会是输家，我们不应该走到这样一步。所以这要求国与国之间建立合作伙伴关系，并开展对话。中国、欧洲、日本、包括主要非洲经济体之间应该展开对话，应认识到全面爆发的贸易战对任何国家都不是利好的。

再说到特朗普总统，他历来就是非常强硬的一个人，而且他会树立一个外部目标，如果对方就范了，那当然很好。如果说有人反抗，他就会退缩。屡试不爽。我认为这甚至已经成为美国政府行为的一部分。不仅如此，我们应该强调我们在未来需要什么，国与国之间需要有更多的合作，才能够解决全球性的问题。平等是其中一个问题，移民、环境保护是另外的非常巨大的问题。鉴于全球问题的复杂性，我们需要不断提升全球合作的能力，我们所面临的问题不是任何国家能靠一己之力完成的。

李亦非：刚才提到明智有效的应对，其实我们说了，中国绝对不打第一枪，然后对方打了第一枪，我们应对了，刚才我们也提到了一种秀

* 李亦非，时任英仕曼集团中国区主席。

水街式的砍价，完全的一来一往，快速的，真的像拳击场上你一脚我一腿的方式。我们一般说战略，叫杀敌一千，自损八百。现在看贸易战，如果我们应对了，是杀敌多少，自损多少？如果不应对，是杀敌零，自损多少？所以要理性应对，各位能不能谈一下你们的一些观点？

彭文生：这个贸易战，我刚才讲的就是可能增加关税这一方受益，因为贸易条件改善，但是有一个前提，这个前提是什么呢？贸易伙伴不反击，如果贸易伙伴反击的话，这个收益就不那么明显了，当然要看商品的可替代性。但是只要反击，肯定两败俱伤，最起码你的优势大幅度减少。

所以我们从历史上看，为什么大家最后同意要自由贸易？不是说关税本身就绝对对自己不利，而是说一打起来，大家都受害。所以我们看，从关贸总协定到 WTO，大家都意识到，大家都增加关税肯定是不好的。现在国内有两派观点，一派是我们要跟美国打，一派说不能跟美国打，我们没有优势。其实我自己比较倾向后面这个观点，因为确实我们的产品和美国比可替代性更高，我们对美国打肯定是不利的。可问题是你要不反击的话，肯定对美国有利了。他会不会又漫天要价？所以对政府谈判有很高的艺术性的要求。全面妥协也不行，当然全面反击更不行。所以我还是比较同意前面燕生、兴动讲的，还是要有自己的定力，做好自己的事情，国内的改革开放、减税、放松管制，这可能还是最主要的。

陈兴动：我补充两点。

第一，中美已经进行了第一轮交火，接下来针对价值 160 亿美元商品加征关税在两个礼拜以后也将出来。如果第一轮中国反击，美国就会采取第二轮的惩罚措施。美国方面起码需要花三四个月时间进行一轮打击，所以第二轮打击可能要等到明年。因此，我们应该有时间好好想一想，如果第二轮打击不再是针对价值 500 亿美元商品，而是 1000 亿、2000 亿呢？中国用什么还击？恐怕没有了！中美双方不是在同一个平台上玩这个游戏。我们要认清美国的长处、短处，也要认识到自己能够做什么。现在我们唯一能做的，就是利用国内的比较优势——巨大的国内消费市场，一个还在不断增长的市场。利用国内市场，我们可以在全世界差别化地跟美国玩这个游戏。例如，对美国的汽车进口，基础的15%关税加上报复性加征的25%关税，相比起只有15%关税的欧洲和日本进口汽车，40%的关税让美国汽车在中国市场明显失去了价格优势。依此类推，中国还有很多领域可以着手，包含有大量可以讨论的地方，我们一定要利用自己本身的力量去打这个仗。

第二,一定不要幻想在短兵相接中得到好处，好让全中国人民觉得政府很厉害。我们一拳把人家打疼了不太可能。贸易战中，短期我们一定要承受痛苦，而且相当痛。但我们着眼目标是用未来三五年，让中国从贸易战中走出来。

我跟大家分享一个非常有意思的事情，在我们法国巴黎银行的一个投资研讨会，我谈到人民币国际化问题，问大家两个问题：5年以后，第一个人民币支付占国际支付的比重是多少？第二个，人民币作为新兴的投资资产，占全球的比重会有多少？现在大家都觉得，第一个是1.6%，第二个只有1.2%，5年之后涨多少？80%的人认为可以涨到5%—7%。这说明全世界仍然看好中国。所以我在德国的时候，德国中央银行国际部的主任就讲消化中美贸易战的影响需要大概两三年时间。但是我们看中国是要着眼于更长期的经济发展，而不是两三年。

李亦非：王宇女士，正好您讲到有关预期的问题，这个预期在金融方面就是一个信心问题。最主要的是股市和汇率预期。我们怎么把控？这个汇率的预期以及对整个金融市场本身，会带来什么样的影响？我也看到一篇文章提到，还没有打响，股市已经蒸发资产。我们应该怎么办？

王宇：这个问题对我有点难，我说一下国际金融市场的一些预期和相关的情况。对国际金融市场的关注，如果回到主持人刚才的问题，就是对汇率的预期上，我首先想到的是关于美元指数的变化和它的预期。美元指数是美元对一些非美元主要货币，比如说欧元、英镑、日元的比价，里面没有人民币，所以我下面的发言跟人民币没有关系。美元指数从2012年以来，就进入了一个升值的通道，目前情况来看，美元指数还在升值的周期，大家比较关心它还能升多长时间？它不断的升值，会对世界、国际金融市场，会对世界经济带来什么样的影响？简单回答这两个问题，我认为在欧洲中央银行和日本中央银行退出QE加负利率这个极度宽松的货币政策之前，美元指数还会维持升值的态势，所以我会认为短期内美元指数还会在升值的通道上。如果这个判断成立，会对美国经济、全球经济、国际金融市场和国际大宗商品市场，都会产生很多复杂的影响。

因为时间关系，就说一下对国际大宗商品市场的影响，因为国际大宗商品主要用美元计价的，如果美元在升值周期上，或者说如果美元指数在升值通道上，国际大宗商品价格可能上升、可能下降，但是总体来讲会低位徘徊，或者基本保持低位。大家可能说这个问题是小众关心的问题，没有宏观意义，其实不是这样。我们都知道国际大宗商品价格中的国际石油价格和国际食品价格，会进入所有国家的CPI篮子，影响所有国家的通胀预期和通胀水平，从而会对几乎所有国家的货币政策调整产生比较重大的影响。刚才我的判断是短期内因为美国经济复苏情况相对于欧元区和日本来说比较好。加上美联储的加息步伐相对比较快，已经七次加息了，所以说美元指数在未来短期内可能还会保持一个升值的态势。这样国际大宗商品的价格可能就会低位徘徊，对整个国家的通胀预期和政策调整可能都会产生相应的影响。

李亦非：其实王宇女士是非直接的回答了这个问题，而且回答得很精彩，实际美元可能带来对于大宗商品以及对全世界CPI和对通胀的影响。我也是美国洛克菲勒的董事，我发现美国人有一个很大的担忧，他们说美国在三四十年前的时候，他这一批人生活水平比我们的父辈都更加的美好了，比例大概在80%—90%，现在再重新看这个数字，下一代比父辈生活更好的空间下降30%以下。他们的生活水平下降和贫富悬殊，可能是特朗普对外政策的考量之一。

想问在座各位，川普的政策更多是来自于他在共和党内一种政策的驱动，还是说他们实际上很好，但是用这些理由来进行一场纯以交易的艺术，来进行谈判，能推动多少就推动多少？你们怎么看这个问题？是内部驱动，还是外部驱动、谈判驱动？

Christoph Loch：我说两点。回顾一下格林斯潘先生给我们看的曲线图，GDP 或者说美国的财富还在增长，但美国社会的不平等有所抬头。一部分人的财富在下降，也有很少一部分人的财富在过去一年得到了大幅度增长，这种美国内部发生的问题推动了特朗普上台。

第二点。我们来看共和党长期的执政策略，这些政策并不一定能解决上述问题。因为格林斯潘先生刚才提到的这种税改，包括小布什，以及之前的共和党总统认为，富裕阶层可能会在减税之后有更多的投资，会创造就业，这时比较贫困的人口可能也会受益。我认为这一政策是无效的。我们实际看到的是，整个国家的精英阶层并没有能够关照到其他人，其他国家包括中国也或多或少会有这样的现象。我觉得这是问题所在。从某种意义上，这是讽刺性的，特朗普上台后的所作所为也是民主党失信于其承诺的表现。特朗普认为，减少从中国的进口会为美国本土创造更多工作机会，这一想法并不一定是对的。同时，他现在所做的税改工作其实是过去 20 年共和党一直在做的。所以我觉得美国的现有政策无法有效解决根本问题，压力会继续存在。

李亦非：因为时间的关系，我们可能没有时间给在座的听众们机会提问了，我们还是回到狄更斯的名言：这是最好的时代，这是最坏的时代，我觉得这句话说的是永远正确。

第二章
开放与监管并举

放开外商投资金融机构持股比例、允许外资进入中国支付清算市场、重启 QDII、RQFII……自去年以来，中国金融市场开放迈上新台阶。与此同时，防风险、去杠杆背景下，国内金融市场步入强监管周期。对外开放，对内强监管，表面的宽严相悖之下，却存在内在合理逻辑。一方面，以开放促改革是中国一贯的改革逻辑；另一方面，随着金融改革开放重心移至国内市场开放，本土市场的健康有序及制度配套，显得至关重要。

新形势下的金融开放与监管

蔡鄂生*

当我们谈到开放，我们是从具体的市场措施来说，还是我们只是把它作为一种理念？现在讲“五大理念”——创新、协调、绿色、开放、共享。如果只是理念，思维方式和市场现实的差异怎么解决？要想开放必须要改革，没有改革不可能把大门打开。而且在这个开放过程中，是监管开放，还是说开放的时候监管？这都是现实当中要处理的问题，我们从语言上来描述开放应该怎么做，监管应该怎么做，可能比较好说，但是真正到了市场开放了，来处理开放与监管的相互之间关系上，有很多要去做的。

我们 40 年来取得了很大成果，监管水平也在提高，关键是我们中国特色社会主义的市场经济在不断地发展和成熟，这是开放的基础。如果没有基础的话，开放肯定会出问题；但并不是说我们什么方面都好，还是有很多要改进的地方，所以还是要开放。我举个例子，WTO 谈判后，我到了银监会，那时能够申请牌照的汽车金融公司，不是我们国内的机构，而是外资机构才有权利申请。当时银监会的领导认为外资有经验。到了我管这块以后，就放开一点管制，让国内机构也可以申请。随着中国汽车发展起来，汽车金融公司真正以中国汽车制造商为主，是 2007、2008 年以后的事。

---

* 蔡鄂生，时任南南合作金融中心主席、银监会原副主席。

到底如何协调开放与监管的关系？市场开放了，引进来的东西不一定是我们能够控制的，但是我们需要控制它。这个时候就需要一种能力，把这个开放的市场管好，还不让外界说三道四，比如被别人说是把市场让出去——中国历史上好像在这个观念上有成见，老有“割让”的概念，包括外国也有这种概念。所以，协调好开放和监管，实际上是在新的复杂国际环境下，在我们推进市场化和全面深化改革的背景下，在向我们两个目标奋勇迈进的情况下，要在现实中处理好的问题。

开放的理念，应该没有什么可异议的。需要做的就是在开放的措施上、政策出台上怎么把握节奏。而在监管问题上，不是监管开放，而是市场开放了以后，监管者怎么来维护市场秩序，使市场秩序具有充分的竞争，还能做到公开、公正、公平、透明。不是一个简单的控制与反控制的能力，既然市场开放了，就让它发展。不能说外资可以进来，但只能在某个范围干，而是全面的开放。

我们开放的目的是什么？是为了推进市场化，还为了提高我们整体的经济发展的质量和效益。因为以前中国在高速发展和整体改革过程当中奋起直追，现在经过了 40 年，已经到了一个深水区、攻坚战的时候，所以这个时候你的思维和理念，就不能简单地停留在 20 世纪或者亚洲金融危机，甚至不能停留在 2008 年金融危机的认识的角度上。这就是我的看法。

金融开放应在动态环境下保证金融安全

戴立宁*

金融为什么要监理（regulation）？早上格林斯潘先生讲过国民储蓄，为了分散金融风险，不要把蛋放在同一个篮子里，但很不幸，这些分散的风险又被金融机构捡起来放在了一个篮子里。金融机构要不要安全？安全是金融监理的最重要目的，为了这个目的一切都可以牺牲。

如何才能安全呢？金融机构如何不倒？唯一的方法就是赚钱。一百个理由说穿了以后都是假的，让金融机构赚钱是唯一的目的。关键是天下没有免费的午餐，金融机构赚钱了，受害的是谁？金融被服务者。金融机构赚钱了，金融的服务肯定会跟不上要求，所以地下金融会蓬勃发展。外国人看了眼馋，也想来分一杯羹。特朗普在贸易战中特别提出了金融服务业的问题。这很简单，刚刚 Toshiyasu Iiyama（饭山俊康）讲的，全世界的金融开放都是被迫的，因为内忧外患——内忧是大家不满意金融服务业，外患是外国人看了眼馋，怎么办？开放变成必然之路。

回到今天的主题，开放之后，监理的态度和模式有没有变？以前为了安全，让金融机构赚钱，这是唯一的目的，所以实行所谓的金融封闭。遇到问题就拖，或者把执照拍卖一下也有人接。在金融未开放的情况下，监理的方法很简单——以拖代变，事缓则圆，因为反正金融牌照

---

* 戴立宁，中国证监会国际顾问委员会原委员、台湾证券管理委员会原主任委员。

是值钱的。问题是开放以后，牌照不值钱了，怎么办？当开放的时候，监理的态度和模式是不是和以前一样？如果还是以前的模式，会有另外的压力进来，逼你更加开放。所以真正的关键问题是监理。

怎么样去监管？我们前面讲了，传统上现在国内包括台湾，曾经是以拖代变，但是问题是新的牌照开始开放了，市场有竞争了，有竞争就是有败有赢，赢的人没有问题，问题是败了怎么办？这就是金融管理里最大问题。以前是以拖代变，现在我们必须要了解，我们追求金融安全，保障的不是金融的经营者，而是金融的被服务者例如存款人，但是我们投鼠忌器，为了保障存款人转而保障金融的投资者，这个在监理的观念和方式上是不是可以切开？巴塞尔协议所谓的 capital adequacy（资本充足率），要求 8%，现在 10%，国内银行有 13.6%，这个很了不起。如果银行发生呆账，应该由自有资金去承受，不要用公众的存款，自有资金坏账率是多少？应该不超过 8%。如果自有资金和风险资产比例超过 8%的话，就不会损害到存款人的利益，符合金融监理的规定。

请注意，这里有一个大的变动，就是当银行碰到这一点，低于 8%，国内现在 10%，或者是平均数 13.6%的时候，这表示可能会损害到存款者的利益，监理人怎么办？马上通知增资，不增资就要把它关掉。不关掉会出问题。生意不好，管理不好，倒了是应该的，我们为了保障存款人的利益，没有理由让它继续存活。请注意，最大的变动就是这里——以前是慢慢来，事缓则圆，现在是当机立断。

银行倒掉了也不要怕，怎么办？我讲一个小故事，美国纽约唐人街有一个孔夫子大厦，里面有一个小银行叫金洋银行（Golden Ocean Bank），被美国承保公司发现，有违规业务存在安全问题，很快就封掉了。并在几个礼拜以后卖掉了，换了一家银行，用的还是原来的员工。招牌换成了汇丰银行，所有的存款人几乎都不知道。这就是在一个开放社会、开放的金融环境里面，处理金融倒闭的一个最典型的模式。

所以我们要去了解，其实开放不可怕，因为没有竞争不可能有进步。但是我们有太多的疑虑。我们管理一个动态的环境和管理一个静态环境方法完全不一样的。我的感觉开放是可以的，要先开课，教会大家如何在动态环境下，保证金融业的安全。

扩大金融开放如何防范风险

管　涛*

我想讲一下在扩大开放的过程中，如何管理跨境资本流动冲击的风险。大家都知道前一段时间中美贸易冲突很强烈，中国高举开放的大旗来抵制反全球化的潮流。中国的对外开放不可避免地进入了金融开放深水区，金融开放涉及人民币国际化和货币可兑换等相关内容。在扩大金融对外开放过程如何防范风险，我从外汇角度讲四个方面：

第一，增加人民币弹性是防范资本流动风险的第一道防线。从很多国家经验来看，如果汇率缺乏弹性的话，开放和僵化的汇率安排会带来风险，往往造成货币危机导致国际收支危机。2017 年第五次全国金融工作会议，关于扩大开放中的第一项工作就是深化人民币汇率机制改革，主要内容就是增加人民币汇率弹性。我们看到了经历了 2015 和 2016 年的国内外市场震荡之后，2017 年人民币汇率止跌回升，双向波动，市场预期分化，2018 年人民币汇率弹性明显大幅增加，上半年是先涨后跌的走势。大部分时间市场是非常理性的。当人民币升值的时候，买外汇的人越来越多，卖外汇的人越来越少；人民币下跌的时候，卖外汇的越来越多，买外汇的越来越少。汇率的杠杆作用在正常发挥。6 月中下旬由于一些消息的影响，市场情绪集中宣泄，又出现了顺周期行为，发生了市场恐慌，7 月 3 日之后，恐慌情绪有一定平复。如果人

---

* 管涛，时任中国金融四十人论坛高级研究员，国家外汇管理局国际收支司原司长。

民币不跨过市场化的坎儿，就会出现资本大量流入的时候控流入，大量流出的时候控流出，周而复始。这样开放是走不远的。

第二，要转变监管的方式，要用原则监管来替代规则监管。什么叫规则监管？现在银行做外汇业务，按照外汇局的规定，审核单证就可以。好处是简单明了。问题是它规定的凭证和现实业务及经营活动是有差异的，很多人不能提供凭证，就不能办业务，有时柜台人员可能和企业串通，伪造单证，恶意规避管理。我个人认为，应该用国际通行的"三反"原则——反洗钱、反避税、反恐怖融资里的展业原则——了解业务、了解客户、尽职调查，来替代规则管理，发挥金融机构办理跨境业务的主观能动性，提高监管效率。当然也要让金融机构有更多的灵活性，让它了解面对的客户对象的真实情况。

第三，要从合规性监管转向审慎性监管。合规性监管主要重点是监督银行或企业办业务依法合规，将来则是以风险和资本为核心的审慎监管。这包括微观审慎管理，主要是关注个体风险，还有宏观审慎管理，从逆周期、系统性角度去进行监管。我认为这是我们将来应付资本流动、大进大出而采取宏微观审慎管理的一个手段。我们要避免一放就乱、一收就死的两个极端，中间要有一个缓冲地带。

最后，把资本管制作为最后一道防线。我们要在事前做情景分析、压力测试，准备好预案，极端情况发生时采取尽可能小的代价，实施临时性的管制措施，为改革和调整争取时间。一旦市场恢复平静后，把管制措施撤销，让市场恢复常态。2017 年外汇市场平静以后，人民银行、外汇局从 2017 年 9 月份开始，把一些宏观审慎和临时性的监管措施取消了，现在是回归监管政策的中性：既支持依法合规的资本流入，也支持依法合规的资本流出。资本管制只是作为不得已的临时性手段，将来一旦形势恢复平静就应该及时撤出。

国内金融市场需引入全球竞争

Toshiyasu Iiyama（饭山俊康）*

作为野村公司的代表，我主要讲三点。

第一点，日本在20世纪90年代也经历了金融市场改革开放的试验；第二点，从野村视角看到的中国市场的机会；第三，对青岛财富管理试验区的建设提供一些建议。

90年代日本经济已经损失了几十年的增长，经济状况堪忧。日本也感受到了盟友美国带来的压力，政府希望向市场注入活力，于是日本政府制定了一系列改革政策。这些政策有几个特点，首先是自由、透明以及全球化，这也意味着会引入更多全球性的竞争，也会提升市场的透明度。日本的企业并不太欢迎这个政策，因为这意味着企业面临的竞争更多了，企业也在不解为何日本政府对国内银行如此不友好。从长远来看，对日本的金融市场，特别是对野村这样的公司来说其实是一个好消息，因为那时候非日本的金融机构给我们带来非常多的在之前的市场当中所不存在的金融产品和金融科技。除此之外，在这些非日本的金融机构工作的人很多都曾是我们的同事，他们学到了这些知识和技术，随后在行业中进行传播。接下来我们迎来的不是血腥的市场竞争，经过这些改革之后，日本金融市场的规模反而变大了。

---

* Toshiyasu Iiyama（饭山俊康），时任野村控股亚洲执行董事长、中国委员会主席，野村证券执行副总裁。

这一经历带给我们的启发是，当身处竞争的时候，你不欢迎竞争；长远看，你可以从竞争中学到一些东西。野村一直想成为全球性的公司，1925年创始人在大阪成立了公司，一年后成立了东京的办事处。在很长的一段时间当中，我们在海外的拓展都不是特别成功。我现在理解了，因为当时没有真实的竞争，要拓展很困难。90年代日本政府改革之后，我们收购了美国雷曼兄弟在欧洲的业务，现在我们能说自己是全球性的公司了。如果我们没有面临全球的竞争，我们不太可能真正全球化。

中国允许51%外资持股的政策刚刚出台，我们也将会设立非中国的合资企业。这里的财富市场依然是在增长的，我们从中看到了很多机会。确实中国有很多非常强劲的国内金融机构，但很多其他领域也没有完全被国内金融机构覆盖，我们非常期待开发这些市场。

最后，给青岛市提供一些简单易行的建议。在财富管理领域很重要的一点就是多元化投资，不仅仅是对国内市场，对全球市场也是如此。因此，我们可以看到外汇的“进”和“出”同样都很重要，但在中国，外汇的进出依然受到限制。青岛作为试验区可以尝试一些新事物。比如作为东亚的枢纽，可以针对日本和韩国进行一些资金进出的新尝试、新举措，这可以让青岛市场脱颖而出，能吸引更多外资银行及个人投资人进入市场。

青岛期货市场大有可为

William Purpura*

我的主要职业经历都聚焦于期货市场，这也是我要谈的重点所在。

在 2011 年，中国期货交易市场就已有了极大的机会。这也是为什么我们在上海获得批准，进入中国的期货市场。中美监管法规存在差异，另外，中国央行的重点监管事项跟美国亦有所差异：中国主要是针对黄金市场。这导致了 2015 年股市事件之后，出现了一些监管过多的情况。中国出台了非常多针对股票市场的监管政策，而且这些监管和限制越来越多地进入到大宗商品和期货商品当中，影响了这些公司进入市场的权限，也影响了市场的流动性。另外也有一些公司参与到了大宗商品的期货市场当中，随着市场的开放，尤其在中国在财富管理方面逐渐开放的当下，一些规模较大的资产管理公司产生了一些忧虑。青岛在财富管理方面已经取得了很多成绩，也面临着非常大的机会。青岛可以更多关注期货市场的机会，它可以成为财富管理市场中非常重要的部分，通常这是非相关的资产级别，或者与股票和固定收益负相关，但通过将其囊括到投资组合中，可以帮助我们更多地减少不确定性。

随着市场越来越开放，我认为青岛可以更多发展探索期货市场，引

---

* William Purpura，时任纽约商品交易所理事会主席。

入专业经理人，在大宗商品的期货市场进行更多交易，能获得更好的资产等级。不仅仅是吸纳海外经验，同时在本土人才的培养方面，也需要去接触全球市场。

对 话

何刚[*]：谢谢蔡主席。他阐述了理念上大家有共识，关键是措施和政策。蔡主席您提到的汽车金融的例子非常生动，汽车当时并不是我们发展特别大的行业和领域，但是我们率先向外资金融机构开放了。2017年这些金融市场开放的政策宣布的时候，一种声音说中国是被迫的，没准备现在开放，又把银行的股比放开，私募基金又可以在中国发产品了，还有一种声音说其实中国早就该把大门打开。我们是恰逢其时还是被迫打开的？

蔡鄂生：没有早晚的问题，WTO 其实也只有几十年的历史。我刚才说的汽车金融，当时在 20 世纪 90 年代末期，我们领导人包括人民银行的监管负责人，并不知道汽车金融公司，但是美国人包括欧洲就要这块市场。这个时候不是简单的“逼”与“不逼”，我们还没有看到这个市场是大是小，也可能是谈判的需要——这个市场我并没有特长，但是可以对外开放。因为我把这块让出去之后，可以在其他谈判上受益，因为我让了，所以对方要答应我的其他条件，这是一种“谈判艺术”。谈判是一回事，现在关键是谈判完了以后，有了时间表以后，怎么按照时间表来推进改革开放的进程，这是主要的。

所以 WTO 谈判不光是别人问我们要条件，我们也在向人家要条件。现在更是双向的问题。现在的形势和中美贸易问题，这些事情的背景已经不是 20 世纪末 WTO 谈判的情况了，还是回到我说的那个理念上，要站在新的历史阶段上认识这些事。如果还是简单说快了慢了、对了错了就很麻烦，没有只对不错，关键是错了怎么办？问题积累了怎么办？任何事情都需要双向和系统性考虑。

---

* 何刚，时任《财经》杂志执行主编。

何刚：戴先生怎么看这个问题？中国对金融市场的开放力度比较大，您说台湾当时的开放是被迫的，您觉得大陆这一轮也是被迫的吗？

戴立宁：我希望我理解是错的，但开放都是被迫的，每一方包括美国都在保护自己的市场，用自以为是的理由，来方便管理。市场的开放都是被迫的，刚才讲了内忧外患，内部有消费者对金融服务的不满足，应该怎么办？外国人在保护的市场里当然赚钱，谁不愿意过来插一脚？遇到这种情况要学会该怎么办，不是我们愿意不愿意，这是必须我们面对的。

刚才听了几位的演讲，我蛮有感触的。比如说管先生谈到关于汇率，我一直在思考，不同的产业对汇率有不同的需求，人民币对美元的汇率不管是 6 元还是 7 元，都是几家欢喜几家愁。每个人的需求都不一样，即便我们的领导像上帝一样聪明，都没有办法满足每个人的需求，该怎么办？其实早就有办法了，例如期货市场，其实是个避险市场。台湾就是实际的例子，比如说进口商需要有外币，假如说万一本国货币贬值，外币升值，所有利润就泡汤了；而对出口商来说，本国货币升值，利润也会泡汤。因为我们的成本是以本国货币来算的。我记得汇改的当天，国内的一家圣诞包制造企业立刻倒闭了。因为利润非常薄，升值两个百分点就没利润了。没有对错的问题。是不是可以通过期货市场，让不能够负担汇率风险的企业有一个避险通道。我们相信总会有一个上帝帮你解决这个问题的办法。实际 21 世纪我们的金融产品里有很多可以解决这些问题，关键是我们要学会这些方法。我长期以来做金融管理工作，我认为管理者最大的问题是要做好金融教育。

请允许我讲一些不动听的话。我们证券市场里从来不叫投资，叫炒股，“炒”的意思是什么？投机。整体大概念要重新教育。金融不是那么复杂，而是非常简单。什么叫做金融？金融就是钱跟钱交换。怎么样交换？不同的时间，不同的地点做交换，如此而已，没有差异。一个银行比一个超市简单多了，你在最小的杂货店光牛奶就有很大差异，到银行里只卖一样产品就是钞票。我们银行占最值钱的店面，用高薪水做不用动脑筋的事情。抱歉，我讲的稍微有点过分，但因为很多事情就是这样。我也希望我讲的都不是事实。我最近看到一个资料，我们四大银行赚的钱，在整个上市公司里面的比例非常高。我想它的钱从哪里赚来的？这就是一个管理的问题。

何刚：很中肯的话，开放是被迫的，怎么提高社会效率，让公众受益，才是金融更大的价值。谢谢。

回到 William Purpura 这边，刚才谈到中国对期货市场监管和政策，你们觉得监管过多了。在你看来，随着中国金融市场，尤其期货市场的开放，哪些监管应该做调整？90 年代中国在期货市场吃过很大的亏，我们的期货造成了世界灾难。在中国大家更关注商品期货，它有避险的机制；而金融期货尤其是衍生品方面，2008 年的教训告诉我们，似乎华尔街也搞不定，所以对金融衍生品的交易，包括复杂的期货产品监管必须有更严格的监管，开放要来，加强监管也是必须的。所以您觉得开放和更多监管之间是什么样的关系？尤其对金融期货产品的衍生品这方面。

William Purpura：是的，监管是必要的，但是监管不应该成为前进的障碍。大宗商品期货市场的创立是解决价格管理、风险管理的需求。追溯到 19 世纪我们开始在芝加哥交易货物的时候，可以通过期货帮助人们管理现金流，更好地锁定未来市场、未来价格。比如可口可乐这样的公司，他们得知道蔗糖在未来的价格会如何，就会更好做规划。如果我是种甘蔗的人，就要知道我什么时候在什么地点把产品卖出去，这是期货市场创立的初始目标。如果我是一个金矿主，想尽可能减少风险，但这个风险会转到别人头上，就是投机者或投资者来承担风险，他们是想获得收益的。

从监管角度来说，我在中国市场看到的是，因为有交易上的限制，就无法下订单，也就没有办法在后续的合同当中达成想要的价格曲线，也就是制造商、种植商、生产者所需要的曲线上的流动性。

我们以纽约商业交易所的原油交易为例。10 年来，为了管理石油行业的风险，最简单的方法就是用不同的期货产品来锁定价格，做长远的规划。航空公司也是一样，他们需要对原油进行对冲交易，锁定远期的价格。

绝大多数中国期货交易所的活动都是近期合约（nearby contracts），其中大部分都是零售类。中国很多大宗商品的期货交易实际上都是一些小型投机者进行的。本着善意的出发点，监管部门希望防止这些投资者被剥夺权利、遭受排挤、遭到损失，但是这样一来，也阻止了做市商在价格曲线背后提供流动性。上述案例将来也会有解决方案，因为市场有能力也有潜力获得足够的流动性。最佳的范例就是 2016 年 11 月美国大选前夜，特朗普即将胜出的时候市场的反应，市场的深度流动性足以处理这样一些反应。

中国做得很好的一点就是开放了期货市场，交易时区扩展到了北美和欧洲地区，我认为还需要更深入地探索如何为产业和消费者提供适合的风险管理工具。

何刚：管涛先生，刚才 William Purpura 提到以期货市场为例，中国开放了，但是有些规则还是需要做更大的调整，你怎么看？其实大家最担心的是开放的大门越打越开，风险是否就会失控，尤其期货需要更大聚焦和交易能量，你有这种担心吗？

管涛：期货这块我研究不多，需要专业知识和技术。我有几点观察。今年中国的商品期货市场开放有新举措，比如说推出了人民币的原油期货、铁矿石期货的交易，国际投资者比较欢迎。衍生品交易比较专业，中国刚开始的开放步伐会比较谨慎，在股指期货方面的开放还在反复。我们去学习监管的经验，更重要的是培养我们理性的投资理念，减少市场的羊群行为。

另外，我想就前面的讨论做几点补充：第一，中国 2018 年扩大金融服务业的开放，到底是屈服于外部压力还是自己的选择？我看主要还是内部有动力。现在中国经济转型升级要发展服务业，最大一块是金融服务业，中国在这方面的供给还是严重缺乏的，要引入外资金融机构来提高金融服务业的服务效率。

第二，从 2001 年入世以后，我们基本履行了相关承诺。现在看是不是当时承诺的太少了，那是另外一回事，但基本上按照当时承诺的时间表、路线图推进的。刚开始谈金融服务业开放的时候，国内有很多担心，比如说是狼来了，外汇银行做外汇业务，会不会存款大搬家，老百姓会把钱都存到外资银行去？10 年后，我们发现这些没有发生，更多看到了开放的好处，以前把风险夸大了。

第三，我觉得更重要的一点，金融服务业的开放不完全等同于金融开放。前几天刚公布一个消息，桥水公司获得资产管理牌照。我专门确认了一下，桥水公司是在国内做资产管理业务，并不是把钱搞到国外去做，并不等同于金融交易的开放。桥水公司把钱弄出去，必须申请获得 QFLP 的资格。民间现在有一些担心会不会造成开放的失控，首先有些基本概念要搞清楚。易纲行长讲的开放过程中有三原则，其中对外开放和加强监管结合起来共同推进，这是很关键的。

何刚：蔡主席，还有一个问题，中国加入 WTO 的开放，包括外资银行在中国有更多的自由度和设置分支机构，大家一致担心本土银行搞不过他们。过去 15 年里，以银行业为例，外资银行业的占比和市场份额，不是随着中国加入 WTO 之后越来越高，而是越来越低，为什么？是对他们控制比较严，牌照发得比较紧吗？

蔡鄂生：你现在让外资进来也搞不过。美国市场很开放，外资银行在 1998 年亚洲金融危机和 2008 年全球金融危机的时候，人家是根据自己的管理，能进能出、能上能下，觉得市场不行就撤。而且最主要的是和中国经济和市场、人文以及管理上的一种融合，我们收了外国的企业，有好的，但是有相当在管理过程当中出很大问题。所以我觉得改革开放和市场的好与坏，不一定说你在这能赚多少钱，而是说这个市场是公开的，法律是健全的，参与的竞争者都是国民待遇，那就看谁的手艺高，谁的手艺低了。不是说开放就是外资银行有超两位数的发展。现在是依法治国，市场要在法律法治环境做。

戴立宁：期货市场风险很大，我的观点正好相反，期货市场是避险市场。当然有人看机会来了，喜欢投机，什么都可以炒，例如君子兰可以炒到几千万。因为有人被火烧了，我们就禁止火吗？我们要正视期货市场的避险功能。

2001 年加入 WTO，因为台湾和大陆同一天加入，但是差异是台湾是以发达经济体身份加入，中国是发展中国家身份加入的，在金融开放方面就争取到了一个时段来做适应。这个时间有两件事情要做，第一个就是教育，常常讲“钱不是万能的，没有钱是万万不能的”，金融是涉及每个人，你喜欢不喜欢它是一回事。但在开放的情况之下，开放的模式和参与形式也不一样，要教会所有的参与者，游戏规则必须要很清晰，要弄清楚。我不知道这个词怎么翻译，台湾叫避险，国内叫对冲，意思差别很大，但是实际都要是规避风险，有效调节风险。我们就要教育投资者刀是切菜的，不要拿去杀人。我们必须要了解，从观念上看，期货市场是一个避险市场，我们要发挥它的长处，避免它的短处。

何刚：接下来请问 Toshiyasu Iiyama（饭山俊康）先生，您刚才讲到了日本的例子，开放应该是双向的，一方面中国市场打开大门欢迎更多外资进来，同时中国也有更多机会往外走。日本无论是股票市场还是银行业，似乎对外资机构的进入并不是很开放的态度，比如在日本上市 IPO 的中国公司只有很少几个。这是什么原因？是日本的监管部门有一些特殊政策？还是日本投资者和市场有独特性，对外资机构的投资和融资并不是持一种开放的态度？

Toshiyasu Iiyama（饭山俊康）：我觉得这个问题的原因非常清晰。日本和中国时区一样，所以在上海、香港和在日本同时上市，并不是非常明智的选择。但是日本投资者在 IPO 活动上非常活跃，即使不在东京上市。伦敦和美国的时区差异对上市是有明显好处的，如果没有特殊原因，我们不建议公司在东京上市。另外一点就是你刚才讲到的，对于日本的监管方来说，我们想要知道最终用户、受益人想要的是什么。比如说跨境资金的流动，这并不是为了银行的利益，而是为了国内最终用户的利益，所以我们对到底如何去开放，怎样去管理，是非常清晰的。

何刚：我们这个环节要进入尾声了。最后一个问题请教下管涛先生，总结改革开放经验的时候，有一条是开放方向促进中国改革的深化。如何看待这一轮的金融开放，对国内金融改革深化带来非常直接的推动和突破是什么？

管涛：谈到金融开放，第五次金融工作会议非常强调合理安排开放顺序，把它看成一个系统的事情，要统筹安排，金融开放涉及汇率市场化、金融监管的改革、金融市场的发展，有深度、有广度的市场才能比较好吸收内外冲击，还有现代企业制度改革，这样才能对价格做出理性的反应，这是一个系统工程。从这个意义上讲，这些开放措施会倒逼改革。

何刚：在开放条件下，有可能推动的金融改革是什么？

管涛：比如 2015 年为了加入 SDR，财政部做了一件事情，发三个月的国债，不是为了融资的需求，而是为了完善国债的收益曲线，一定意义上是倒逼利率市场化的改革。还有要增加透明度，信息不对称是造成市场预期紊乱的原因，会带来利率不稳定的波动，所以要做好数据的透明度，信息透明度。国家在这方面还是做了很多，例如外汇数据的透明度在过去几年有很大的改善。我们开放的时候要接受国际规范，规则要和国际接轨。

何刚：蔡主席最后一分钟请您做总结，金融开放对金融改革的一些变化是什么？

蔡鄂生：刚才戴先生讲服务缺失的地方可以得到更好的服务，我觉得这是最重要的。上午周主席讲过，高质量发展是什么？第一条是服务好该服务的行业。例如银行一定要在新形势下有新的服务意识，这是我最想看到的。

何刚：刚才几位从不同角度阐释了开放产生的一些影响等，只要应对得当，改革深化，机构的行为竞争比较充分，对市场带来的积极方面大于挑战，对金融市场的提升和金融服务质量的提高有帮助，我们希望改革深化在开放推动下产生倒逼效应和加速效应。希望青岛在这一轮开放改革中有新的历史机遇。

第三章

金融助推新旧动能转换

化解金融风险成为近期中国市场的要务。资产管理新规、金融控股整肃、互联网金融治乱等，一系列强监管措施剑指影子银行，旨在去杠杆的同时，遏制资本脱实向虚，防范金融风险。与此同时，应当看到，完善金融市场功能，打造多层次资本市场体系，弥补融资渠道缺位，是硬币的另一面。唯有疏堵结合，才能实现金融供给侧的改革，进而实现金融助推新旧动能转换的目标。

金融助推经济新旧动能转换

曹远征*

金融助推新旧动能转换，首先涉及的问题是怎么理解新旧动能转换？

经过 40 年的改革开放，目前中国经济已经进入新的阶段，有两个标志：一是传统产业产能过剩，表明重工业化基本完成。中国工业化已经进入后期，服务业开始成为主导产业；二是人均 GDP 达到 9000 美元，再过几年进入高收入社会，高收入社会按照世界银行早先的标准是 10500 美元。从国际经验看，一旦经济社会进入这个阶段，动能都有深刻的转换，这个转换就是由过去的制造业推动转向服务业推动；由过去的投资驱动转为消费拉动。当前中国经济表现符合这一国际经验。2013 年，中国服务业占 GDP 的比重第一次超过工业，达到 46.1%，去年这一比重提高到 51.6%，超过工业 11.1 个百分点，服务业成为中国的主导产业。与此同时，2014 年中国消费第一次超过投资，去年消费占 GDP 的比重达到 58.8%，投资只有 32%，消费的规模两倍于投资，消费拉动的迹象越来越明显。在这种新旧功能转换的情况下，金融服务的对象和内容也发生了变化，所谓金融如何助推动能转换，体现在两件事上：第一件是如何帮助实现居民可支配收入的可持续增长；第二件是如何支持包括高新技术研发在内服务业的发展，为居民提供消费更高质量

---

* 曹远征，时任中银国际研究公司董事长。

的产品与服务。

今天上午各位讨论了中美贸易争端的问题。其实，在某种意义上说中美贸易摩擦是有解的，并不是通常以为的你死我活的零和结论，因为中国正在成为最大的消费市场。按我们预计，今年中国零售商品消费总额会超过美国，成为世界第一。我们知道，美国之所以成为世界的领导国家，主要是两条：第一是为世界提供包括国际秩序在内的公共产品；第二是全球最大的消费市场，你跟我关系好，可以让你到美国做生意。如果中国成为全球最大的消费市场，并且这个市场是持续扩张的又是对外开放的，中国以此来拥抱经济全球化，中美贸易争端就成为世界消费市场转移之争，就有了谈判妥协的余地，并因此使国际治理向 G2 方向转变。从这个意义上讲，全球助推新旧动能转换加快中国消费市场的成长是具有世界影响的。

在上述背景下，我们就可以回顾一下过去金融怎么做这件事，出现了什么问题，怎么来纠正。如果一个经济体进入重化工业化阶段后期，居民收入又在日益增长时期，必然会遇到两个问题，第一，重化工业化，意味着企业变大不仅仅需要短期债务融资，更重要的是需要支持企业战略发展的以长期资本为中心的结构性融资。一方面要增加权益资本，要求包括 PE、VC 在内的股本市场。另一方面，即便是债务融资，也要求与其长期化发展战略相一致的长期债务融资。这决定了债券市场的发展。其实中国经济正在出现这种变化，就是金融市场上贷款债券化倾向，可以看到金融市场上各种各样的长期债务产品正在取代银行短期贷款，表现为银行间债券市场的快速发展。

第二，居民收入提高以后，除了吃穿用之外，就有闲钱投资，愿意承担更高风险获得更高收益。居民开始理财，特别在银行部门出现的新现象就是存款理财化倾向，表现为银行资产管理业务的快速发展。这些都是符合规律的变化。然而，很可惜在这个变化过程中，尽管符合规律，但是出现了一个特殊轨迹，就是形成了影子银行。所谓影子银行，就是出了银行的资产负债表，但是又没有彻底出银行资产负债表的金融业务，并构成了监管的盲点。我们知道，金融监管只有两种方式，一是资产负债的监管，核心是资本充足率，让资本来承担风险。也就是银保监会的监管方式，第二是透明化监管，核心是信息披露，在市场充分知情的情况下，让投资者承担风险，也就是证监会的监管方式。但影子银行，业务和产品都不在这两种监管方式中。去年金融改革中最重要的任务，就是去影子银行化这个方向是正确的。

不过，由于中国在这个时期负债率高企，通过加强金融监管来去影子银行化，就会引起去杠杆的加速的担忧，构成了现在的一个特殊问题。这提醒我们需要从更全面的角度看待中国式的影子银行发展，在某种意义上讲，影子银行是一种进步，代表着金融结构由间接融资向直接融资转变的趋势，比如说理财产品，从银行资产负债表上看，是在一级市场完成了发行，但是由于二级市场不能转让，风险没有得到对冲，从而变成影子银行。由此，下一步金融改革的方向明晰：对影子银行业务，一个方向就是非标准资产回到资产负债表内。经过过去一到两年的监管和改革，非标准资产使该回表的基本回表了，现在的问题是通过资产证券化标准资产出表。大资产管理条例就是净资产管理，是向证券化的安排的过渡。如果这一过渡顺利实现，不仅可以化解影子银行风险，而且可以通过理财产品的证券化、标准化，使居民更多获得资产性收入，以增加居民收入，使包括服务业在内的消费可持续增长。从国际经验看也是，这样居民收入的增长更多依赖于资产性收入的增长，金融在这个意义上支持消费的扩大。

与此同时，我们也看到影子银行的很多产品是与服务业发展相关，服务业恰恰是传统金融很难安排的，比如说文化创意产业。文创产业权益资本不足，甚至是没有资本的。在传统的商业银行贷款条例中，没有资本就是没有抵押物，所以不能放款。但文创产业的发展又是居民对美好生活向往的需求使然，必须要有金融创新才能支持，而影子银行在这些方面做了很多安排。从积极意义上说，这种安排能不能正规化、条理化，能不能成为正规的金融产品，从而去影子银行化，这是我们今天所关心的。在传统金融业务中间为什么有质押和担保？很简单，银行是和陌生人做生意的，陌生人的信用就是资产质押。

而服务业，尤其是中小企业资本匮乏，缺的就是资产质押。能不能给没有资产的人创造信用，来让银行放款，这是一个具有挑战意义的重要问题。其实，在中国改革开放的四十年的实践中，我们在这方面已创造出很多很好的案例，需要总结深化。尤其这几年在扶贫中的金融安排，更有可圈可点之处，它是把熟人之间的例如血缘、家庭、妇女、社区邻里等非正规信用商业化了。例如在小额贷款方面，海南农村信用社的小额贷款，青海省的双基扶贫贷款，为低收入阶层的创业增收提供了金融帮助。如果中国在未来三年中，能够让七千万人脱离绝对贫困，进入中等收入阶层，必将极大促进中国消费，使中国的消费变得更加可持续。换言之，中国以能力建设为核心的微型金融发展经验值得关注。它不仅助推了新的功能转换，而且也预示着未来金融一个改革方向，即普惠金融的发展。

总之，中国正处在这样一个新旧功能之间，中国金融也正为此做出努力，尽管有很多不规范、不标准的地方，不过这都是成长中的问题，应该给予它更多的关爱和支持。

股权众筹制度的探索和推进刻不容缓

姚余栋*

我以前在浙江听过这样一句话：让企业铺天盖地，小微企业变得顶天立地。我们创新能力强，这是中国经济韧性所在，那么怎么让企业铺天盖地，之后顶天立地呢？我想要汇报的是加速推进股权试点。最近国务院同意人民银行、银保监会、证监会、发改委等部委出台了《关于进一步深化小微企业金融服务的意见》，一共 23 条，精准发力，力图于长期标本兼治，要打通小微融资最先一公里。我觉得这个文件的力度，以及措施的具体化，是空前的。人民银行的统计表明，小微企业创业之后第四年的第四个月，往往才能得到第一笔贷款。就是你创业之后，有四年左右是生存的死亡山谷，我们国家的小微企业，平均寿命也就是三年左右，那么为了得到第一笔贷款要熬到第四年的第四个月。

所以四年四个月之前怎么办？靠什么活？这个时候银行还接济不了，所以国外经常说，是股权融资的，创业的资本金来自 3F，第一是家庭（family），自己的钱、父母的钱；第二是朋友（friends），来自朋友们的赞助；第三是 Fool，比较冒风险的人给的。只有这三种 F，才能在四年零四个月之前帮助小微企业走出死亡山谷。

怎样系统性地走过这个风险期呢？我想跟大家探讨。PE/VC，全球来看，早期 VC 支持的就 10 家，不可能支持更多了，风险承受能力是

---

* 姚余栋，时任大成基金副总经理兼首席经济学家，中国人民银行金融研究所前所长。

有限的。我们国家有多少个 VC 呢？估计就是一万个，首先 PE/VC 行业发展得不错，也是近几年进展比较大，也相对比较规范。但是 VC 也就是一万个，乘以 10 就是 10 万个，大家想 10 万个创新小微企业，能够在死亡山谷中得到 VC 的青睐，而我们有 5000 万个小微企业，具有创新型的，可具有投资价值的在 500 万个，潜在的能上市的，我觉得怎么说也有 50 万个吧，看不同的板块了。所以这中间有一个巨大的金融制度安排，怎么服务于在死亡山谷里挣扎的小微企业，靠 VC 是不够的，世界经验也证明是不够的。那么关键一定要有股权众筹，股权众筹从美国 Angel List 的经验来看，效率如此之高，一个不到200人的企业，服务将近 2000 人小微企业的融资。所以如果股权众投平台比较成功和规范的，就是 1∶1000，就是比 VC 的效率高 100 倍。

所以，特别对我们这样一个拥有大量创新型小微企业的市场来说，股权众筹的探索和推进刻不容缓。我曾经说过一句稍微狠一点的话，没有股权众筹就没有创新型国家。这个制度性的安排是不容易的。所以股权众筹，我们以前也提出了 54321，是新五板，应该定位为主板、创业板、新三板、区域性股权市场的底层，应该是定义为比较早期的。我们也做了一个测算。这个股权众筹，或者说作为一个合格投资人应该投多少？我们今天把这个结果跟大家报告一下。

我们用凯利公司做了测算，如果它成功的概率是 50%，失败的概率是 50%，就是投在股权众投平台中，这个项目的成功率是 50%，失败率是 50%，如果赔率是 1.25，那么投资比例不应该超过可投资金融资产的 10%，这叫限制。这个我们也是从一个非常重要的产品众筹网站中得到的。如果它的成功概率是 45%，它的失败概率是 55%，如果按照回报率 1.5 的话，应该可使用的投资边际是 8.33%。所以我们建议要帮助投资者，首先是合格投资者的筛选，把门槛设置的高一点。对于股权众投合格投资者，要给限制，你不能说是倾家荡产地压在股权众投上了，应该是小于可投资资产的 10%。这是我们的一个建议。

同时，我们感觉现在应该及早地在证券法修改中给股权众筹预留空间，因为时机选择很重要，过了这个村没有这个店。我们国有银行的改制，是从 2013 年的第二次全国金融工作会议开始的。到 2010 年农行上市，到 2017 年美国次贷危机了，2018 年就国际金融危机了，大家看看也就短暂 5 年时间，如果错过上市机会窗口期，哪有今天我们的中国经济这样有韧性呢？历史窗口期错过就错过了。所以证券法修改如此重要，周期往往都是 15 年、20 年。如果不趁着这个机会，能够把小额公开发行这样一个豁免机制放到证券法修改中，为股权众筹最终机制的确立留下充分的空间，我们可能要等到 2030 年之后了，那个时候我们就快进入超老龄社会了。到时候新旧动能转换可能就更难了。

所以我想跟各位汇报的就是时不我待，中小微企业的融资难、融资贵，比以前更严峻了！死亡山谷是四年零四个月，得到第一次贷款之前，小微企业平均寿命是三年，怎么样帮助具有创新型的高达数百万家的中小微企业拿到钱？要做机制性安排，而不完全靠 3F。同时我们要认识到，股权众筹这种探索，是很有风险的。毕竟是公开发行，虽然是小额公开发行，但是仍有潜在的风险。要有 10 个不准，有一个底线。我这里给大家念一下，我们的建议：第一，股权众筹平台，不得发布虚假标的；第二，不能自筹；第三，不能名股实债，变相乱投资；第四，不得虚假宣传；第五，不得归集资金池，严格监管；第六，不得非法集资；第七，不得吸收公共存款；第八，不得向不合格的投资人开展股权众筹业务；第九，不得提供担保或者承诺任何收益；第十，未经登记不得开展私募等与股权众筹无关的事情。

如果我们能够在股权众筹试点上有所探究，大胆创新一点，我们就能让创新涌动，今天是铺天盖地，明天是顶天立地，何愁没有新旧动能转换？

“影子银行”纳入银行体系有助于金融发展

Martin Maurer*

跟中国比起来，瑞士是一个非常小的国家。传统意义上，瑞士是一个非常开放的经济体，金融业规模很大，所以瑞士的一些经验可能对于中国有用。一个意大利厨师曾说，他如果想学新东西，不会去跟另外的意大利大厨聊，而会跟日本、中国的大厨聊聊，因为这才是更好的灵感来源，可以用在他自己的烹饪中。因此，希望瑞士的经验对大家有用。

影子银行确实是被持续关注的一个问题，但它并不完全是新事物，只是过去我们不太在乎，近来突然意识到影子银行涉及的问题其实比我们想象的更加危险。在影子银行领域，诚然有一些操作是不合法的，在非银行或者影子银行领域均被禁止的。影子银行会提供一些传统银行服务不能覆盖、不允许提供的，或者是成本过高，但又是有实际社会需求的服务。所以这个时候，影子银行提供的应是合法但银行不能够提供的，同时确实存在社会需求的服务。于是我们可能需要允许这种服务以某种形式提供给这些中小企业、个人、小型创新公司。

我们要求监管者提供必要的保护，包括防范系统性的风险，以及对投资的保护。诚然，投资者如果自行投资于极有风险的资产，不会被考虑在银行监管范围内，尤其是在影子银行领域。监管者要如何响应呢？

---

* Martin Maurer，时任瑞士外资银行协会 CEO。

影子银行规模从来都不是太大，因为这种响应是循序渐进的。如果出现非法行为，瑞士监管部门会起诉相应行为，关闭这家机构，因为其没有相应的从业执照，明知故犯。每个行业均需确保影子部分不能提供那些被禁止发展的产品和服务。另外，要考虑到有资金需求的小微实体企业，尤其是金融科技和创新类企业。这些公司的信用是否足够是最棘手的问题。监管部门承认，不是所有实体都像银行一样，因为对银行资金成本、流动性，以及其他方面的要求均很高。针对这样的实体必须要有一些相对简单的特殊监管，对他们来说，资金门槛可能相对较低，所以可以由一些小型机构进行一定规模的募资。针对不同实体的监管的方式可以是不同的，中国也在朝这个方向前进，我们把所有的影子银行放到监管之下，这可能是未来可探讨的方法。

监管目标的界定，是个“天鹅与鸭子”的问题。几百年前在欧洲，天鹅只能是白的。后来有了从新西兰引入的黑色羽毛的天鹅，大家都说这绝对不是天鹅，可能是新造的一种动物，直到最后人们发现这就是天鹅。这个比喻是说，如果你发现一个新出现的东西，与既有物种相比有一些新特征，并不意味着这是截然不同的新事物。通过观察其本质、特征，你能很容易发现其适用的现有规则、组织、体系，也更容易为其提供相关的服务。这就是我们学到的经验，也是为什么我们将其应用到银行和金融体系方面。

说到鸭子，你可能完全不知道鸭子的背后是什么。此时瑞士的监管领导说，“这个动物看起来是一只鸭子，听起来是一只鸭子，走路也像是一只鸭子，那我们就当它是鸭子吧，不管你们叫它什么，我们要知道它的特性。我不介意起什么名字，如果具有某种相关特性，就以在对应的监管体系下加以管理”——这能阻止影子银行的违规服务企图躲避监管。出于竞争性考虑，常规行业不希望影子银行与其进行竞争，并且从中套利。这就允许我们把现有监管系统延伸到新的服务之上，并且帮助小型创新型公司，他们可能征信历史短、信用积累少，于是无法在银行业获得足够的服务，但也可以获得融资。当然他们必须同样合规守信，不能有非法洗钱之类的任何违法行为。

这些新出现的鸭子可能长相不太一样，都是新的风险，出现了新的融资方法。这些鸭子可能会带来一些新的金融服务的提供者，更多的是基于技术的，而且更容易出现运营性的风险，所以监管方必须更谨慎审慎检查，因为这些交易速度更快、方式更多、服务范围更广，监管方需要更前瞻的眼光，更稳固的自我防御系统，同时确保一些新型金融服务公司出局时，不会影响到其他大型公司。

出现泡沫和危机的时候，有毒资产及其长期影响才会被看到。有毒资产无法提前预知，但如果出现杠杆率过高的情况，我们就需要采取措施尽可能避免问题出现，或者采用特殊方式进行监管。

总结起来说，瑞士希望把整个影子银行体系融入银行体系，不是以此定义其机构，而是使其应用于监管框架，把对银行的监管应用到这些机构，如果满足天鹅或是鸭子的某种特征，就使用相应的监管。这有三点好处，第一可以公平对待，第二可以避免影子银行企图逃避监管，第三，也是更重要的，让外部的新入者知道规则，并采用合法的方式在金融行业中运营。

保险行业发展将推动长期投资

Renzo Isler*

世界上最大的投资机构之一就是养老基金。在美国，养老基金加上个人养老账户，已超过 GDP；在英国，养老基金为很多公司和机构提供资金支持；欧洲的养老基金和个人养老账户改革也已进行了二十多年。国家和政府的控制权很大，包括税收、边境开闭、货币供应，但无法控制人口曲线，即人的生老病死。人口曲线可能是我们留给未来世界的最大遗产，不光是中国。但中国处在一个特殊的情境之下，人口曲线的影响会冲击到在座的绝大多数观众，很多“80 后”和“90 后”到了退休年纪可能会遇到养老金无法发放的问题。

中国现在占比最大的一组人口年龄在 40 到 45 岁之间，30 年之后这一人群就到了退休的年纪。当今死亡率已降至很低，同时，在实行了 36 年一孩政策之后，出现了“全球儿童数量”的问题。这一问题带来的后果是，国家、政府没有办法给退休人群提供足够资金。这就是为什么西方国家决定把这类负担转移到养老基金、个人养老账户。

这一转变实际上改变了我们对未来生活的看待，以及金融市场管理的方式。意大利 1997 年开始进行养老金改革，现在该国男性退休年龄是 67 岁，女性 65 岁。同时，他们也推出了个人和企业养老基金，以此支持工作人群退休以后的生计，另外还推出了个人养老账户。私营部门

---

* Renzo Isler，时任中意人寿保险资深顾问、中意人寿保险前 CEO。

的养老基金加上个人的养老账户，能够将大量资金汇集到金融市场，从而推动国家本身的发展，同时也能够覆盖国家的债务偿还。中国可能也会有同样的动向。

中国的情况和欧洲的情况差距并不大。人口出生率显著下降，同时人口寿命增加，中国人均寿命预期已达到 79 岁。预计在 15 到 20 年之后，随着生活质量提升，这一数据会增长到 84 岁。如果你需要维持自己和家人的生活，就需要存钱。现在中国财富管理有很多方向，很多人出于安全保障考虑，会去买房。过去很多人还会买股票，会在上交所投资，直到 2008 年，所有的人都被股灾吓怕了。

现在也有很多人在考虑财富管理的产品，比如金融产品。但在中国，大家总是购买短期产品，感兴趣的都是短期回报。在我看来，如果中国经济想要前进、人口想要合理发展，我们需要把财富管理进行分类，把一部分资源投入到长期产品当中，这是为了应对 60 岁、65 岁或者 70 岁之后可能遇到的艰难时刻，因为彼时已经没有办法靠后代供养了。

因为社会成本的上升，中国政府也推出了很多政策推动长期储蓄。习近平总书记最近推出了一项改革保险的政策，首先是合并保险和银行的监管方，同时对金融行业的风险管理制定了更加严格的政策。我想这也为最近的个人养老账户的推出奠定了坚实的基础。这一养老账户试点工作将会在苏州工业园区和上海、福建展开。这一步骤非常重要，因为这将能提升长期资金的可集性，保险公司就能够从个人手里获得长期资金，他们必须把这些资金放到市场上，去寻找长期投资的机会。

初创公司和小型企业，正是上述资金可以流向的领域，当然这种投资需要一些限制。这些保险公司从市场中积累的基金，将能变成非常重要的投资来源，能够变成针对初创公司，针对风投，针对年轻一代的新的投资机会，从而形成良性的资本循环，从个人消费者手里集中的资金，就能成为非常好的为未来融资的解决方案。

上述在上海、苏州、福建试点的新政策，是非常有意思的机会。有专家认为，这一政策应用规模会受到一定限制，因为它只是给了纳税优惠。德国就选择了另外的政策，不是给纳税优惠，而是给补贴。如果说你选择开个人养老账户，政府会给你补贴，以期增强你的储蓄意愿，这和纳税递延是不一样的。如果你的工资在纳税标准以下，纳税递延对你没有意义。

总的来说，保险行业是为长期发展汇集资金很重要的渠道。

对 话

肖耿[*]：今天我们在座的发言嘉宾，都是提出更具有市场化的、更有创新、更复杂、更需要试错的建议。金融的改革开放要继续往前走，我想这个可能是最重要的。

我现在给四位就提同样的问题。你们刚才都提出了很好的思路和建议，我想问的就是说，有什么障碍阻止你们的建议能够迅速地在中国执行？你们的这些建议与青岛金融的发展是不是相符？有没有什么好主意，可以让青岛获益？

Renzo Isler：站在我的角度，我认为没有任何障碍可能阻挡这些建议，特别是纳税递延的计划，我觉得甚至应该加速这个计划的执行。青岛应该像中国其他区域一样，发起一些有益的基金，由当地政府支持，来吸引资金，特别是来自保险公司或者是来自养老基金的资金，来投资一些有益的项目。

Martin Maurer：我觉得可以用一个试点项目来吸引外国银行和外资金融机构。一些机构较为谨慎，不会去零售市场，但是可以和中国的金融机构合作，因为这些中国的机构已经有了成熟的关系和网络，可以为中国市场提供产品和服务，包括为个人、初创企业去开发服务。这能够加速我们的模式，这将对地区和国家都非常有益。

姚余栋：我主要担心在股权众筹和创新上达不成共识，以致拖延。根据报告，目前运营的是 205 家，发布项目 10 万个，成功融资 4000 个左右，成功融资总额 319 亿，用户大概 20 万人，有些是 P2P，也有些暴露出风险。但是我觉得不能因噎废食，这个是股权融资，结构性就是需要这个钱。证监会也提出，要努力探索社会众筹。它是不完备的，但

---

* 肖耿，时任北京大学汇丰商学院金融实践教授、香港国际金融学会会长。

是可以逐渐改进，如果不做，那就是十多年后再做。会有多少企业在没有等到四年四个月的时候就倒下了？这个是我比较担心的。

肖耿：青岛有一个蓝海众筹也在做，青岛财富中心也在大胆地试。

曹远征：第一，我认为姚余栋的想法是非常重要的，这个阶段青岛发展众筹很重要。如果说中国经济新阶段消费是作为主要动力的话，服务业的发展和科技企业的发展，就有了用武之地。从国际经验看，服务业和科技企业通常都是小微型企业，都面临着同样的困难，就是资本不足，难以满足它们发展的需要。光片面强调负债融资是做不到的，我们算了一下，在现有条件下，中小企业的平均贷款规模都在 500 万人民币以上，想想看，能获得 500 万元以上贷款的还叫中小企业吗？这表明，平均贷款，规模低于 500 万人民币的企业客观上是存在融资难、融资贵的问题。核心是缺少资本金，而众筹恰恰在补充资本金上是有效的。因此众筹是很重要的地方金融发展方向。

第二，负债类金融机构需要创新。我今天发言提请大家注意的是，如何给没有以资产质押为基础的传统信用的小微企业，给他创造信用让他可以负债。这就需要发现新的信用，让非正规的信用正规划，信用化。这是微型金融机构要做的核心功课。对山东青岛来说，要支持科技创新，要支持服务业，一定就要发现要支持中小企业的特别信用，除政府担保基金外，就是要支持微型金融机构的发展，使其草根化，从而为转型提供服务。

肖耿：刚才都提到看准了就要做，股权融资有利于降杠杆，促进消费，都是应该去做。现在我们还有点时间，看听众有没有什么问题？

提问：在新旧动能转换当中，尤其是在今年金融危机十周年，从地方政府角度或者从一些中心城市角度，应该做什么样的工作，防范潜在的金融风险？

Martin Maurer：首先他们和相关方有没有这种非常好的风险共担的机制，如果有很好的合作机制，就能防范大问题的出现。第二，我想知道这方面会不会有一些不同债务机制来使用这些债券或者是信用分担风险。我们可以用这样的方式来管理风险，我们没有办法把风险完全去除，但是是可以减少的。

肖耿：在中国过去改革开放的40年中，我们确实存在债务的问题，但是如果从整个国家来看，我们创造的好资产远远大于我们现在面对的坏资产。今天早上艾伦·格林斯潘说美国对外负资产是7万亿，中国是正资产，中国在这方面是有优势的。所以对地方政府出现的债务问题，我们还没有去处理。我们有很多成功的城市，成功的企业，但是有成功就有失败，因为这是个试错的过程。现在我们需要的是处理坏资产的机制要建立起来，然后中央政府可以发债冲销这些资产，这样我们国家和各个地方就会轻装上阵，这是我个人看法。

提问：姚所长提出了股权众筹的问题。在青岛有什么好的设想，让中小微企业有信用实现股权众筹，或者没有信用的时候怎么创造信用实现股权众筹？

曹远征：这是核心问题，让没有质押资产的人创造信用就得贷款。我想举几个模式，中和农信，海南、青海信用社，还有中银的村镇银行，他们都创造了很多新的贷款技术，来创造信用。其中最重要一点就是利用血缘、社区、家庭以及其他的社会关系来做增信安排，即将非正规的信用正规化商业化，这变成它最重要的服务信托，并因此获得发展。换言之，如果能做到这一点，你就摆脱了传统金融的瓶颈，成为穷人的银行，而不是现在嫌贫爱富的。

肖耿：我总结一下，我们的讨论基本上还是非常正面的，金融在创新开放和改革方面有很多事情可以做，过去历史确实遗留很多问题，也是我们进步过程中遇到的一些问题。感谢四位的精彩演讲，本环节到此结束。

第四章

金融科技实践与规范

从互联网金融元年，到如今金融科技的热潮，科技与金融的结合，从最初的渠道创新，走向了大数据、云计算、AI智能的风控、产品创新，正逐步深入金融业的核心地带。然而，中国金融市场的不成熟，既给了金融创新前所未有的试验场景，同时也带来了某种程度上的监管套利；既打开了技术创造财富的想象空间，也带了过度透支前景的泡沫。如今，正本清源的时刻已经到来，而规范市场旨在新一轮的整装待发。

金融科技驱动信用发展

王忠民*

说到金融科技，毫无疑问，每个人、每个家庭、每个机构都在寻求它的应用场景，寻求它的爆款，寻求它的介入力度。但是今天看起来，这中间又出了好多问题，所以今天给大家带来一个话题，叫金融科技的底色是什么。

这个话题可以延展到金融的底色是什么，或者说经济的底色是什么。回到根本上，我用一句话来概括，是我们的信用问题。金融无非是要把所有的信用如何挖掘得更充分，配置得更恰当，使用得更有效。当市场经济成为经济真正有效部分的时候，金融除了把信用发挥到最佳之处外，还把全社会任何一个人的财富、资产、有形无形的东西，特别是无形的信用变成自己最有效的特色和资产。如果我们今天再看，加了一个科技，最新的科技，不管是大数据、区块链、云计算，不管是智能化等等东西，无非是底色的东西，呈现什么样的场景和工具性的运用。

我们会发现，如果金融科技的底色不纯、底色不好的时候，也就是说全社会的金融信用机制，社会的信用机制不好的时候，金融科技本身也能干坏事情，而且更方便、更容易、更有效。但是我们这个时候应该说，不是金融科技错了，而是你的底色不够健康、不够健全、不够有效。

---

* 王忠民，全国社会保障基金理事会原副理事长。

比如刚才提到的，我可以把“空气币”称为ICO，本来你ICO的是某种有形的财富，或者能够带来未来现金流或成长的东西，你去证券化或ICO，结果现在故意把一个什么都不是的东西ICO了，实际是把你不讲信用的逻辑放到证券化，用新的金融科技证券化做东西，不是金融科技错了，而是你那个心坏了，你那个不良的心和不信用的心坏了。

那么我们在金融场景有没有干坏事？有一任总理曾要求大家不做假账。我们今天看一下宏观统计数据和自己的财务账本，有没有数据不真实的时候？今天股市当中打得最多的还是欺诈上市，你上市的时候，基础信息都不对。今天M2那么大的东西，如果看经济稍微有点问题，要放更多的货币，你这个信用能不能把它传导到最有信用的那个机构和那个人的头上去？我们今天整个经济，我们的金融和我们的金融科技，应该完成一次历史的洗礼和革命，这就是把我们中国人的信用场景、信用底色、信用逻辑全部建立起来。如果我们建立起来，我们今天就不是所有的贷款都要抵押，都要担保，而是可以基于信用。我们的中小微企业，经常说贷不到钱，你跟大机构比缺的确实是有形财富，但是你至少有一个无形财富，就是信用。穷人唯一有的资产是信用资产，而不是有形资产。我们回答所有这些问题的时候，才发现是我们从一开始到今天，所有人都没有在信用当中真正地走向市场经济，因此我们把搞市场经济的实体这一部分，搞了一些坏事情。

到了今天，我们又到金融科技的阶段，又运用最新金融科技的方法，管你听懂没听懂，先赶快割一茬韭菜，骗你一把。

回到今天，金融没有错，科技金融也没有错。反过来说，今天的信用体系对改造信用机制有没有作用？这时候就可以谈区块链了。如果说所有的社会行为、语言行为、学习行为，金融当中的行为，都以区块链的账本，不是你一个人的流水账和复式账，而是把你所有的信息、价值传输，交易全部记载清楚，我们就完成一件信用底板的事情。你所有的行为、语言和交换，全部永续记载，不可篡改。这个时候，当我们满足了中国人你知我知，天知地知的时候，每个人都不干坏事情了。另外，不管用什么方法，如果干得好的事情，基于信用的，就可以快发展、快成长，你的信用就有无限的场景、无限的价值化，这时候你的信用就可以换来信贷，可以畅行无阻，可以做任何事情。这是今天看见金融做到了这一步，到金融科技的时候可以完成得更多。

最后一个逻辑，信用这种财富和有形财富不一样，一旦找到了它的原点，一旦可以由金融、金融科技场景无限应用的时候，信用的财富可以有无穷大、无穷广、无穷深。反之，如果没有建立起来，所有的金融都在反向的时候，我们信用财富就会毁于一旦，就会无穷小，化为零、化为负值，非正即负。人人都光想着骗人了，这个时候社会真正运行的财富就少了，即使用了金融科技的手段和方法。所以我的呼吁是，以新的金融科技，寻找我们的底色，改变我们的底色机制，从而让金融和金融科技步入真正的依靠信用发展的两轮驱动模式。

金融服务将由平面式进入立体式

李礼辉*

今天主要说说金融科技创新和金融制度创新。大家知道，我们现在金融业所依托的科技系统或者说信息技术系统，是建立在大数据中心和移动互联网络基础上的。这么一个技术架构，我的评价是它属于一个平面交互的结构。我们多年来的实践证明了两件事情：第一，以大中心为骨干的金融科技系统，它是有可靠性的。它的可靠性，应该说在这几十年里得到了证明。第二，实际上也有它的一个短板，就是在这个系统里，如果你要做一些跨机构、跨市场的事情，做起来就成本比较高，消费的资源比较多，而且在安全性方面，有的时候就难以得到必要的保证。

我的看法是，如果现在这样一个系统不进行一定的升级改造，不用最新的科学技术对它进行迭代创新的话，它还是很难达到三大目标：便捷服务，维护信用，保障安全。我们这次会，主要是讨论财富管理市场，不管是财富管理也好，还是其他业务也好，都是需要信贷和信用的，所以需要规范与约束，需要开放与创新，更需要稳定和安全。

从这几年金融业的发展情况看，我们都在呼唤要有一个更高效率、更加公平的金融服务，我们看到的趋势是什么？一个是用多维度来取代平面。就说多维度、一体化跨界服务的能力，它能够决定金融业务，也决定财富管理业务的竞争力。第二，用效率来置换利率和汇率。对于客

---

* 李礼辉，时任中国互联网金融协会区块链工作组组长、中国银行原行长。

户来说，特别是需要资源，需要金融资源的人来说，有的时候，他们未必对于汇率、对于利率，特别的在意。他们有的更加需要的是你决策的效率和服务的效率，所以我说两句话，一个是管理流程的科学性和效率，决定客户的议价效率和议价能力，服务友好性决定金融机构对客户的吸引力和黏性。这几年是发展最快的几年，包括云计算、大数据、人工智能，包括现在讨论热烈的区块链，正在形成新的生产力，也正在重构金融的服务模式。

总体的态势，我归纳这么几句话，就是以信任链接为纽带的折叠，以信用再造为纽带的协同，慢慢变成不是二维平面世界，而是可以折叠的三维空间。这里有很多例子，就不一一详细说明，就点个题，比如说支付市场，过去也是平面结构，现在微信支付也好、支付宝也好，实际利用了大数据的技术，构建这么一个平台，实现了千万级的商户和个人用户，和 11 亿级的消费者之间的简单安全，而且可信任的链接。

另外一个像大数据的应用，比如现在正在推进普惠金融，促进信任普及。还有一个，金融机构过去对于客户的身份识别，一般是用密码，用证件的方式，这种方式我把它称为第三方介入的方式。但现在的情况不一样了，现在我们的人工智能身份的识别技术，它这个准确率达到了 99.99%以上，而且超过了人工身份识别的平均成功率。比如说双胞胎，可能他一个柜员不一定分得清楚，但是人工智能可以分得清楚。最近在国际上举行一次叫作人脸识别算法的国际比赛，中国的依图科技还有其他科技公司，得了第一名、第二名和第五名，把以色列公司都甩在后面，说明我们中国在这方面创新取得了进展。还有一个，我们过去处理多方交易，多方参与的系统，在这样的一些业务，比如说资产托管业务，可能会有投资方、监督方、托管方等，完成这样一个业务，需要很多很复杂的流程，是需要时间的。现在我们在这里应用一些区块链的分布式账本的技术，构建了一个新的架构，这种架构可以实现参与方之间零距离，大大提高效率。

还有大家都关注到 5G 时代的到来，应该说 5G 到来以后，真正达到人与人之间，人与物之间，实际可以实现零时差，或者准零时差，准零距离的这样一种服务。所以我觉得最重要的是，在这样一种趋势下，我们有可能做到什么呢？我这里归纳三句话：一个是弱信任变成可信任，长距离可能变成短距离或者零距离，另外一个有中介有可能变成去中介。在这种情况下应该怎么做呢？我觉得有几个方面是重要的：

我们还是要融合，这种融合一个方面是技术的融合，我想如果说我们能够把互联网 + 的技术、区块链的技术，把大数据、数据云的这样一些技术融合起来应用，可以发挥最好效益的。任何一个技术，单一的应用不一定能够得到很好的效果。还有一个融合是资本、资源和技术的融合。有些科技公司本身客户基础可能并不大，但如果能够跟拥有客户基础的金融机构，比如说银行，能够很好结合起来，就有可能发挥更大的长处，能够发挥更大的力量。否则，比如说你国有银行，你在做科技的过程中，一点新的产品、新的服务，你要推出的话，你走流程可能要半年，可能要九个月，可能一年的，而这半年和九个月科技公司早就把产品做出来了。所以这种融合还是有效率的。

第二个方面，融合也要固守金融本源，固本。信用也是金融本源，而且金融很重要的是用别人的钱做生意，所以需要管控的。任何一个国家，任何一个负责任的经济体，对金融风险的管控都是必要的。

我们还是需要穿透的，就是你现在科技的发展，金融业的融合，已经把很多不同的市场整合在一起了。我们的客户需要不同的市场，不同机构，不同条件，提供不同的产品，我们金融的这种监管，它是必须要穿透的，要穿透不同的产品，不同的市场，不同的机构，这样你才能做到统一的监管。还有一个，还是要穿透国际，2018 年 4 月份在博鳌论坛上，易纲行长宣布了金融开放“6+5”的措施，是什么开放呢？是从过去有保护的、限制性的开放，变成一个实行国民待遇的全方位的开放，在这种开放的情况下，我们的金融监管或者说我们作为金融机构自己的产品设计，必须是穿透式的，要穿透国际，这才可能有真正的生命力，才有可能达到真正的管控效果。

要相信但不能迷信金融科技

狄　刚*

第一，我认为要正确判断趋势。首先我们今天讨论金融科技，讨论这个时代的到来和我们处在什么样的发展阶段，现在不管从需求侧、供给侧，其实发生的变化都很大，跟以前都不一样了。金融系统很多年前就采用科技手段，那会儿也叫金融科技，但是迭代周期很慢，搞一个大的信息系统，花个三年五年很正常，上一个银行核心系统，七年八年也是有的。现在系统更新迭代非常快，手机里的APP基本一个星期一个版本，所以现在需求迭代速度和技术的作用跟以前完全不一样了。如果过去是冷兵器时代，现在夸张一点说就是核武器时代，可以这么说，大家强调的ABCD新技术，现在讨论得也比较热门，关注度也很高。

社会已经发展到数字经济时代了，供给侧有很多新的现代技术和资源环境，需求侧也是发生了很大的变化，可以说不管是金融机构的服务主体，还是客体，都发生了变化。拿企业来说，这些企业基本都线上化了，都拥抱互联网、拥抱现代科技，都开始进行互联网+转型。你的服务对象都在线上了，你不做转型可以吗？很多大型企业，在选择招标商业银行服务时，经常提的条件就是你的信息化能力和科技服务能力，这是作为考量金融机构服务水平和产品能力的一个重要指标。

除了企业主体，对于零售客体而言，现在“80后”、“90后”逐渐

---

*　狄刚，时任中国人民银行数字货币研究所副所长。

变成 GDP 的主要创造者，今天是财富论坛，扣一下今天的会议主题，现在很多社会财富集中在这些年轻人手里了。但是他们都是从线上成长起来的，他们的理念、观念和习惯，以及对金融服务的诉求，跟过去不一样了，因此金融机构的客户发生了很大的转变，所以不管是从供给侧还是需求侧，都在发生变化。

从业态模式来看，也逐步向两种形态演化。一种形态就是中心化架构为主的垄断企业或者强势型机构，或者叫层级式生态，这些机构有充分的话语权，他们有自己的平台和生态，很多 B 端和 C 端或者下属机构活在里面，现在逐步也发生变化，这些机构不满足于仅服务平台内部，开始把数据服务和科技能力对外进行输出，结合场景逐渐延伸到其他生态，扩大自己的生态圈，把科技能力封装化和服务化，包括一些商业银行，提出了 API Bank 或者 SDK Bank 模式，把各种能力输出到别人的场景和服务生态中，叫了一个“OPEN BANKING”的名字，实际是达到借船出海的目的。另外一种是对等型架构为主的方式，过去平权或对等型的企业，现在搞合纵连横的方式，有些甚至为摆脱垄断平台型企业的依赖或制约，开始搞共建共享式结盟，采用技术结盟的方式实现资源共享和互补，共同打造生态，甚至开始与垄断平台对抗，区块链技术出现后，正好针对此需求提供了一种对等的信任解决方案。所以平权型、互补型、对等型的另外一个生态开始借力发展了。

第二，要正确的明晰概念。现在概念层的统一很难的，概念层统一了，逻辑层和操作层才能统一。但是现在很多会议一讨论到金融科技和区块链，概念混乱的情况还是不少，这个不难理解，因为很多人知识背景不一样。一方面金融科技跨界性较强，有它的门槛，但是另一种情况，有些人故意模糊概念，故意把一些概念搞得很高深，造成混乱和误读。还有一种趋势是不断创造新名词，新瓶装旧酒，这种情况也是比较多。正本清源的第一步是实现概念层的统一。

我们举一个例子，比如在如何正确地认识技术的作用方面，现在是有些人确实不相信或者不愿接受新技术，认为作用有限，而另外一些人却是特别迷信，认为包治百病。新技术我们要相信它的作用，但是不要迷信它的作用。技术本身是中性的，技术是手段，是为业务需求服务的，不能为了技术而技术，为了金融科技而金融科技。既不要神话它，也不要泛化它，更不要异化它。所以对新技术本身更多要本着理性、务实的态度，发挥其改良和对传统技术补充的作用，而且任何的技术都是中性的，都同时具有正作用和副作用，没有一个完全正作用的技术，也不能包治百病。我们要认识到技术也是此消彼长的。拿区块链而言，是牺牲计算和存储冗余，牺牲效率，换取了信任和价值的可传递，平衡的结果就是牺牲一块换取另外一块，没有天上掉馅儿饼的事。所以你要看看场景到底适不适合它。吃这个药的时候，看一下正作用是否真的迫切需要，副作用能不能适应得了，而不是为了赶技术时髦一哄而上。

第三，要正确制定发展路线。现在很多场合大家都爱谈颠覆，不管是金融科技还是各种技术出来以后，大家更多在期待颠覆性作用。实际上我觉得更多要谈当下怎么样继承式发展，尤其是对传统金融机构而言。我们今天讨论金融，金融相对技术而言，也有它的门槛，它的专业性、复杂性、风险性，实际是有非常高的门槛的。在这种情况下，我们传统的金融机构比其他的科技公司更具有优势。礼辉行长作为当年的见证者，中行蓝图工程其实培养了一代人，金融科技不是一个新的概念，从最早 80 年代初期，金融业务开始叠加技术，那会儿叫电子化时代，后发展到信息化时代，再到网络化时代，到移动化和智慧化时代，这几个过程每次银行都经过痛苦的转型，从分散到大集中，从新核心上线和网点转型到渠道迁移，所以与现在的互联网金融公司相比，银行机构更没必要妄自菲薄。外界很多说传统金融机构刚开始搞的不是互联网金融，是金融互联网，说是金融机构业务简单搬到互联网上了，没实质创新，实际这句话不完全正确。如果金融业务简单搬到互联网，商业银行的网银早早就搬到互联网上，但是那会儿也没说是互联网金融。金融机构这几年发生的变化，是通过长期的发展和积累，才到今天的成果，所以商业银行积累的内功是非常强的。

但是现在金融机构跟外部进行合作，我们一定要考虑到我们的优势，进行继承式的发展，不能把老本钱与功力丢掉。现在有很多的金融机构跟外面金融科技公司合作，羊群效应明显，但如果简单要花钱就能把技术买来，转型就没那么难了，实际上能用花钱解决的问题是最简单的问题。深入学习目前较为领先的互联网公司优点，在理念、战略、组织架构、业务流程包括具体的任务，以及你的绩效考核、人才储备、资源投入这些方面都要发生一些根本性的变化，而不是把制度挂在墙上，行动挂在口头上，要真正发生一些基因上的变化。这样才能够实现我们真正的转型，结合我们自身的需求来逐渐进行改良和迭代。在这个过程中，最主要吸收的是容错机制和创新机制，这个我觉得是我们传统金融机构最难的问题。理念革新是关键，尤其是两端，高层领导和基层一线的理念革新非常重要。另外要防止技术被行政化，经常我们说一旦技术被行政化了，就又犯了老毛病了。所以既要讲政治，更要讲科学。讲政治和讲科学的过程中，讲科学为先，客观规律不受人的意志左右，计算机 0 和 1 之间没有 0.5，其实我们在这个地方要做到很好的平衡。

第四，要正确识别风险。新技术引进来以后，风险没有减少，而是增加的，因为技术带来的风险，杀伤力更强，风险传染摩擦系数基本为零，我们之前风险扩散效应没有那么明显，但是技术进来以后，扩散效应和影响跟以前完全不一样了。尤其是对技术进行强依赖之后，很多企业强调区块链怎么怎么样，我们要完全依赖于单一技术搞某一个业务的话，其实要非常小心的。为什么？我们就传统的银行业务，发展这么多年，一直是采用混合技术。区块链技术有它的优势场景，但一定要结合我们的传统技术和其他的成熟和先进的技术一起混合使用，不能单一依赖它。比如像安全方面，就完全依赖于密码学和加密签名相关的技术。有的学者甚至提出担忧，一旦量子时代到来了，你是不是做好了准备？包括风险防范和隐私保护，过去我们的系统是立体防御体系，我们采用边界多层防护、链路安全、内部隔离控制、入侵检测、应用加固等一系列安全手段，而不是过分依赖单一技术。

最后一点，金融科技和监管科技要同步发展。监管一定是金融发展的前提和保障，这个是毫无质疑的，如果金融科技带来不可控，那是不能持续发展的，一定是在监管可控前提下发展。在这种情况下，监管能力的提升也是迫切需求。我认为现场监管和非现场监管，可能会发展到一个融合的趋势，过去监管部门对被监管对象实施现场监管或者非现场监管成本不一样，效果也不一样，逐步可能演化到没有什么现场、非现场之分，那更多的是借助技术手段实施在线监管，在非现场状态下也能达到现场监管的效果。要强化技术监管、在线监管、数据监管、云化监管，实现监管功能的可嵌入和可持续迭代的能力，这方面还有很多的工作要做。

突破监管困境需要更重视“容错”

秦　谊*

从我们的角度，讲一讲我对金融科技的一个认识。刚才狄所长谈到金融科技，我们说哪些科技是金融科技？这里贲教授也在，我们就起了ABCD的名字，这就伸延开来，也广为流传。其实它区分的维度，还是有另外一个维度，既然我们都认为金融科技是服务金融为主，从金融领域的切割来看，哪些科技在哪个板块做到什么样的作用，我觉得这也是非常重要的问题。我们把金融分成几个板块，比如银行板块，比如说资本市场板块，比如说投资板块，像我们说的财富管理板块，比如像房地产板块。在这些板块中究竟是在解决哪些问题，为什么允许这些公司合理存在，并且在市场上有它生存的余地？我们分析下来，认为在过去10年的金融科技发展中，以支付和借贷为主的金融科技公司还是占主流的，所以这是属于银行板块。

从资本市场的角度来看，比如说从资产的数字化这个角度来看，也是一个占主流的行业，因为毕竟它能够提高效率。从投资管理的角度来看，是机器人投顾，占了绝大部分创业公司的创业主题。

从保险的板块角度来讲，不管是从流程再造，运营的效率提高，比如说保险的赔偿功能，都有很多的场景的出现，包括创业公司的出现。

所以在这个过程中，首先我觉得如果我们把这个东西理清楚了，就

---

* 秦谊，时任德勤亚太区投资管理行业主管合伙人。

明白我们为什么需要金融科技公司，它们究竟能为我们解决什么样的问题。为什么传统的金融行业会用到金融科技？因为第一传统的金融机构要找到更多的客户，让更多的客户来买自己的产品，进行扩员。第二，监管的要求越来越严格，在监管上付出的成本越来越高，能不能利用科技的优势使得数据能够一体化，传送到不同的金融机构中，从而减低我的合规费用。第三，当一个科技公司有一个新的理念产生，并且它的这种新的理念、新的运营方式，被更多的客户所接受，从而对传统的金融行业，产生了一个挑战的情况，我们就会考虑一下，金融科技或者科技的发展，对于金融来讲，另外一个启示是什么？

在过去 10 年发展中，特别是最近三年发展中，很大一个变化，我们认为大家的理念是在慢慢地转变，比如说刚才狄所长就谈到金融公司和科技公司，不是对立的关系，而是要大家怎么样互相合作。我觉得合作是一个非常重要的概念。根据最新的调查，对欧洲一百家传统银行和上千家金融科技公司的调查，我们发现，有 77%的传统银行随时准备和金融科技的创业公司进行合作，而它们合作很大的一个原因，与以往不一样的，不是扩员，不是为获得更多的客户，而是要探讨新的一个商业模式。这是一个非常重要的变化。

从科技公司的角度来讲，过去要依靠传统金融机构，最主要是获得客户，获得客户的速度越快，它的存活能力就越强。但是今年我们的调查发现，新的金融科技公司愿意跟传统金融机构合作的最大愿望是，跟一个好的金融机构合作，能够在市场上获得更好的回报，主要是解决一个信用的问题。

所以，包括我们最新做的不少的调查研究，不管是从效率的角度，运行效率的角度，还是新的模式开发的角度，大家都觉得最大的一个阻碍是来自于监管。我们如何来克服监管？因为如果谈到监管，大家都会知道，监管沙盒，英国、新加坡、日本相继都推出了监管沙盒。在英国的监管沙盒中，过去几年已经发布了十几张电子银行的牌照，他们究竟运行得如何？为什么我们没有看到大规模电子银行已经在服务每一个客户？所以我觉得除了监管之外，我们要克服监管特别面临新的东西，就如狄所长讲的容错，这个容错就体现在我们每一次犯错的过程中，我们要总结经验，让下面一个发展者，或者下一个创业公司不重蹈覆辙。过去我参加过很多会议，经验的积累是我们最主要突破监管的困境，因为监管不知道你哪里失败，毕竟是新的东西。而创业公司更需要互相帮助达到新的领域。所以我就先讲到这里，我要留给 Alex Medana 分享。

实现代币化，从未知开始

Alex Medana*

我主要讲讲资本市场，在这个领域我有16年的经验。过去三年间，我围绕区块链领域做了很多的尝试，有失败也有成功。

人们对代币有一个误解。代币其实是一种概括，如果我在数据库里叫Alex123，这就是对我的定义，无论是犯罪记录、奖励记录，还是职业，都是对我的定义，然后我可以对你授权。问题是，过去几年间有人尝试成功地通过ICO代币扰乱了金融，这里的代币是指数字资产支撑下的安全。区块链行业也出现很多误解，之所以这样，是因为我们从科技角度入手。但科技从来不是最重要的，它只是其中的一个推动的力量。

我们要先界定问题，再寻求解决方案。在经常和银行业的高管接触的过程中，我会问如果我是客户，你真的了解我吗，关心我吗，在帮助我吗？通常得到的回答是“可能吧”。不管在中国还是欧洲，人们和银行打交道的经验是，银行知道我们的住所、婚姻状态，但不了解我们的内心想法。银行给我们提供抵押贷款，但我们都知道，他们不在乎、不关心我们。

未来需要定义什么是金融科技。人们都认为自己知道这个词的意思，但大家在各说各话。金融科技是关于金融的科技，以及初创公司通

---

* Alex Medana，时任FinFabrik创始人兼CEO、香港金融科技协会董事会成员。

过技术促进或颠覆行业发展。华为、IBM 和谷歌，他们都是金融科技公司，我的公司也是一个会用金融科技推动未来资本市场发展的初创公司。

回到区块链。可以说成数据库，是让数据更有价值的记录方式。再说到 Alex123，如果我与一个素不相识的人做交易，有什么可以证明 Alex 是值得信任的呢？我在区块链的所有记录是不可逆且透明的。但在这之前需要一个监管方、银行或者身份认证方证明 Alex 是好人，我把它叫作去中心化的编程。我收到官方的认可，Alex123 的记录是值得信任的，我拥有了这个记录，并且授权将它传递给其他人。

我对未来的想法不是加密货币。财富就是资本市场，有数据就有风险，我们可以做交易，可以做资本化。虚拟货币是一个资产，它们能否存活下来不得而知。在今天任何资产组合中应该有虚拟货币，因为它有波动性，波动性是好事。从我的角度来说，如果从传统的投资组合债券中可以看到一定的波动性，那么可以说股权之于债券，就相当于加密货币之于股权。这种波动性是不一样的，从中可以找到最佳的投资组合。未来的贸易战可能会加剧，我不想用你的货币，我就用我的货币，这就是虚拟货币，可以因此控制很多事情：我可以实时供应和停止供应货币，而且我可以实时监控通胀。另外，我可以核对 VAT 和 GST，可以核对每个月的收入。

我认为实现代币化有三个阶段：简单来说，如果我现在有一家公司的股票，第一步，我们发布股票，然后把它用一个数字档案代表起来，变成数字代币的一部分，这家公司的股份在我的档案里是有价值的。第二步是相互交易，我可以买卖这家公司的股份。第三步就是赋能，我来自资本市场，希望帮助银行。前面几步确实没有做任何改变，还是关于审计、基金、基金管理等等，但可以带来一些好处。从供应角度说，你可以接触到更多投资者，需求侧也是一样，我可以获取更多交易的信息和资产信息，通过智能控制，实现现金流动性的自动化。但还是没意思。所以我们用区块链。为什么？因为它有信任有透明。第三步就是我们正在做的事情，致力于实现代币化。这个世界越来越多地成为一个P2P众筹世界。比如说我有这家公司的股票，这家公司拥有一所大酒店。而你拥有一个葡萄园的股份。你觉得我的股票好，我觉得你的股票好，我们发起一次交易，交易的成功与否取决于流动性、透明度、信任度，也需要监管。但放眼未来五年，我相信变革也会产生。5年后有监管、监管者、法官、律师、还有我，没有初创公司了，但我们改变了创造价值的方式，为我们所有人将金融大众化。这个时候，变革并不只是个口号或者目标，而是实际的创新。从我的角度来说，创新就是从一无所知处开始。

举个例子，如果我们处在19世纪，会场外全是马车，但我要给你解释什么是汽车。我说它有发动机，有四个轮，有车身，等等，你可能首先会觉得我疯了，然后我要花无数个小时来讲，汽车就是创新——而此时我们对它什么都不知道。但回到今天，我在你面前介绍汽车，就会有很大进步了，只需要花几分钟。你可能还是会觉得我疯了，但这里的进步在于，车已经存在了，并在越变越好。我作为一个个人，或者一个公司，我愿意做前者，一个创新者。可能是有点疯狂，要去做5年后10年后的事，以及改变我们做事情的方式。可能不是所有人都这么做，但这是我们正在做的。

对 话

苏琦[*]：所有的创新者都具有两个素质：一个是布道者，一个是哲学家，一个是我从哪里来，你真的关心我吗？能帮助我们解决什么问题？好，大家都表达完自己的观点，接下来进入互动环节。

王理事长，我从你说的信用底色想到另外一个问题，一讲到币圈，讲到这些事情，你会发现越是对它不是太懂的大叔大妈，他们越喜欢去做这些事情，虽然跟李行长也讨论，跟我们投资品匮乏有关系。我在想会不会就是说，我一直担心这些东西，科技的日新月异，我们之前讲数字化鸿沟，落在后面的人他愿意去追，但是容易受到伤害。

王忠民：金融方面你说的这种场景很普遍，大叔大妈对新的东西不了解，但是他乐于参与其中，包括股票。到金融科技这个层面，这个现象减弱了，做币的是很年轻的这些人，大叔大妈要听懂稍微有点费劲。这是一个现象的两种表现，这两个表现当中，你问的问题，我听了后面几个嘉宾说的，这个问题有几个不同的标准。当我听完了 Alex 讲的，他说的是，如果我是一个创业者要办一个创业公司，把这个创业过程中，原来做投资的时候，直接把几个东西在一个点上完成了，把它做成数字化资产，已经不是原有的资产了，但是做成数字化资产的同时就货币化了，做成代币，我还要同时已经证券化了，甚至可以同时期货币化了。就是把所有过去人类历史当中数字化、金融化走的所有东西，放在一个点上一次可以完成，了不得了吧。我们今天看我们梳理流程、场景是分渠道、类别、层次去做的。这恰好是我们今天数字世界真正的效率。

回到刚刚的问题，形成原来物理世界、投资世界、货币世界、信贷

---

* 苏琦，时任《财经》杂志副主编。

世界的时候，用的是准入式监管，你符合我的标准再进来做。老百姓看的是只要这些机构认可的我就信，我相信你审批过的上市公司背后都是好人，不会骗人。结果骗人之后，一定是他后来学坏了，不是天生就坏的。

我们今天要说的，基于金融发展历史来看，是有序的，2018 年可以在一个点上完成的数字化世界，今天怎么讲？穿透到微观最主体的信用中去，在一个点上完成了货币化、期货化，完成了一切东西，是基于你之前的数字化、初始的数字东西，这个监管好了，你用什么化都可以做出。恰好我们过去的监管是数字型，只看单一的，证监会监管什么，银保监会监管什么，其他监管什么。如果出现一个新的数字化东西，都不叫你那个名字，就不知道该由谁监管。ICO 出来之后，到底哪个部门监管？出了问题，要求负责任的时候，他们就会说这不是我监管的。懂的人会用套利方式把你放在其中，是新东西，都不归我监管。如果你出现问题，就全部砍掉都不要做了，也不甄别谁对谁错，所以一刀切，全部砍掉。连我们说支付是最好的场景，现在的牌照不仅不发新的了，甚至还收回几个老的，大的很多公司反而进不来了。监管和过去行政的格局不是基于信用底色而形成的格局。我所说的监管适用于过去的场景，现在所有的场景可以一次性做完，如果不监管到底色当中，就不知道该怎么监管。当然我们可以做一个监管沙盒，这个沙盒应该是协会来做，因为只有协会整天和他在一起。科技的领域当中不能放在监管当中，应该放在协会下边，新东西里不守信用的要出局，这样才是新的监管。

所以监管是要看信用底色的，以行业协会为载体的，让所有守信的金融科技顺利发展，不守信的都即刻出局。

苏琦：李行长您是互联网金融协会的，您发表一下看法。

李礼辉：王理事长给协会这么大的赋能，我回去一定跟行长说一下，说你这个协会主席肩负重任。王理事长说得很有道理，我们现在讨论金融创新、制度创新、金融科技也好，其实是一回事。必须看到，我们现在已经取得的这一切是经过历史证明的，经过许许多多的业务证明的，证明了它的可靠性和实用性。新技术的创新，区块链也好，大数据也好，基于所有的新技术的创新，你到底能不能替代，能不能成功替代这些传统的技术，这个才是关键。我个人觉得，你能不能做到这一点，取决于四个很重要的因素：

第一是更高效率，包括三个层次的概念，第一个层次是更便捷，受众也好，客户也好，他能够容易取得，在北京可以取得服务，在宁夏的山沟里也能得到服务。第二是公平的，公平也是一种效率。第三要有速度，这个速度要比原来的速度更快一些。

第二是更加可靠，是整个国家或者某个区域的金融安全，涉及信息保护和隐私保护。我们现在信息更加透明了，要把信息保护得更好。另外一个就是风险控制，因为任何一个社会，特别涉及金融方面，你放弃金融风险的管控是不可想象的，有可能是一个部门，一个企业，一个个人的问题，但是当它变成系统性、区域性的风险的时候是一个社会不可承受的错误。

第三是更低的成本，包括运营成本，包括交易成本，包括监管成本，也包括被监管的成本。如果我们弄出来一个东西成本很高，比原来的成本更高，那何苦弄这个东西。

还要做到一个，要建立规范，第一个规范是监管要认可，监管不认可，好多事情肯定不能做。第二个，监管认可以后，要上升到法律，法律要认可，要通过这方面法律。还有一个其实建立规范很重要就是公众要认可，如果公众不认可我们那些的东西怎么推呢？如果很多公众在新产品交易过程中受到很大的损失，那就会对这种新的服务平台、新的技术产生不认可。因此说到金融创新，金融科技，这四个层面：效率、可靠性、成本、合规性是很重要的。

苏琦：谢谢李行长的分享，人们说“不能为创新而创新”的时候，应该怎么样创新呢？把这四点抛出来，是一个很全的组合。

狄所长，传统金融机构的技术不能单一，我想问一下，从您的经验出发，传统和非传统金融机构，面对技术怎么样做出，技术选择和技术组合的选择呢？不能太滞后也不能太超前，也不能太单一，这个活儿是很难的。

狄刚：金融机构现在跟互联网、高科技公司合作，这是一个趋势，甚至有些金融机构还没想明白到底为什么，但是羊群效应很明显，大家都争前恐后地去合作，技术是一个持续演进的过程。过去我们叫单体信息化。什么叫作单体信息化？过去计算机出现的时候，各自想怎么样把业务搬到线上，怎么样让业务流程进行自动化，进行线上搬家，进行自动化，都是自己的问题。现在发现自己的问题解决了，却没有解决根本问题。我是活在生态中，总部解决了问题，但分支机构没解决也是问题，跟交易对手之间，双方都实现了信息化，但没对接上，互动不起来，也是问题。在这个过程中，整个生态要协作化，有两种方式：一种是你是我的上下游，把你接进来，我们进行联动。另外一个方式是结盟，大家形成一个平权对等互补的架构。合作的过程中，我个人认为对外部力量要依靠不能依赖。就是在发展过程中，首先要辨别自己的优势，同时要识别自己的短板，就是说你在哪些方面是传统金融机构的优势，这个要搞清楚。很多公司首先看上的是你的牌照，看你有没有牌照而不是能力。看对方的金融科技能力很强，希望过来之后变成我们的能力，由外部能力变成自我能力的时候，不是简单花钱的问题。新技术出来以后，最先运用的是金融机构，他有资金，能花得起，新技术应用往往落地比较快。

怎么样把外部能力变成自我能力的时候，往往要规避技术管理被行政化，例如机制上的问题，出点小问题一旦被问责就把人撤了，会导致没人敢去试错，长久下去创新动力就会不足。有的机构对技术人员进行考勤，9点上班，9∶10分到单位，就把奖金扣了，也不管这个人带来的贡献和绩效，对人打击很大，当核心技术人员一旦走掉，对一个组织而言就是一个较大的损失。因此，传统金融机构在转型过程中，最重要的是体制和机制要得到彻底的变革。

苏琦：区块链的应用和去中心化，这些金融机构组织，上下游一动，增信了，去中心化去不了，很多场景的区块链，到底区块链是传统的更擅长，还是真正创造出不一样的场景来颠覆。

秦谊：比如在博鳌论坛的时候，社科院的李扬院长就说，当一个产品被赋予公众功能的时候，必须承担起所有的责任，而不是单纯一个科技玩具而已，这是很重要的。今天很多专家谈了很多高屋建瓴的东西，我们就从实践角度谈谈这个问题。分布式账簿的运用，当然狄所长在旁边，一个是公链，一个是私链，私链的差别就是一个去中心化的过程，因为还有一个中心的所在，因为这个人要允许你加入，你才能加入，必须符合它的规则。所以在 2015 年我们谈区块链之后，接触了非常非常多的企业，国内外的企业，也积累了很多的在实验室里能够运用的案例。但是在国内能够确实实施这个案例，能够解决痛点，并且有商业价值的非常少。去年我们也在李行长这边备案，和香港一个人寿公司和一个银行，在销售端做了分布式的账簿。最主要的问题，寿险，保险公司经常用的是去中心化，就是像刚才 Alex 讲的区块链的一个跟踪，不会出现骗保，通过各种中介完成赔偿功能，但是寿险没有这么多赔偿的，你这个做出来没有任何商业效益的。所以后来我们就想到一个场景，是为什么呢？是因为寿险是要通过银行和第三方机构销售的，在销售端的时候，银行收到钱，以纸质的形式回到寿险公司，等到前账回来的时候才能让险单成立。但是这个过程中，由于纸质的传输特别在香港，十间不同的银行有十家不同的系统，有的数据包给你对等，有的连数据包都不给你，你只能在系统上一个一个用铅笔画出来，不对的时候再回去。当数据不对的时候，整体交易要全部否定掉，输出新的交易，这样三个月的时间，才能让一个寿险保单成立。所以我们在它的销售端中，银行和寿险公司，能够建立分布式的账簿，使得它同时更新数据。这个是建立在香港，所以在整个建立的过程中，我们不仅到李行长这边汇报我们的过程、进程，包括项目技术的选择，也跟香港金管局、保险监管局经过不断的沟通，使他们觉得我们整体的一个框架和运行是不会触犯到它当时监管的要求。

这是当时我们确实找到了它的一个痛点，然后能够发现的。刚才狄所长谈到在国内这些运用的问题，包括像提到无人车对于保险的一个挑战。如果我跟大家说无人车最大的风险是哪里？大家猜一猜，定位不准，撞到人，开不到地方，还是什么？法律，我觉得这是非常重要的，当一个新的技术广泛应用的时候，你要知道隐藏的一个风险，有一天我坐在飞机上，正好碰到德国奥迪无人汽车驾驶团队的工程师，他说根本不存在这样的问题，一辆无人车上 3D 雷达拍照的照片非常精细的，可以详细告诉你路况，但是非常重要的一个风险是互联网的风险，当一个人黑进去一个系统，让一辆在路上跑 50 公里、60 公里的车，在路上随便撞，就形成公众安危，是不可估量的。有人说飞机为什么不会出现这种情况？因为飞机是一个孤岛，它只和机场有联系，飞机之间是没有相互联系的，不在同一个网上的，是一个孤岛。所以从这个角度，我又回到刚才狄所长讲的，信息存在很多，关键是隐藏暗性的风险有没有找到？过去我们能够发现的一个能够落地的，是一个 RPA 的过程，也就是自动机器人，说得好听是像自动机器人，因为过去国内信息孤岛太多，信息之间不联系，所以我现在写一个软件，让它互相能够简化。

我觉得怎么样找到一个应用场景，找到真正的商业价值，不管在区块链，在所有的科技金融中都需要运用到。现在国内我参加很多监管会议，很多被监管的机构抱着的态度是你让我做什么我就做什么。其实中国的公司在注意到要开源，注意要更多客户的时候，要知道合规经营也是一个公司的核心竞争能力。比如我参加私募证券公司的一个调查，私募证券公司是现在资本市场上非常活跃的形成多样性的公司，给大家更多的一个选择。但是托管怎么样使托管公司的这个系统能够更好地满足私募证券公司产品的多元化，使得每一样产品都得到很好的监管和托管，使得私募证券公司更好服务客户，我觉得这是很理性，也是很长的需求。比如说互联网金融体系，我们也服务很多互联网金融企业，内控不到位，怎么使得资金、资产在整个过程中能够有更好的匹配，更快的匹配，这个数据能够上到互联网金融协会，这不是一个拍脑瓜觉得这是天方夜谭，这是切切实实存在的一个社会上商业上的一个需求。所以我觉得从需求点出发，能够找到你商业的入手点，这是一个科技真正作为科技赋能的体现。

苏琦：非常好，Alex Medana，我们刚才在隔壁的 VIP 房中，你说谁也不知道谁能够监管你，你还是蛮自豪的。所以我的问题就是我们会监管你，我们不会放任自由，那你预期在近期会有什么样的一种对这个行业的监管呢？

Alex Medana：这个问题价值 100 万美元，但是我跟在座的各位也持同样的意见，我不是反监管，我们确实需要监管，确实我们不知道怎么监管。因为我们说到信贷风险，说到了身份，说到了很多技术上的去中心化的过程，我们必须很谦卑地说我们需要彼此交流。

先做金融，再做科技。我跟股市的监管者讲了同样的故事，我说未来我们应该合作，因为我不知道未来怎么发展。我们也说到了创新，如果回到旧世界，我作为一个经理跟我的团队成员说“我不知道”，我可能连经理也做不下去。所以，谦卑的心态很重要，监管也是一样：我们是在保护人，还是在做创新呢？因为实际上这两者其实是背道而驰的。我之前看到可以通过使用沙盒，来调解二者关系。我们可以在沙盒当中做一些实验，因为我知道作为一个金融科技初创公司，我是受保护的，没人会因为这些“实验”起诉我。从监管者角度来说，会限制我的客户规模为 500，1000，或者 10000，如果出现问题，我们会修复。当沙盒做得好的话，就可以驱动监管。回到刚才说的话，我们是从零开始的。唯一了解未知领域的方式，就是切身实践，通过尝试、试错、创新、打破旧事物来实现。但是监管者会认为你不能有过多试错的过程，因为可能会有一些系统性的风险，会有很大的一些信用的风险和集成的风险等等。最终，对在座各位很重要的是，我们通过分享信息来试图改变，不能单打独斗推动这种变革，可以以一个团队的方式，但彼此之间也要有区别。

有一些监管部门，比如中东、哈萨克斯坦，都在推动这个进程，他们也是从零开始，开辟新思路、新办法，学习的过程中可能会犯错，但大家是一起来犯错的。

苏琦：这就是监管的创新，只有它发生了，我们才能知道。所以还是先让它做起来吧。

王忠民：我把这个“我不知道”再延伸一下，如果我们做所有的事情，基于金融和科技的，都是“我不知道”的时候，一定是向未来创新。这个时候“我不知道”，包含两个维度延展：第一个维度是监管者也不知道，法律制定者也不知道。包括直接参与者自己要操作什么和明天能够成功的东西也不知道，都不知道，所以需要一个创新的环境，这就需要一个沙盒，就需要一个别人做了就不是违法的活动，要容错，这是第一个延伸。这个“不知道”是多维的，是整体的，不是单一的。第二个，突然你的信用可以基于原来知道的，原来的信用，你上学从来没有抄过东西，从来考试是真的，文凭是真的，买卖东西的时候，从来都是有效支付的，你过去如果是公司，集资以后，对其他公司股东负责任，你 IPO 也负责任，你其他的东西都记载得清清楚楚，如果你其他都是守信的人，你在做新的不知道的事情的时候，大概率也是守信的。如果你其他都是干坏事情，你干“不知道”事情的时候，大概率是想套利，想钻空子，想骗人。好了，我把“不知道”从这两个角度再延展一下，信用就更有价值了。

第五章

突破金融服务实体瓶颈

实体经济的结构性问题无法通过货币政策的总量调控来解决，这一结论已为此轮宏观调控所证实。而突破金融服务实体的瓶颈，在于通过市场化手段来实现更高效率的金融资源配置，打造多层次资本市场来满足不同实体的融资需求并化解市场风险。一行两会新金融监管格局的确立，资产管理新规的颁布，意味着金融上层监管格局的与时俱进。而新格局下，新一轮的市场化改革将如何演进？

过度垄断是金融供给多样化不足主因

贾　康*

中央对金融工作的要求，就是金融要优化为实体经济的服务。实体经济发展的方向是中央所说的高质量发展和升级发展。我想和大家探讨一下，金融从供给角度怎样服务实体经济这样的发展。融资的需求，我观察可以以一个“多样化的需求”概念来表现它的特征，相关的供给怎么样服务这些需求，也必须多样化。在这个思路上，要适应整个经济社会发展的大趋势。经济发展进入信息革命时代后，中国的信息化发展也进入“强起来”的新时代。要求是要升级，而这个升级体现的高质量要靠什么来实现呢？中央指导方针是强调抓住矛盾的主要方面，即供给侧，供给侧解决问题是重在结构优化，这个大的思路和逻辑，是相当清晰的。

按照这样一个视角，我先说一下目标导向。金融应该按照最高决策层指明的出发点、宗旨和归宿，明确地落实于必须支持帮助实体经济的高质量发展和升级换代。邓小平说金融是经济的核心，强调金融的意义和重要性质。怎么理解？我更愿比喻为：金融是经济的心血管系统，它在心血管这个意义上具有不可或缺的、带有核心意义的作用，但是这个心血管系统一定要服务于整个生命机体的健康发展，这是它的目标和归宿。这是目标导向。

---

*　贾康，时任华夏新供给经济学研究院首席经济学家，财政部财政科学研究所原所长。

接着讨论问题导向，出了什么问题？中央对于整个中国发展中的矛盾问题有一个非常清晰的提炼，即我们现在遇到的社会主要矛盾，是人民美好生活的愿望、需求和不平衡、不充分的发展之间的矛盾。从问题导向来说，具体联系到金融，目前的主要矛盾是实体经济发展的多样化需求，遇到了金融供给方面的不平衡与不充分。不充分在理论上讲永远存在，任何一个供给对需求的适应充其量都只是相对充分的。现在关键的问题是，不充分是由不平衡带出来的。不平衡是结构问题，那么问题导向下，金融体系的结构问题是什么？第一，直接金融和间接金融显然不平衡。我们很难说做到像美国直接金融占很大比重那样的局面，但我们的直接金融的比率的确太低了，显然要提高。直接金融中间，虽然股市出了这么多问题，但债市的问题也不可忽视，中国的股市和债市之间也仍然存在不平衡，真正意义的企业债，发育程度仍然非常低。在我们已经形成的债市上面，大量是政府背景的所谓市政债，变相为地方政府服务的公司债，而不是货真价实的企业债。在间接金融内部，又是多年的不平衡，就是大企业、国有企业融资比较容易得到满足，而大量的中以下的小微企业，就苦苦得不到应有的融资支持。一边说中国现在不缺钱，大量金主手里有钱；一边很难看到大银行、大的金融机构真正支持小微企业的发展，这就是供给结构不平衡的问题。

这个供给体系当然应该多样化。多样化的需求为什么不能够在我们的供给方面形成能够服务于它的供给体系？我的基本看法就是，需求是“无缝连接”的多种形式，供给侧却由于种种原因，就是不能无缝连接，就是不能够对应产生多样化的供给体系，这里面最主要原因，第一位的原因，我们得承认存在过度垄断，要素流动受到了过多壁垒的阻隔。我几年前曾经听到金融界、央行重要人士发表意见时，对这个说法持不同见解，说我们已经有一千多家银行金融机构（现在更多了），天天在竞争，还说我们垄断，不服气。应当说，金融必然带有垄断特征，所以对金融主体要发牌照，不能按照完全竞争的意义去理解。但是我强调的是存在过度垄断，现在看到的竞争，是不是没有消除过度的垄断？

为什么金融服务领域的“多样性不足”迟迟不能改变？按经济学揭示的基本逻辑，出现一段时间的短缺特征以后，应该有要素流入来解决不平衡的问题，但是为什么迟迟不能够如此改变？企业和老百姓的需求在上升，但供给迟迟追不上需求，一定是碰到了要素流动里的不良阻碍因素，这就是对于“过度垄断”的印证。农村区域、小微企业区域，有效制度供给更是不足，一定是这样的病因。另外一个印证：我看到统计资料，在上市公司中，按照盈利最高水平的排列，美国前10位中，第一位是高科技的微软，第二位才是银行；中国前10位，清一色全是银行。在不同行业盈利水平的排位来说，美国第一位是高科技，第二位是银行业，然后是平滑下降的过程，各行业利润率是不平衡的，但看着是曲线式降下来的。中国不一样，第一位是银行，鹤立鸡群，盈利水平非常高，其他的从第二位起立刻断崖式掉下来了。所以我论证：多样化不足，供给迟迟不能进入多样化状态的第一个问题，是过度垄断，受到了壁垒式垄断。

要解决这个问题，除了商业性金融之外，还必须发展可持续的政策性金融。这个问题早已确立，但是迟迟没有优化方案。已经探讨多年的以财政为后盾的贴息、信用担保、产业引导基金及PPP、普惠金融、小微金融、绿色金融等，都带有浓重政策色彩，这个政策支持体系怎么样才能健康地可持续？这又是一个重要问题。

我的总结是：我们现在的金融供给，碰到了多样化不足的明显问题，这个问题的解决不能光讲认识和觉悟问题，一定涉及整个金融体系的制度建设，是金融多样化改革需要从根本上解决的问题。包括金融机构的多样化，也要求商业性金融和政策性金融在战略层面上形成产品多样化的制度条件，实行战略性系统化的配套，让政策性金融克服必然存在的挑战。这样一来，合在一起的无缝连接的金融供给体系，才能够支持中国实体经济里的各个组成部分，在市场中充分发挥作用，成长在升级发展轨道上。

让市场决定资源配置

朱云来*

金融服务实体似乎是有瓶颈，因为总有关于融资难这个问题的讨论。我有一些不成熟的想法和分析。其实我们的货币供应总量，不论是总量，还是货币增加速度已经不算小了。另一方面，从资本的供应者或者说投资者来看，如果有赚钱的好项目，大家应该也都会去追的。因此我就想是不是因为信息不够准确的原因？这个市场可能有很多的发展机会，但是咱们的信息渠道不够，信息不够准确也不够充分，所以不够可信，从而让投资者不敢确定。最后还有一个法律体系的问题，法律执行力度的确定性，可以缩短猜测的链条。

还有一个维度需要考虑，这其实基本跟贾康老师刚才讲的有类似的地方。政策体系通常要分清楚有关社会重大事项必须要做的一部分是要由社会形成一个共识，若是非市场的东西，那是政策性金融需要做的事情。其他部分就是市场型的，你应该让市场的力量、市场的机制来决定资源的配置。可能贵有贵的道理，融资贵是因为这个东西风险太大，所以需要足够的补偿，它就应该贵。那么有些东西难，我们说难可能是总量的问题，你想要做的事情太多了，这个经济里边只有这么多总量的资源，那你只能做这么多事，这是必须要有所选择有所放弃的。有一个很重要的因素就是信息的准确性，以及基本约定的规则和这个规则的实际

* 朱云来，金融专业人士。

执行，如果这些都比较模糊的话，你就很难形成有效、流畅的市场。

第三，就是一个辩证法的问题。事物都是两方面的，是难是易，是多是少，你希望让融资变得容易，是因为你想发展。反过来说发展是为了什么呢？发展是为了社会积累财富，变得更富有。从基本投资的角度来看，融资贵是什么？就是投资回报高；融资很便宜，意思就是回报都很低。这也是辩证法，事物都是两方面的。

大家的目标都是希望找到又快又好的办法，但是这个办法最终应当尽量由市场机制来作为主要的决定资源配置的机制。当然市场也有它的缺陷问题，这个可以有一定的监管的规则。另外有一部分通常是相比经济规模比较小的部分，是说拥有政策性的长远作用的问题，由政策性的金融来解决，这样可能比较系统地解决这个问题，这只是一个不成熟的分析。

对于经济中遇到的问题需要区别问题的不同性质，用不同的方法来解决。要更为强调市场机制的作用，需要细致分析市场情况，我们似乎总是感到融资规模还不够大，这可能是跟希望能够更快发展的愿望相比的。但是具体的还是要分析是什么原因造成的？是项目不够好，还是资源不够、太分散了，应该把资源系统的运用起来。市场发展总共只有这么多的能力，总共只有这么多资源，只能总体干这么多事，干哪件事是最有效？只有集中所有资源干最有效的事情，社会发展才最快。

怎么达到最优最快的发展？这么大的国家，几十万亿的规模，例如去年固定资产投资总额大约六七十万亿，这里面贷了多少项目，每个项目的判断通过什么形成的？怎么比选？这么多钱用在哪儿？恐怕在其他的发达国家或者经济发展先行国家实践的很大程度上，证明了市场经济还是相对最有效的资源配置方法。不是说市场经济是绝对正确的，至少应该经过这样系统的审视。

缩短资金传递流程，提高融资效率

王永利*

2017年，全国金融工作会议、十九大、中央经济工作会议上，都反复在强调，金融要回归本源，坚定服务实体经济的基础，同时防范化解金融风险，坚决把住防范系统性金融风险的底线，保证稳定的前提下还要推进金融的改革开放。所以大家可以看到，去年以来服务实体经济、防范金融风险、推进金融改革开放，成为金融领域的三大任务。相应的，去杠杆、调结构、防风险、促改革，各种措施都在推出。总体来讲，2018年我们的去杠杆力度还是不错的，M2的增长和融资的变化都有体现。但是，5月份以后，又出来一个明显的问题，好像社会上反映流动性紧张的问题非常尖锐，强烈呼吁放松金融政策和金融监管。

2018年以来，货币定向降准、定向拆借、定向贷款不断地在进行，也是基于不让这个钱留在金融体系内，而是让它流出去。我们银行间的资金利率、债市收益水平都是下降的，流动性还是相对充裕的。但是有个问题，社会上，或者实体经济层面，现在反映流动性非常紧。这可能是出现了传导机制的问题，出现了梗阻。那么怎么打通，大家都提出了很多想法。我认为不光金融要发力，实体经济也要发力，整个宏观都要发力。

我首先聚焦在一点上，就是我们现在怎么样来缩短资金传递的流

---

* 王永利，时任海峡区块链研究院院长、共享金融100人论坛理事长。

程，缩短环节、提高效率、降低成本。大家有没有看到，中国在整个资金投放，从源头到最终投放到社会，我们的环节，我们的流程，跟美国比有什么不同。最大的不同就是有政府、有国有机构参与其中。在金融体系内，央行是最大的资金投放体。央行现在拆出来的资金不低于10万亿。在金融体系内有很多档次，央行对大银行，大银行对中小银行，中小银行对非银行机构，在体系内层层传递，每个环节都要收点过桥费。出了金融体系，大家又会看到，地方政府是一级，央企是一级，大中型国企，大型民企，其他中小企业，小微和“三农”，居民个人等，每一层每一层再要往下转，效率和成本显然不一样。

第二，现在从资金供给侧角度看，我们货币总量已经超过174万亿了，是全球最大的货币总量体，同时也催生出了最大的中央银行资产负债规模，催生了最大金融资产负债规模。刚刚披露的全球最大的资产银行里，四大银行都排在前面。有个问题，从央行的资产负债表看，一边冻结了将近20万亿的法定资产准备金；另一方面，2016年后不再实施普遍降准，而是定向实施降准。现在市场流动性紧张，央行为了维持金融稳定，又进行对外拆借资金。2015年2万多亿，2016年8万多亿，2017年10万多亿，一方面冻结了一块资金，一方面拆借了一块资金，资产负债同时上升，这是结构问题。大家看到法定准备金的年利率只有1.62%，维持多年没有变化；央行拆借出来的资金，有各种时间段的，但是年化利率是多少呢？显然大大高于1.62%。这里边就有一个很大的利差，利差转嫁给商业银行了，商业银行一定会想尽一切办法往外转移。这个合理不合理？

一个问题就是降准是不是个大水漫灌式的货币政策，降准是不是成为货币政策的禁区。我认为不能，首先有结构性调整的东西，10万亿以上的拆借出来，如果压掉5万亿，实施同时降准，这边降准那边收回，总量的流动性不会产生大的影响，结构调整会直接回到缴存的银行身上，中间的环节大大减少了，不再是央行对大银行，大银行对中小行，而是直接回到你缴存的机构的身上。当然，现在从央行调控货币政策来说不能 10 万亿全部压下去，至少要保存一部分，有五六万亿、六七万亿的余地可以调。

还有一个问题，2015 年在保持很高水平的法定存款准备金的基础上，又推出存款保险制度，大家有没有研究这个问题，存款保险制度和法定存款准备金制度是什么关系？法定存款准备金准备什么？就是存款出现严重问题的时候拿出来，重点是保支付。存款保险是干嘛？目标是一样，只是方式方法不一样。国际上，大家认为法定存款准备金是行政手段，存款保险制度市场化更明显。有了存款保险制度，法定存款准备金慢慢退出了。我们国家是保持了很高的存款准备金制度，同时又推出了存款保险制度，这里边有没有重叠，我们要不要在维持存款保险制度的同时，加快压缩法定存款准备金？怎么压缩呢？就是央行外汇储备有没有可能拿出一部分，由财政发行专项国债，就是面向存款准备金来发行。然后把钱给央行，央行降准，这个钱又回来，通过结构性调整，这一块进一步降低。当然，财政购买的外汇，也可以依然委托央行代管。

所以，我认为中国在资金供给侧结构性调整这方面是有非常大的余地的，因为到现在为止，在全球基准利率水平自金融危机过后大幅下降的情况下，中国是不同的。一年期国债利率在 3.5%左右，有压降的需要与可能。把整个融资水平压降之后，才能为其他的改革提供空间，否则刚才讲的一系列改革可能连落地的机会都没有。

IPO 要常态化，有必要筹建“雄交所”

管清友*

我们国家的股票市场，好处就不说了，主要说问题。三年前资金端去杠杆，大量投资者遇到了爆仓。2018 年股票市场出现大幅下跌，情况更为复杂，既有内部因素，也有外部因素。

内部因素是从资金端去杠杆到资产端去杠杆，上市公司股权质押风险上升多股出现闪崩。外部因素是中美贸易摩擦引发对人民币汇率的担忧。2018 年端午节之后，人民币出现了对美元的汇率快速贬值，汇率贬值导致股市下挫，股市下挫又使汇率进一步贬值，形成了资产的负反馈效应。实际上，汇率可以贬，股市可以跌，但是这两个东西一起往下走是非常危险的。我们很欣喜地看到，最近人民银行很多领导出来稳定市场，人民银行做了必要的汇率调整。

股票市场的下跌，我认为还是内部因素占主导。我今天提几条建议，股票市场应该怎么发挥直接融资作用为实体经济服务。

第一要清除病变基因。股票市场里的企业，好的该进入的进入，不好的该退市的退市，一定要严刑厉法。现在经常出现处罚偏轻，实际是在鼓励做坏事。所以我觉得最重要的应该是清掉病变基因，按规则办事，不要动不动就去打破既定的规则。当然规则是可以修改的，但是要经过合法程序，也就是程序正义，但不能在现有规则基础上来回变动。

---

* 管清友，时任如是金融研究院院长、如是资本创始人。

今天松了，明天紧了。我们看到，有的企业 2016 年财务指标能够达到 IPO 标准的，到 2017 年就上不去了，因为标准变了，松紧不适度，所以一定要按规则办事，即便修改规则还是要按照程序。

第二要引入新鲜血液，IPO 要常态化。我们今天 IPO 的松松紧紧、停停开开已经进行了好几轮，这是对 IPO 常态化规则的破坏。我们不能把 IPO 当作调节市场的工具，金融监管部门应该从宏观、金融稳定的角度去观察和关注股票市场，对指数的涨与跌不应给太多的关注，涨也好，跌也好，都是市场自然规律。不能喜欢涨，不喜欢跌，只能做多，很少能做空，现在做空的力量太弱了。市场监管要注意这个问题，IPO 要常态化，不能作为工具。

注册制要加快推进，把发行的审核权利交还市场。现在很多新的 IPO 企业是新型经济业态的企业，和传统企业的财务审核是不一样的，越来越复杂，监管机构去审核和判断的难度越来越大，压力也越来越大，不如尽快交给市场，让市场力量来筛选。香港联交所就在反思，阿里这样的优秀企业没有在香港上市，主要是没解决同股不同权的问题，因此在修改规则适应市场变化。

第三要培养优秀的“医生”。大家能感觉到，券商、会计师事务所、律师事务所作为中介机构，他们保荐、推介、审计的企业，一到 IPO 以后就都一样了，股价高低没人管，是否达到预期也没人管，这是不符合市场规律。这样大机构和新机构的保荐结果是一样的，实际上这是不对的，是否存在欺诈行为、是否有隐瞒、是否造假，以后出现了问题应该要追查的。要培养这些中介机构，让市场对中介机构分层，谁保荐的企业，谁的股价高，最后谁有没有出问题，要有人来负责，中介机构要对自己的签字负责，出了风险必须付出代价。对于违法违规的现象，一定要严刑峻法，强化规则。假以时日，市场会自动区分，那些中介机构保荐的企业是好的，就可以继续保荐，如果做得不够好，市场就会让它失去客户。我觉得监管层要着力培养这样的机制，让市场对中介机构进行分层，这也是比较重要的。

很多前辈在这里，我个人主张中国要建立第三家证券交易所，不管从中国的经济体量、企业数量、改革遇到的现实障碍也好，从增量入手建立第三家证券交易所都是必要的。我认为可以设在雄安新区，叫作“雄交所”。证券交易所是金融交易中很小的组成部分，但是可以实现增量推动，倒逼现有的金融改革、突破瓶颈。

财富管理市场改革大有可为

Alain Le Couédic*

第一，过去三年的确有很多改革正在被推进，其中一个里程碑式的事件就是2015年底股市的变化，这对理财和财富管理市场带来了重大的影响。监管方做了很多工作，政府方也做了很多工作来推进改革朝正确方向前景，这在几方面都让人印象深刻。首先它非常实用、聚焦；其次非常全面，监管方首先着眼自身改革，提升效率，同时不管保险还是银行或者是资产管理、券商，不管国内公司还是国际机构，均有受益。虽然过去三年取得了令人印象深刻的成效，但还有很多发展空间。

第二，监管方这三年做了很多工作，也推动很多实质变化，对银行业带来的影响是，银行业需要继续处理不良资产的问题，特别是随着去杠杆化的继续，整个行业要变得更加健康。这就意味着，一些急需资金的公司会有更多的压力，所以要鼓励财富和资产管理行业的发展。实际上，从2018年5月份开始，银行业被鼓励成立单独的资产管理公司。这不仅能帮助我们解决资产管理产品的存量，同时也能够帮助我们带来更多的收入，能够让急需资金的公司有更多选择。的确，监管带来了非常显著的影响，同时有很多行业领袖也在推更加精确、成熟、专注于顾客的产品，银行也一样。国内的机构依然有机会和国际机构合作，监管方也有意让国际机构的介入变得更加容易，我想这和监管与改革的精神

---

* Alain Le Couédic，时任罗兰贝格合伙人、大中华区副总裁。

是相符合的，特别是在风控、合规等流程前、中、后端的精细化方面，以及一些前端员工的培训方面，这也是非常好的进展，尤其对于财富和资产管理行业。

改革的一个核心就是回到最基本的根本点。现在中国的环境非常适合创新，同时我们需要确保创新能够让我们聚焦于客户的需求，以关注客户为先，而不是那么关注产品。这意味着我们需要更多聚焦一线员工和客户的沟通，以及一线渠道，而不是推出太多风险很高或者复杂的产品，就像 2008 年西方国家所做的那样。

最后，证券公司和资本市场是改革的重点部分。从 2015 年以来，市场遇到了些许混乱，近年来，证券方面的改革都已在往正确方面走，特别是对国际机构的开放。最新政策已允许国际机构持大多数的股份，虽然实际影响还没有开始显现，但这是一个正确的方向，我们可以借助这样的开放不断推动核心业务的多样化、多元化，特别是国内券商的业务多元化——不仅是排在前十的券商，而是更靠后的中型券商，这是我认为国际机构能够出力的地方，如果他们有更多参与机会的话。

总结起来说，过去三年的改革，尤其是在框架方面给我们带来了利好的消息。我的外国客户经常和我说，我们需要了解改革框架的细节，有了更多细节，外国客户就能做出更实际性的动作。还有一些改进的空间，比如我们现在还没有完全恢复到 2017 年的跨境活动水平，资金的流动也还没有回到 2017 年的水平。另外，金融产品可以进一步多样化。

对 话

张燕冬[*]：贾康老师，虽然实体经济已经出现多元化，对金融多元化也提出要求，但现在结构不平衡带来了一种制约。在阐述结论的时候，你也提出了一些建议去改善这些方面。但是我听起来有点理想化，你有没有觉得关键的方面要突破？

贾康：关键是中国必须讲配套改革中的攻坚克难，以力求接近最好的状态，这是要重点讨论的。

张燕冬：你认为攻坚克难是什么？

贾康：在金融概念下，就是克服过度垄断，以及政策金融体系到底怎么办。前面有几次中央金融工作会议，是走了大的“之”字形的，曾两次否定政策金融，现在又明确提出政策金融，但这个还没有很好解决。

张燕冬：用市场机制来调整？

贾康：有效市场，就是发挥市场的根本性作用和决定性作用，但不是说这就完全解决问题了。必须是加上政府“有为”和“有限”作用的供给侧解决方案。政府“更好发挥作用”怎么实现？搞不好，起劲来做却干预过度，机制错配，非常容易出这种矛盾问题，值得警惕。

张燕冬：管清友院长的发言强调的是股票市场基础设施的改革，其实也不完全说是改革，而是要建立一种制度化的东西，你刚才谈到 IPO 不应是调节市场的工具，要保持持续性。

管清友：证券市场这个直接融资平台重要的是要有规范阳光的规则，可以修改规则，但是修改规则要有程序。如果把 IPO 当成调节市场的工具，有的时候就会形成堰塞湖。IPO 的市场化要尽快交还给市

* 张燕冬，时任《财经》智库总裁、《财经》杂志副主编。

场，交还给机构，这个事情说难也难，有很多阻力和现实利益的障碍。香港联交所是一个很好的参照案例，可以学习李小加的经验。

张燕冬：但是香港的法治环境、市场环境都不同。

管清友：我们也是依法治国。

张燕冬：听起来不太那么乐观，咱们从 1992 年建立社会主义市场经济提出来，这多少年了，现在大家坐在这边谈金融为实体经济服务的问题，很多专家还是在强调市场机制的配置问题。我这边有一个问题想问王永利行长，你提到要各银行归还法定存款准备金，因为您曾经在中国银行工作，这里面有没有部门利益的嫌疑？

王永利：我现在已经离开银行，没有任何指向。我是站在某一角度看某一个东西，现在金融改革开放必须把金融放在整体来看，从源头去分析。如果不这样，我们要找出的问题太多了，你要想把所有问题都解决，那永远解决不完，所以现在要找聚焦点，看最主要的问题在哪儿，我们有条件落实才行，抓紧时间去推。我不代表银行。

张燕冬：您认为在操作上还是可行的。

王永利：我认为完全有操作的空间。

张燕冬：清友怎么看？

管清友：要从源头降下来，特别是现在这个当口，主要是解决思想意识问题。另外我要提到一点，现在降准要比 2016 年底前更有条件，因为经历这一轮去杠杆，特别对金融机构的监管，原来影子银行的规模被大大压缩了。现在传导机制，有点像物理学讲的串联，原来是并联的一个电路，有银行系统，有影子银行，现在影子银行大大收缩了，信托很多非标业务不能做了。这时候降准有很大的必要性，同时对降低整个社会平均融资成本，我觉得还是有很大的用处的。

张燕冬：谢谢。由于时间关系，下面提一个问题。

提问：我想问一下朱总，我记得去年朱总来过，讲过很多房地产的内容。想再了解一下，对目前政府降准，会不会再次流入到房地产里边去？针对目前央行的再次降准，说是很多的进入一些债或者其他方面，但是会不会再次通过其他的这种途径，会再次进入房地产市场里面？第二，朱总对下半年房地产行情怎么看？谢谢。

朱云来：实际上现在市场是一个很复杂的市场，金融又是有高度流动性的，市场操作者应该说他们都是会根据自己实体金融效益最大化来进行，所以其实是很难预测的。

至于说未来的房产，我觉得最主要的还是跟经济主要的发展前景、走向有关系的。希望经济走向越来越清楚，当然现在贸易战又开战了，各种不确定因素又比较多，其实是比较难以判断的，还是走一步看一步吧。

张燕冬：贾康老师补充几句。

贾康：刚才朱总已经强调了不确定性。现在从不确定性来说，我们只能追踪观察。但是我想强调一点，在中国的房地产概念之下，一定要看自己关心的那个对象是在什么地方，比如说一线城市，现在已经是最严格的限购、限贷甚至是限价，模式已经传导到二线城市。不论银根怎么松动，定向降准，与实际操作之间是隔断的。现在北京是不断加码行政手段，能想到的所有限制，都限制到那儿了，看起来当然是数据上防止了房价暴涨的冲击，但是也伤害了大量的刚需。下半年还会是这样的，不管别的地方怎么风云变化，北京不会有太大的变化。如果看到南京、成都：一个楼盘是限价的，靠摇号，就不用关心定向降准怎么样了，跟这个操作隔开了，就是天上掉馅饼，看你接得着接不着——只要符合条件都可以报名，报出 1000 名，然后突然说两天之内，要把 200 万打入指定账号，于是可能就变成 500 人有资格参加摇号，没摇到的，还心存希望，希望下次能摇上，结果这个场景下，中国人在房子问题上像进了赌场，撞大运式的不可持续——因为后续的供给已没有积极性了。中央强调的基础性制度改革，显然已经成为系统性的配套改革攻坚克难问题。

张燕冬：结束之前，希望每个嘉宾给一句话。

贾康：我还是强调，中国最根本的问题是以制度创新带出整个供给体系质量的提高，金融业和房地产业，都一定要按照这个逻辑做好本系统的供给侧改革。

朱云来：这肯定不是一句话能解决的事，但是为了简短起见，就说一句话的话，相对来说，市场机制来配置资源，这可能是有效发展经济的最重要的原则之一。

王永利：朱总说了肯定不是一句话能解决的，所以这个话题一定是我们要持续跟踪，不断去解决的。

管清友：强化对内开放改革，是解决我们一切问题的关键所在。

Alain Le Couédic：用一句话来说，我觉得在过去三年间，改革的推动有很多好的工作，接下来我们要关注细节，保持动能。

张燕冬：请给我们嘉宾热烈的掌声，感谢他们精彩的演讲！

第六章

资管新规与财富管理变革

资管新规落地，去杠杆、去刚兑、去通道的强监管举措之下，是对监管套利、影子银行的痛定思痛，行业短期阵痛难免，但却奠定了长期的资产配置之道。新旧转换之间，数十万亿的大资管业面临重塑，人民币理财业务规模陡降、信托业通道业务告终、非标产品面临标准化转型……旧业务模式终结之时，新生力量正在崛起，银行资管子公司、净值化产品比重提升，各类金融机构将在平等准入的监管前提下，同台竞争。

引导保险行业更加注重负债端改善

万　峰*

我国人寿保险经过最近几年的快速发展，2017 年保费总额接近两万亿，其中以理财型产品为主，受关注比较多的是万能险和中短期存续产品。这类资产的突出特点是负债期限短。

去年，在原保监会出台严格监管政策之前，保险公司在市场上举牌非常活跃，此外也进行了大量固定资产投资业务。保险资产管理现在形成了负债期限短、资产期限长的特点，这本身就是一种错配—短期负债与长期资产。短期负债期限一般只有 3 到 5 年左右，甚至更短，而一些资产期限可以达到 10 到 20 年。

保险业负债和银行负债有所不同。保险购买者大部分为个人，因此人寿保险行业的负债绝大部分是保险公司对广大民众个人的负债。银行资金更多来源于企业，是对企业的负债。所以，人寿保险行业刚性支付要求非常强，而负债期限短与资产期限长的错配会给保险公司经营和社会稳定带来巨大影响。这就是为什么包括我国在内的许多国家在法律上规定人寿保险公司不能破产，因为一旦保险公司破产就会引发严重的社会问题。

因此，保险公司确保资金流动性充足是经营中的一个重要课题。能否应对每年大量的刚性支付，以及如果流动性出现问题，保险公司资产

---

* 万峰，时任新华人寿保险股份有限公司董事长。

能不能及时变现就显得尤为重要。

资管新规的出台将引导保险公司在资产管理上更加注重负债端改善。要根本解决保险公司目前资产和负债匹配上所面临的问题，源头在于负债端。应从负债端着手，解决资产与负债不匹配的问题。这个问题解决好，流动性问题也就迎刃而解，保险公司自身经营也不会出现大问题，进入一个健康持续发展的局面。另一方面，资管新规也倒逼保险公司负债端不断地改善，以形成整体以及整个行业资产负债的平衡和正匹配。

打破刚兑，清理表外业务

李迅雷*

资管新规出台，一是为了打破刚兑，过去资产规模为什么会增长如此之迅猛，一是大量保收益类产品和固收类产品使资产规模迅速膨胀。二是为了清理带有制度套利性质的表外业务，使得资产管理产品更加公开透明，便于监管，这是我对资管新规的理解。

中国证券公司和西方投资银行相比有明显差异，首先客户保证金都采取第三方存管方式，存在银行里；基金资产也是大部分被托管在银行里，券商除了提供股票买卖的通道业务外，更多的业务需要通过专业知识和专业管理技能来获取收益。券商资产管理业务，不管在资管新规出台前还是出台后，主要靠专业技术和经验开展。过去券商资管规模迅速膨胀，主要得益于通道业务。资管新规迫使券商资产管理业务转型，更加注重产品创新，产品满足客户的多种需求。

尽管资管新规细则还没有明确，但是券商资管转型早已开始，券商必须要迎接挑战。同时，机遇依然存在，因为社会财富管理需求仍然非常巨大，中国居民家庭资产估计有 150 多万亿，这么庞大的资产总有理财需求。这个市场非常大，关键要如何去做。

可以从两方面着手：一方面作为投资银行要做得更加专业，另外一方面希望监管部门给予产品创新更大的空间。例如香港市场，投资者对

---

* 李迅雷，时任中泰证券首席经济学家。

高息票据等场外衍生品需求很大，因为客户有不同投资需求和不同风险偏好，所以一方面券商资管通过自身努力做得更加合规和规范，另一方面希望监管部门能给予产品创新更大发展空间。我们对未来资管业务还是充满信心，但券商更大的发展空间在于跟银行、保险、信托等其他金融机构合作，与各种理财机构进行合作，只有这样，才能把财富管理市场能够做得更加规范，做得更大。

资管新规实施应把握好度

王　军*

资管新规已经公布，对于业内和市场的冲击将会很大，影响也将很长远，特别是对于占比超过20%的银行资管而言，面对的压力是巨大的。相比其他行业，如信托、券商、基金、保险等，很多银行，特别是中小银行，其自身的财富管理能力其实是非常有限的，难以满足高净值客户全方位配置资产、管理风险和追求稳定回报的需求。

资管新规实施后，将对银行负债端和资产端产生较大影响。简单地说，商业银行将既发愁没有钱，也发愁没有好资产，同时面临“钱荒”和“资产荒”。

首先，对负债端，也就是理财资金端的影响。从客群来看，同业理财占比将下降，零售理财压力增加。近三年，在经济下行的大背景下，一般存款和个人理财刚需旺盛，同业负债成了银行主动负债的重要抓手，表内表外的同业存单和同业理财规模急速扩张，构成了“循环派生流动性”的闭环结构。对股份制和城市商业银行而言，同业理财是银行资管扩张的重要资金来源，伴随着监管趋严和资金成本的过快上涨，银行为节约净资本占用，同业理财配置占比或将有所下降。

资管新规所要求的“净值管理”，将加大收益率的波动性，风险厌恶型投资者有可能转到更低风险的资产，银行需要及时推出具有竞争力

---

*　王军，时任中原银行首席经济学家、中国国际经济交流中心学术委员会委员。

的现金管理类产品以便做好中小客户承接。而新规对于“高净值客户门槛”和“合格投资者要求”的进一步明确，意味着银行高端理财门槛将提高，这对国有银行和股份制影响较小，对私银客户户均资产在标准水平上下的城商行有一定影响。

整体而言，同业理财在银行中配置占比将有所下降，零售客户理财将面临较大压力。城商行和农商行客户风险承受能力较低，受“刚性兑付预期”影响较大，高净值客户认定条件整体趋严，影响相对较小。

从规模来看，短期理财规模增速将放缓。新规将对银行的理财规模造成一定冲击，但短期内影响较小。表外理财因受到各方监管的限制，其规模增速或将大幅放缓，将对银行中收产生一定压力。由于客户需求和存款压力持续存在，中小银行仍有做大理财规模的动力。相对于股份行和城商行，新规对主动投资管理和营销能力较强的大银行影响较小。此外，由于新规落地会有一定的缓冲期，其影响是逐步释放的，理财规模短期不会有明显下降。但长期来看，整个资管行业规模的萎缩无法避免。随着金融逐渐回归服务实体经济的本源，原来与本源无关的业务，如通道、表外、委贷等等，未来都难以存在。

从产品来看，将更加强调理财的整体收益。新规规定“封闭式资管产品期限不得低于 90 天，非标资产终止日不得晚于封闭式资管产品到期日或者开放式资管产品的最近一次开放日”，这意味着银行将不再有三个月以内的封闭式理财产品，短期理财承接的高收益率产品将逐步减少，理财产品期限拉长将进一步提升银行理财的整体收益要求。另外，银行理财投资者的风险偏好短期内不会发生明显变化，打破刚性兑付后，定期存款、结构性存款、现金管理类理财、货币基金等将成为低风险银行理财的替代品。预计未来存款短期内将部分回流，现金管理类产品或将受益，总体负债成本有所下降。

其次，对银行资产端的影响。一是非标转标将提速。资管新规中，期限错配限制和通道嵌套限制对银行理财投资非标资产影响较大，“非标转标”将成为银行的重要发力方向，也是资管净值化管理的关键。预计未来部分非标需求会转向标准资产：如债券投资、ABS、银登转标、表内贷款等，其中，资产证券化是非标转标的主要合规手段，可以改善资产负债结构，提高资金周转效率，也是银行通过“非标转标”实现非标出表的主要渠道。

二是多元化资产配置能力将全面提升。我国商业银行的资管业务大多以固定收益类资产占据主导地位，标准化产品占比逐年提升，权益类资产和另类资产占比较低，全球化资产配置未受到充分重视，导致资管产品同质化现象严重。国有大行理财经营稳健，且资金规模大，海外研发能力较强，未来将在境内外资产及股票等多元资产配置上发力；股份行非标占比较高，涉及股票的理财产品研发能力较强，预计是未来股票委外的重要资金来源；城商行和农商行债券、收益权占比较高，因客户对低风险资产需求量较大，预计更多债券会向收益类（尤其是资产证券化）资产倾斜，以满足稳健与收益需求，另外，顺应净值化管理趋势，将适度增加权益类投资。

三是权益类资产将更受欢迎。打破刚性兑付意味着无风险收益转为有风险收益，所有产品净值化管理，一方面投资的底层资产更加透明化，可以及时反映收益与风险；另一方面发行机构不能超额留存，管理费以外的收益全部归投资者。实质强调了充分的信息披露和客户风险承受能力与投资标的相匹配，强化“合适的产品卖给合适的投资者”理念，长期来看，股权股票类产品、海外资产配置、标准化固定收益类产品将更受到关注。

四是金融科技将助力大类资产配置。“净值管理”将逐步转变客户理财思维，个性化、差异化的资产配置需求特征日益显著，这将成为银行大类资产配置的根本出发点和核心依据。为有效实施大类资产差异化投资策略，未来商业银行的资产管理业务或将成为客户资金与优质大类资产投资工具的桥梁，通过分散化、集约化、专业化主动管理，采用FOF、MOM等资管投资模式，整合理财业务和基金、保险产品等代销服务，拓展资管产品投资的风险收益边界，锁定投资组合整体风险。特别是随着金融科技的深入应用，资管产品大类资产配置和管理的智能化将全面提升银行资管行业的运行效率。建设以大类资产配置为特色，风险管理能力突出的开放式产品平台，将有助于为客户的资产保值、增值提供产品支持。

第三，在宏观上，资管新规的落地，对于整个金融业和实体经济已经并将继续产生巨大影响，有可能导致企业融资成本的上升和风险暴露的加快。资管新规的实施意味着去杠杆逐渐从金融领域向实体领域延伸，倒逼实体经济去杠杆。随着资管新规出台和资管规模的收缩，将在一定程度上导致信用创造能力的收缩，这时，即便基础货币的放松也很难改变整个金融体系信用创造能力的急剧收缩。随着金融体系信用创造能力的下降，企业融资难、融资贵的感受比以往更深，在 2018 年变得更突出。当然，紧信用是降杠杆的前提。但是其副作用就是流动性紧张、市场利率上升和实体经济融资的紧张和成本的上升，以及信用风险的集中暴露，这实际上是实体经济去杠杆的结果，也是必须要承担的成本。在当前复杂的内外部环境下，去杠杆叠加严监管，使得这些问题变得更加突出。作为决策者和监管者，需要做的是尽可能平衡其中的风险，平衡去杠杆、调结构与稳增长之间的平衡。

当前，在内有经济下行压力和信用风险暴露、外有贸易摩擦的大背景下，监管政策除了要强调政策的连续性与稳定性，还需注重政策的灵活性、前瞻性和协同性，避免政策过于简单粗暴，以及多重政策之间的矛盾和冲突。打赢防范化解金融风险的攻坚战，应对复杂的内外部冲击，需要研究和掌握好各项政策的力度、节奏，把握政策尺度，注重宏观经济政策与监管政策的协调配合，防止众多紧缩政策叠加造成资金面的紧张，流动性风险的加剧，甚至市场信心的崩溃。

自 2018 年 4 月底监管新规出台以来，外部风险的不断聚集，宏观经济稳中有变，变中有忧，保持内部稳定的重要性提升，政策上不应再主动释放风险，资管新规的落实应当格外谨慎，在过渡期内可以先让大家稍微喘上一口气，别一下子给憋死了。2018 年下半年以来，股汇双杀加上中美贸易冲突，已经在国内金融市场引起极大恐慌，股灾再次上演。如果再叠加监管的过度严厉，恐怕将主动引爆一场不大不小的金融危机。决策者一定要充分考量我们所面临的前所未有的复杂局面，对去杠杆、严监管政策出台的力度和节奏适时作出调整，分清轻重缓急，有序去杠杆，有序打破刚兑，不可操之过急，谨防货币金融冲击超出当下我们自身的风险管控能力。要充分考虑当前经济金融基本面的变化，统筹兼顾防风险、严监管和稳增长、调结构的关系，充分考虑银行及资管机构业务调整的难度，尽可能减小对资本市场和民营、中小企业的冲击，避免因为化解风险而产生的风险。

在当前股汇双杀的恐怖氛围中，一定要避免让我们的 A 股市场永无止境地成为财富的毁灭器、中产的绞肉机和韭菜们的收割机，避免让二级市场投资者看不见未来，丧失了信心。决策层要真正地关心、了解和呵护这个市场，加强与市场的沟通，倾听市场的呼声，无论是我们的转型升级、创新驱动、结构调整还是直接融资发展、财富管理、独角兽的回归，都需要它发挥重要的作用。改变市场的颓势，我想光靠管理层和媒体喊话是远远不够的，不然还要改革和制度建设干什么，还是要直面真的问题，拿出改革的勇气和拯救市场的专业态度。

数字化趋势下的资管市场应合理引导竞争

David Pinheiro*

在阐述我对中国最近资产管理变化的看法之前，我想先介绍欧洲市场，尤其是欧盟的变化情况，或许能为后续讨论增加一些新视角。

欧盟执行的 MiFID II（欧盟金融工具市场指导）已发展到第二个版本，被这一系列法规监管的对象包括欧洲的资产管理公司、银行、保险公司。MiFID II 有两大目的，一是希望提升对投资者，即小型零售投资者的保护，二是希望提升透明度。

第一个目的有两个角度：一个是监管方希望避免投资者购买不合适的产品，或是不符合自己风险偏好的产品；另一方面也是避免公司或者银行积极瞄准这类投资者，或是向投资者销售不适合的产品。

另一个目的着眼于成本方面。有时，投资者购买的金融产品会有隐藏的成本和费用，欧盟的监管方希望结束这种局面，希望所有成本透明，投资者在投资前即知道需要支付的费用。

银行必须根据每位客户的金融知识、经验、风险偏好，和目标市场来进行分类，工作量大且成本高，要获得客户的上述信息也非常困难。除此之外，所有金融产品推出前都要明确定义目标市场。另外，还有银行需要提供给客户的信息、财报的信息，以及非常多形式上的要求。这对银行带来的直接影响是什么？银行收入面临压力，透明度要求提升

---

* David Pinheiro，时任瑞士千禧银行首席执行投资官。

了，固定成本增加了，因为银行需要执行所有这些相应的要求，所以需要向客户收集如此多的信息。现在银行的做法是，加大在 IT 和数字化方面的投资。在欧洲资产管理市场，数字化是大趋势。

最后谈谈整个行业在欧洲受到的波及或者影响。对银行来说，固定成本增加了，营收减少了。大型公司更容易符合监管要求，但对小规模的公司来说相对困难。因为和大型公司相比，小公司固定成本更多，进而行业中有越来越多的兼并和整合出现。市场参与者数量减少，就意味着竞争减少。我相信竞争是非常好的，竞争程度越充分，创新就越多。上述监管要求带来的间接影响就是竞争减少，因此也降低了创新。

总结起来说，监管方都希望着力解决迫在眉睫的问题，但解决问题的过程通常会造成更多问题，欧洲的监管方现在需要着重解决大型资管公司所面临的竞争减少的问题。

对 话

蔡红军*：这次资管新规出台主要目的是统一对金融机构的监管。今天非常荣幸邀请到的发言嘉宾涉及国内主要金融机构、保险和银行。首先想问万峰董事长，这次资管新规出台，看来对保险行业影响相对较小，刚才您认为保险面临最大挑战是短期负债和长期资产错配问题，带来流动性挑战。虽然对保险行业影响最小，但是，带来机会应该最大，您认为资管新规给保险行业带来哪些机会？保险行业将处于更有利竞争态势吗？

万峰：不能说资管新规出台对保险行业有利，对银行、证券系统影响相对较小。我认为资管新规目前对银行业影响相对较小，最有力的一点是将整个资产管理的规则在全行业进行统一。以前资产管理规则不统一，银行、保险、证券三家都有资管业务，当资管业务出现跨界，在不同平台上的不同资管业务确实产生不同问题。这次统一将资管新规定位于面向整个金融行业，这是最重大的变革。

第二个方面的影响是政策制定者和执行者的分离。国务院在此次银监会和保监会合并中有一个最重要的决定——重大监管政策制定权上交央行，这将解决过去既制定政策又负责监管的问题。今后重大监管政策由央行制定，银保监会将是执行机构，政策制定者和执行者分离，这对规范市场健康发展非常有利。

蔡红军：谢谢万董事长，一针见血，讲得非常清楚而且明确。迅雷兄刚才说过去几年中国理财市场发展非常快，但是大多数资产被商业银行拿走。在资管新规下，大家将在一个平台上竞争，同时市场还在不断地放开，在今年的博鳌亚洲论坛上，习近平总书记说将进一步放宽，瑞

---

* 蔡红军，时任瑞银集团董事总经理、执行副主席、大中华区主席。

银拿到 51%国内公司的控股权，各大商业银行都有自己的公司，迅雷兄认为产品方面要放开，市场要有进一步的空间，要让更多证券公司从事理财业务。你觉得市场进一步放开，市场准备好了吗？中国独立的证券公司和其他商业银行下面的证券公司相比，有更大的优势吗？

李迅雷：因为您是来自国外投行的。对外开放方面，首先要有良好的心态看待对外资开放，各行各业竞争应该是公平竞争，尽量不要预设门槛，不管你是国内的还是来自海外的。我个人感受认为，我国金融开放速度并不快，而是太慢。过去十多年来，QIFF 在我国资本市场上的占比上升很慢，迄今规模还是非常小；外资投行在中国所获业务收入在整个投行收入当中占比还是比较小。所以，资本市场开放是没有问题。

国内投行是不是准备好呢？我认为，这些年，国内券商通过不断融资，总资产规模非常大了，与国际大型投行相比，差距正在逐步缩小，而且市场化程度也逐步提高。因此，应该欢迎更多外资及外资机构进入中国资本市场。同时，外资进入既有竞争又有合作。我本人曾经开展过 QIFF 服务业务，但发现这项卖方研究服务一直很难开展，远不如国内公募基金服务效益显著。这说明市场开放度还是远远不够，这样的“不够”会导致什么问题呢？导致 A 股市场价值投资理念迟迟不能普及。但是这几年随着保险资管等国内机构投资者比重上升，随着沪深港通开展，北上资金与南下资金不断融入当地市场，使得价值投资理念能够进一步深入人心。

展望未来，券商不管是否准备好，还是没有准备好，国内券商整合已经非常明显，前十大券商所拥有市场份额在不断提高，这与美国、欧洲投行发展路径非常类似。如果外资进入后，就看谁能够胜出。

我认为未来资本市场不可能有那么多券商同时有饭吃，肯定会有相当一批券商被淘汰出局，除头部券商以外，还有一些券商可以发挥某些专业领域优势。未来券商业务收入还是会慢慢集中在前十大全牌照、综合类券商手中。

既然对外开放度提高，在资管新规下，最大问题就在于产品创新和交易等方面的管制，尽管国内资金量巨大，但非标不能做，保本理财也不能做，那我们还能做什么呢？所以资本市场是缺产品，并不是缺资金。既然缺产品，希望产品创新和交易放开上迈的步伐能够更大，与全球资本市场游戏规则基本相似。中国 M2 余额已经超过美国加上欧盟之和，但是资本市场规模和金融产品种类还是偏小、偏少。因此，资本市场应该双向开放，中国券商在外部竞争压力的同时，也应该获得更多的业务发展渠道。

蔡红军：王军先生刚才解读资管新规非常诚恳，明确指出挑战和压力。资管新规对商业银行冲击相对较大，各位发言嘉宾也给予认可。这次出台的是指导性意见，鉴于国际国内市场发生巨大变化，您认为新规出台后会给商业银行带来什么机会？

王军：资管新规实质上从原来的重视资金流向，转变为同时更为强调资金来源监管。因此，银行一方面要转变思路主动适应监管趋势；另一方面要回归商业本源，服务实体经济，实现价值创造，真正给客户带来价值。那么，怎么在负债端和资产端同时为客户创造价值呢？具体有五个建议。

一是在资产端积极对接我国产业转型升级、一带一路、自贸区战略下国家重点领域和重大工程建设、科技创新和战略性新兴产业，主动与相关产业基金（产业园区）合作，通过资管产品支持经济结构转型和降低企业杠杆率。

二是探索金融市场业务与投行业务的联合发展模式，这对于深耕客户经营，拓展资金来源尤为重要。而资产证券化对于低风险资本耗用有着显著优势，除信贷资产证券化外，收益权资产证券化（物业费、学费、基础设施收费等）将越来越受到重视，2018 年资产证券化业务的快速发展就是一个很好的佐证。

三是关注科技型企业和抗周期行业（如教育、医疗等），加大并购、投贷联动等资金运用方式为股权类资产管理业务的比重。一方面防止资金错配带来的流动性风险；另一方面更多地对接标准化债权资产、权益类资产，摆脱影子银行色彩。此外，供给侧结构性改革带来了新一轮的并购热潮，创新金融顾问服务能力，尤其是并购金融服务及企业上市金融顾问服务，将有助于提升银行的中收利润贡献率。

四是重视高净值客户的定制化、个性化财富管理需求，满足其财富传承、生命周期风险管理、境内外资产配置、健康和教育咨询等综合需求。个人高净值客户一定是大家争抢的重点。据一些机构统计，高净值人群数量增长很快，全社会可用于投资的金融资产约 160 万亿—170 万亿的规模，但是专业化管理所占份额较低，只占三分之一左右，三分之二还是由个人自己投资，并没有委托专业机构。所以，不管券商、保险还是银行都有机会，高净值人群未来将是一个争夺的市场，要满足他们财富传承、风险管理、全球范围资产配置等各种需求，理财产品也要注重资产的可交易性，增加货币基金开放式产品投放，与各种宝宝类产品形成互补。预计未来几年，高净值客户将成为各大银行争夺的重点，如果深耕此类业务，一定有很多机会。

五是有条件的商业银行逐步申请设立专业化的资管子公司将是未来资管业务转型的一个大方向。无论当前是具备公募基金托管资质的，还是暂时不具备的银行，这都是一个方向，目前已有几家银行行动起来。设立资产管理子公司或理财子公司至少有三方面意义：一是有助于在资管业务和银行其他主营业务之间建立起有效的风险隔离；二是有助于引入市场化机制，提升专业化资产管理能力，推动产品创新，提升在全球范围内服务客户的多元化资产配置能力；三是有助于未来引入战略投资者，在理财子公司这个层面实施混合所有制改革，进而深化金融体制改革。对于商业银行特别是中小银行来说，投研基础薄弱，人才匮乏一直是一个较为普遍的现象。因此，提升资管业务的专业化水平，应着重培养专业化、职业化的团队，提高产品研发、客户营销、投资服务、风险管控、风险定价、市场研究等方面的综合能力，打造资管业务发展的核心竞争力。

蔡红军：下面有请问千里迢迢赶来的两位嘉宾，一个是与在中国当老板工作感觉如何？第二个问题是，您或者您同事对当前中国的财富管理市场是怎么看的？

David Pinheiro：首先回答第二个问题，我从外部观察者视角，谈谈中国监管变化的想法。从政策制定者或者监管者的角度来说，有三个目标。

一是继续控制杠杆，这也是过去几十年中国的重点。贷款的增速相比收入要快很多，但是不能永远持续这样。监管者也了解这一点，所以他们希望让杠杆率停留在一个更可持续的程度上。财富管理市场的杠杆率更模糊，所以更加需要如此监管。

二是他们希望能够解决一个道德危机——希望投资者知晓收益和风险是有关联的，不可能投资到一个高收益、无风险的产品。这就是为什么他们在减少无节制的保证，希望市场可以更加透明。资产管理产品，应该是更加适应市场，更类似于共同基金。所有的这些监管政策都是很正面的，都在正确的方向上。这些政策也开启了一扇大门，可以让更多的资产管理公司加入其中，如果有更多资产管理公司参与竞争，可以更多帮助中国金融市场改善资产配置的流程。

虽然我很赞同监管发展的方向，但我也有担忧。一位发言嘉宾之前提到，很多投资者都会认为购买产品是无风险的，他们没有准备好在出现亏损的情况下自行承担损失。如果这个理财产品出现投资者预期外的亏损，除了在资产上的负面影响，也会对投资者有心理上的负面影响，进而对整个体系失去信心。举个例子，2015 年有一些并不是很合格的投资者投身股市的泡沫，泡沫破灭时，很多投资者都感觉损失非常大。我觉得当前经济可能和 2015 年的形势还不太一样，现在经济形势要好得多，但是考虑到美国的贸易关税问题，经济发展，尤其是出口层面面临很大压力。从政策制定者的角度来说，参与到这样监管的变革中，要小心速度。如果操之过急，可能对经济造成负面的影响。

我对监管的整体方向是同意的，我只是担心当前的实施速度有点操之过快，如果那些预期不会亏损的初级投资者遭遇过大的损失，可能会造成一些问题。

下面回答第一个问题，这是个学习的过程，我们与新的老板和股东的合作还是很满意的。他们也给我们开启了更多的机遇，我们现在准备在日内瓦开办一个中国业务办公室，是一个离岸平台，并不在中国市场上直接竞争。他们对目前的管理模式很满意，也希望给我们带来一些新的机遇，这对我们来说是一件好事。

蔡红军：在座有没有什么问题？

提问：我来自青岛西海岸新区，请问王军老师两个问题。目前，国家整体调控金融环境，实施5000亿定向降准，金融资本要落在实体经济上。我们公司现主营股权和债权两方面，此时，如何选择合适的投资项目？第二个问题，我们目前有一个投资的项目公司本月要在香港上市，这个时间段国家允许外资以美元方式进入我国境内，我们现在是需要大胆尝试跟外资接触呢，还是先观望一下运作模式。

王军：现在中国开放步伐前所未有地加快，对于很多中小企业或者转型升级企业是非常好的机会，通过引入外资或引入战略投资者，一方面有效利用外资股东资源和技术，甚至包括市场机会；另一方面也能够在很多方面提升技术水平、管理能力，这对于很多企业是一个新的重大机会。

蔡红军：最后一个问题。

提问：请问万董事长，监管新规出台后，在严监管的环境下，保险行业有无渠道或何种方式，与银行、券商、投资人进行融合，如何更好防范金融风险，保护投资者利益？

万峰：保险本质是经济补偿，保险具体业务涉及生、老、病、死、残五大类风险管理和风险处置。这其中也包括理财，但是我个人认为理财不是保险主业，给客户提供风险保障才是主业。过去，保险行业之所以乱象丛生在于保险产品与银行和基金等理财产品融合过度，但行业监管却只用保险监管手段处理，而这些理财产品已经跨界到基金或银行领域。监管缺失是造成过去这种乱象的主要原因。保险产品和银行、证券、基金等理财产品结合，首先要解决监管部门如何监管跨界经营的问题，这样才能保证保险产品发行或销售后，不会引发风险。否则表面看规模巨大，但潜在风险更大。

蔡红军：总结一下今天上午的讨论，前途光明，道路曲折，市场千变万化、无法预测。但是，资管市场和财富市场发展不可逆转。中国经济在今后数年还会稳健发展，这将带来资产管理以及个人财富管理市场的巨大机会，同时也面临挑战，只有不断迎接新挑战，才能够不断收到硕果，从现在做起，从每个人自己做起，从每个人工作职责做起。

第七章
资管与财富增长

资管新规促使资管行业步入了统一监管新时代，也开启了未来10到20年财富管理行业的全新格局。新的监管标准将对各类资产管理机构带来巨大挑战。长期来看，新政将促进资管业务健康发展，有效防控金融风险。但随着原有政策红利逐渐消失，禁止通道服务、打破刚性兑付、实行净值化管理等新的要求，可能会带来理财规模缩小等不确定性后果，短期内可能给行业带来冲击，并加剧行业分化。如何主动适应监管要求、及时调整现有业务，减小新政带来的冲击，探索发展新规鼓励支持且公司有比较优势的业务，从而在行业洗牌中脱颖而出，将成为资管机构的重要任务。

财产性收入增长有赖于高效安全的金融资管

杨再平*

首先，分享一个既理论又实际的观点。随着经济发展，人们财富积累越来越多，用政治经济学语言表述，过去劳动参与财富创造的比重会越来越大。按照马克思劳动价值论，一个产品的价值由三部分构成：C+V+M，随着技术进步，资本有机构成越来越高，即 C 的比重会越来越大，V 的比重会越来越小。尤其是人工智能，我们看到这个趋势，可能以后某些领域 V 的比重会接近于零。这样，参加财富创造的 C 会越来越多。

这意味着什么呢？就是人们积累的财富，即过去的劳动，参与财富创造会越来越多，或者发挥的作用会越来越重要。这提出一个问题，怎么样让积累的财富产生更多的财富？或者让钱生出更多的钱？也就是财产性收入最大化。这个课题已经提到我们面前。这也是为什么党和政府官方文件，从十七大就提出要增加人们的财产性收入。

从统计数据看，我国的人均 GDP 按照世界银行划分标准已经达到中等偏上水平，人均接近 9000 美元。由于我国是高储蓄率国家，所以，人们积累和储蓄相对来说较多。老百姓的储蓄，过去称为城乡居民储蓄余额，现在称为城乡住户储蓄余额，应该超过人民币 60 万亿，人均人民币 3 万多元。按照各种报告数据，我国高净值人群数接近 200 万人，

---

* 杨再平，时任亚洲金融合作协会秘书长。

高净值人群可用于投资资产就是积累财富，超过人民币 65 万亿元。怎样用好这些积累的财富，使其保值增值，产生更多财富呢？这关系中国经济进一步发展。因为，积累的财富所占比重越来越多，财富拥有者越来越多，积累的财富能不能保值增值，与越来越多的人利益攸关，至关重要。

如何让积累的财富，或者积累的劳动、过去的劳动最大限度地创造财富呢？这与我们金融资产管理有关。积累财富的运用，一般并不是财富拥有者直接运用，需要依赖金融体系，依赖金融工具或者金融产品，金融机构设计出若干对应财富拥有者的金融资产产品或者工具。这些东西，被称为虚拟经济。金融资产是虚拟的，是实际资本纸质的复本。但是要把它创造出来，并不那么简单。一旦有一个新的恰到好处的金融资产工具出现，其对财富增长，对实体经济增长，都是相当重要的。这就提出资产管理的问题，同时也表明资产管理或者财富管理为什么如此重要。

那么怎样的资产管理才能够最大限度地让积累的财富产生更多财富，或者让手中积累的资金产生更多的资金呢？我谈以下几点想法：

第一，资产管理要最大限度撮合积累的财富和实体经济的发展，即资金拥有方和资金使用方撮合起来。但是怎么样撮合呢？过去，我们不足的就是缺乏多样性，金融体系只愿去撮合风险偏好比较低的人群或者他们的资金，相应的就只能够满足风险比较低的项目或者企业。所以，首先要在风险多样性方面进行撮合。例如，有些项目风险比较高，成功概率低，但是一旦成功会极大增加社会财富，尤其一些高科技项目，风险高，收益也高。有些人风险偏好高，他有这个能力和资金实力，就可以将这部分人通过金融工具、金融产品，将他们积累的资金与高风险项目撮合到一起。还有一个多样性是指期限的多样性，有的很短，有的很长。这是期限维度的多样性。第三个维度的多样性，就体现在价格的多样性。当然，期限不一样，风险不一样，价格也应该不一样。所以，撮合需要多样性。

其二，金融资产产品如何才能最大限度将已经积累的财富吸引过来呢？闲置、分散的资金怎样才能最大限度地吸引集中起来呢？这就要求金融资产产品要有足够而持续的吸引力。金融资产产品如何才有足够而持续的吸引力呢？需要三位一体，即要有足够的收益性、流动性和安全性。一个资管产品如果不具备这“三性”，或者一方面有欠缺，对于投资者就不具有足够而持续的吸引力。这就是我们的开发者在销售一个资管产品时需要考虑的。

其三，怎么做到收益性、流动性、安全性高度统一呢？要回归本源，回归并依赖实体经济。实体经济如何才能最有效的运用积累的财富呢？这有三点：一是把积累的资金最大限度引入实体经济，就是要回归实体。二是精准、精巧地引入实体经济。就是“好雨知时节，当春乃发生。随风潜入夜，润物细无声。”在恰当的时候，把恰当的钱融给恰当的人，引入恰当的实体经济项目。当然还需要精巧设计，这个难度比较大。三是要管控风险。资金方融给需要方资金是有条件的，要遵守信用的基本规律，即信任性、偿还性、回报性，就是硬信贷约束。如果资金出去可以不还，虽然引入实体经济，其对财富不仅不会做加法，而且只会做减法。

总之，归根到底，怎么让积累的财富产生更多的财富，最有效、最大限度以财生财，以钱生钱，有赖于高效而安全的金融资产管理。

监管必须跟上金融创新步伐

华而诚*

资管新规出台，对从事资产管理业务的金融机构，还有投资者，都会产生巨大的影响。因为我们必须在新规规范下开展资产管理业务，投资者也一样，他们也要在资产新规之下做出投资决定。

资管新规出台的背景和主要内容是什么呢？对银行有什么实质性影响呢？业界怎么迎接这些挑战？不仅仅银行面临挑战，同时，资管新规对投资者和监管部门有什么挑战呢？

资管新规出台背景是什么？银行业至少在10年前就意识到，利率市场化会导致金融非中介化、银行传统信贷业务利差收窄，因此必须要发展中间业务，要有紧迫感。银行业纷纷开始以综合性或混业经营方式争取中间收入，提高竞争力，为客户提供全方位金融服务。这促进金融业彼此融合及创新；银行与信托公司、基金管理公司等非银金融机构以合作、互利、共赢思维来更好满足客户金融需求，特别提供了未能从传统银行取得资金的中小微及民营企业客户的融资需求。同时，也更好满足客户资产端的投资需求，因此，包括货币市场基金在内的理财产品近年来快速增长：2014年增长30%，2015年增长46%，2016年增长24%。2016年底理财产品余额接近30万亿元。

理财产品收益由市场决定，在银行利率仍未完全市场化的情况下，

---

* 华而诚，时任包商银行首席经济学家，世界银行原驻华首席经济学家。

要大于传统银行存款利率。因此，居民储蓄存款一部分流入理财产品，提高基本工资收入之外所谓的财产性收入。财产性收入增加有助于提高消费，助力中国经济结构从投资向消费的重要转型，消费现在成为拉动经济总需求的主要动力。理财产品的利率是市场决定，因此指引银行利率市场化改革。

因为金融创新自然不在既有金融监管活动之内，金融业的融合及创新产生了监管之外所谓的影子银行业务。资产管理业务创新跨越不同的金融市场，对金融监管提出更高要求。因此，监管要能及时跟上金融创新步伐，从宏观审慎管理角度，杜绝可能伴随创新产生的潜在系统性金融风险。因此，监管当局需要出台相应指导意见，统一监管标准和规范，以规范市场发展。这是资管新规出台的背景。

其次，资管新规主要内容是什么？建立规范，防范金融风险，弥补监管短板。同时推动金融业务实发展，不脱实向虚，消除金融空转，回归金融服务实体经济的本源，促进市场业务规范性发展。理财产品则要打破刚性兑付预期收益率。因为刚性兑付表示投资风险由提供金融产品的金融机构承担，增加金融机构潜在风险。同时，投资者不承担投资风险，就没有风险概念，不利于市场风险溢价的形成，扭曲金融资产价格，降低金融资源使用效率。

再次，对商业银行有什么挑战呢？理财产品要打破银行刚性兑付需要银行理财走向标准化及净值化转型。在转型期间，银行以结构性存款取代刚性兑付理财产品以满足部分客户对保本理财的偏爱。就银行走向资产管理的大势而言，应该遵循什么样的资产管理发展策略呢？未来中国将以扩大金融市场对外开放推动金融改革及发展。外资将更多参与中国金融市场，提供金融服务。发达国家金融机构早已开始从传统拉存款、放贷款融资业务转向代客户做好存量资产管理的融智业务。随着中国经济结构不断向高质量消费升级，储蓄率将呈逐渐下降之势，金融机构应顺实体经济转型之势，加速向资产管理转型，提高市场竞争力。当前理财产品都是以国内资产为主，多半是债券类产品，权益类产品较少。因此，要加速结合海外成熟市场发展经验，提高标准化债权资产和收益类资产及国内外金融市场研发能力，提供更丰富的产品满足人民收入不断提高后对财富管理提出的新需求。

同时，金融机构要切实履行好卖者有责，做好设计，尽职调查，以融智帮助投资者提高资产管理水平。对客户做好产品适度销售的评估，按照客户风险偏好设计适合他们的投资产品。

从商业银行发展角度来讲，资产管理相关业务拓展了中间业务的收入，为商业银行实行经营风险整体控制和经营领域的全面发展提供了一个新的思路支持，这是很大的机遇，也是挑战。

另外，资管新规对投资者和监管者挑战有哪些呢？作为投资理财者要理解，不能再依赖刚性兑付得到收益率，需要承担投资风险，因此要平衡好风险跟收益的关系。理财产品打破刚性兑付以后，犹如股票投资一般，成为扎实的直接金融业态，助力中国金融完成从间接金融到直接金融转型的重大金融改革目标。

监管部门面临的挑战有什么呢？综合混业经营的金融融合和创新，是中国金融发展的大方向。因此，监管必须跟上金融创新步伐，抑制可能伴随的金融乱象，探寻可能产生的“系统性”金融风险。按照美国金融监管部门的分析，2008 年金融危机发生的一个主要原因是监管未能赶上创新步伐。

当然，监管也不应过于严格，而超越创新的边界；“后来居上”式的出台面面俱到的金融监管法规将抑制金融创新及发展。2017 年的严监管部分反映于 2017 年理财产品增速 2.0%，近乎停滞增长。影子银行通道的严堵，助长民营及小微企业融资难、融资贵问题。

资管新规给予金融机构到 2020 年一个相对较长的磨合期，以提高市场自我修复能力。同时，一行两会实行统一混业监管，让中国金融机构监管不再“五龙治水”。监管跟上金融机构融合创新步伐，将助力金融创新。

指数投资成为新选择

姚余栋[*]

刚刚大家讲述了一个财富管理状态，而且是一个精彩的政策解读。我将具体说明投资什么，标的很重要，因此，隆重推荐“中国漂亮100”。中国很快进入超老龄社会，个人资产配置需求正在增长，未来将通过智能投顾或者个人配置来实现，养老保险已经开始试点，所以有长线资金，“不尽长钱滚滚来”。

那么配置什么呢？我认为投资要学靖哥哥，不要学杨康。在《射雕英雄传》中，杨康四处寻找《九阴真经》还是中毒身亡，靖哥哥没有四处寻找，最后却学会了。有时候是不是要主动呢？大家真不知道 β 怎么出现，β 出现有不确定性，特别主动往往赶不上 β 的趋势，太聪明不行。但是，你不聪明也不行，这里需要一个折中，就是主动、被动、智能的策略比较好。

在股市上，个人投资者频繁交易，每年七成亏损。早知今日何必当初，个人投资者何必如此频繁交易呢？所以，一个策略就是 Smart β，因为人性无法止损，自己选择的股票一般要做大量个人研究投入，带有个人情感因素。当股价不行很难割肉，大部分人做不到。所以个人配置策略要有主动的被动，需要厚道一点，学学郭靖。

其次，要考虑成本因素。长期配置成本尽量低一点，例如养老配置

* 姚余栋，时任大成基金副总经理兼首席经济学家，中国人民银行金融研究所前所长。

一般 20 到 30 年，要防止最后收益不如成本。所以，成本与指数两方面都要考量。被动投资策略正在逐渐成为一种趋势，例如美国，被动投资以前只占 3%，现在上升到 5%。国内指数顶多 10%左右，远远没有达到 30%，三分天下。此外，美国基金业市场费率比较低，目前我国 ETF 在千分之七左右，他们只有千分之二到千分之三左右，相对低一些。

第三，金融市场有人挣钱就有人亏钱，往往散户拼不过机构。所以资管新规出台后，很多银行设立子公司，机构投资者增多后，个人投资者一定小心，一般情况下个人投资者拼不过机构投资者。所以，这种情况下往往被动更好。资本市场演化趋势是机构投资者逐渐增多，同时费率适当降低，从国外经验看，指数投资比较好的，也是很重要的一个，占三分之一天下。

另外，未来指数投资很重要，投什么指数呢？是沪深 300，还是 A 股呢？我们反复研究觉得“漂亮 100”比较靠谱。为什么？回顾历史，美国在 1973 年推出“漂亮 50”指数，穿越牛市熊市，至今还有投资价值。国内有没有这样一个标的呢？国内有机构提出 A50 指数，表现也相当好。但是 50 只股票是不是能够反映我们的经济形势呢？现在新生行业越来越多了，行业变化多于 20 世纪 70 年代的美国，我个人认为 50 只股票不够，需要 100 只股票，200 则太多，50 却太少，100 更合适。所以，中国社科院推出了“中国漂亮 100”指数，近期表现也不错，也纳入了一些名单。

大成基金在其中做了什么工作呢？大成基金是为整个国内投资者做标的，与 MSCI 联合开发一个指数。MSCI 国内称明晟指数。明晟指数在国内也是重要参考。通过两种指标综合使用，选出“漂亮 100”。从 2004 年到 2008 年，“漂亮 100”指数四年时间年化收益率大概是 8.3%，信息比率是 1%，完全可以打败现在的沪深 300。沪深 300 在同时段的收益率是 6.2%，中证 100 是 5.7%，这个结果相当惊人，我们也惊讶发现“中国漂亮 100”确实能够穿越牛熊，还是有一定的 α。无论是机构投资者还是普通老百姓，可以考虑长期拥有。

所以，个人资产配置，特别是养老资产配置，应该主动的被动，Smart β 。因为投资周期长，退休后才能拿到。考虑两个因素，国内被动指数开始兴起，这将是一个趋势。被动不是完全被动，是做调整，并不是放那儿完全不动，它更多响应未来特别大的养老需求，在这种情况下，指数就很重要。

首先，指数是一个浪潮，指数还有行业指数，宽基指数，比如上证中指，沪深 300，A50。最好的就是 Smart β ，符合人性策略，由此我推荐"中国漂亮 100"，中国经济走向高质量发展，无论外界有什么变化，都能够保持合理增长区间，6.5%的增速没有问题。确实有公司价值又好，还比较便宜，从中间可以挑选出来，所以我们结合 MSCI 指数，打造一个"漂亮 100"，同时社科院发布的"漂亮 100"也相当不错。

在当前市场波动情况下怎么办？首先，要对中国经济有信心，第二要相信自己，不要太主动，需要一个策略，同时考虑成本，也要看到指数基金在中国成长趋势，宽基未必那么好，行业部分关键是 Smart β ，选"中国漂亮 100"就是对中国经济的信心！

把国有资本注入民营企业

熊　焰*

中国企业，尤其是民营企业股权资本来源存在不充分、不充沛的情况。中国有句古话“将本逐利”，你得有本钱才能从事商业去挣钱。从现代经济学逻辑分析，我们所谓的公司是契约组合要素，以盈利为目的的实体行为。要素中最重要的是资本。对中国企业而言，特别对中国民营企业而言，最缺乏的就是股权资本。中国股权资本的缺乏，有它的必然性，有深刻的经济社会原因。首先，现代中国真正进入市场经济形态，有原始资本积累，是近三十几年开始的，改革开放才真正开始有现代意义的原始资本积累，耗时一代人，与西方发达市场经济国家相比几代人、几十代人的积累，中国在这方面存在差距，自身基础不好。

此外，中国的资本转换机制，即长期股权资本形成机制不健全。金融体系的一个社会功能是将储蓄转化为投资，转化为股权投资。目前，我国金融体系80%左右的资本还只能转化为债权资本，没有转化为股权资本。因为转化为股权资本投资，主要靠股市实现，目前中国股市现状，让市场各方都觉得不踏实。因此，中国经济社会先天条件决定，民营企业缺乏股权资本，中国经济体系在长期资本形成机制上并不完善。

如何破解？根据多方观察，业界讨论，目前我国有一座金山，就是国有资本。根据不同的统计口径，中国国有净资本大约50万亿元，比

* 熊焰，时任国富资本董事长、青金所董事长。

储蓄略微少一些，是一个巨大的体量。如果将这种天量国有资本中的一部分转化成股权资本，投入到比国有资本效率更高民营企业市场主体股权结构中，应该是一个非常积极的变化与行为。

现在，这种规划和思考的政治环境和政策环境正在逐步形成，十九大报告、中央金融工作会议都已经明确要做强做大做优国有资本，而不是以前提到的做强做大做优国有企业。由“国有企业”到“国有资本”，一词之差，指向和方向感完全不一样。国有资本是血液，如果固化下来就会变成我们肌体中的血栓，有些大到可以吸收、占用其他器官资源要素，这就是肿瘤。如果流动起来，就是动力来源、活力之源。如果能够推动国有资本的一部分，转变成新兴战略产业的股权资本或优势民营企业的股权资本，将是改变中国经济状态的一股源头活水。

除了中央政策方向逐渐明确外，现在一个重要的外部推动因素就是中美贸易战。过去一两年，包括欧洲等发达国家不承认中国市场经济地位，其中很重要的原因之一是对于中国国有企业担心与质疑。大规模、积极地将相当一部分国有资本转化为优势民营企业的股权资本，既符合做强做大做优国有资本的战略决策，也是中美贸易战斗而不破，相向而行，以开放促改革，从根本上优化中国国有企业的运行效率与质量的战略性举措。

多数行业国有企业资本收益率都低于该行业民营企业收益率。把这些国有企业资本的源头活水注入民营企业中，在大幅度提高民营企业股权资本活力、弹性的同时，提升国有企业国有资本收益，符合做强做大做优国有资本要求，也是以主动开放促进改革，用我们定力、用我们更积极的改革开放应对外面压力的一种战略手段。现实中，已经探索一系列动作。

从以民营为主导的战略新兴产业，民营有明显优势，国企优势不明显的企业为切入口，以股权投资基金为工具，用专业化、金融化的办法，市场化操作，大规模、理直气壮地推动国有资本向优势民营企业进行资本注资。

对于国有资本保值增值问题，只要行动是阳光的，操作是规范的，符合国家发展战略，符合社会发展规律，没有什么可以质疑。当然，相关监管机构的法律法规，包括观念，都要做相应的调整与配套。这样一个趋势，应该说即将到来，而且将对中国国民经济健康成长起到积极的作用。

投资实体经济让财富增值保值

任　劲*

对于资管新规出台和财富保值增值这个话题，我用“困惑”一词形容2018年情绪上的变化。2018年发生了很多变化，包括监管政策收紧、中美之间贸易摩擦、贸易争端和贸易战。回顾中国经济40年的高速增长，背后原因和逻辑是参与国际分工。作为中国最大出口国的美国与中国出现贸易摩擦，背后还有更深层次的原因，那未来我国的成长路径和成长方向，经济发展怎么变化，这是大家可能比较关心的问题。

随着经济增长，社会财富也在不断增加。未来财富保值增值主要靠什么呢？这是社会每个人关心的问题。今天下午，很高兴业内的专业人士能与大家分享政策、经济环境的变化，财富管理面临哪些挑战？出台哪些对策？

怎么样盘活国有资本，让国有资本能够撬动或者与民营资本形成良性互动，这样的市场才有巨大空间。如何将这些业务合法合规开展也是一个非常有意义的话题。

在大的经济形势下，怎么保证财富增长？我是从事股权投资，我的观点是随着过去40年经济增长，财富积累到一定程度，把这些财富变成民营资本，投资到实体经济中，从而为促使个人财富保值增值，这才是一个好的路径。

---

* 任劲，时任汉富资产管理事业群总裁兼中开金资产管理有限公司负责人。

资管新规出台后，市场上有各种各样的反映、反馈，股权投资行业从业者们感觉到以后与银行合作可能会更加严格和苛刻。银行获取资金成本最低，获取资金能力最强，将储蓄转化为投资，促进投资增长，是一种资源配置。过去几年，金融业得到很大发展，这个过程中也有一个市场资源配置效率问题。过去 10 年，一些资金配置给房地产，或者一些僵尸企业，在债券市场，近期，我们看到不仅民营企业出现违约现象，一些国企也出现违约现象。

我们应该将经济生活中一些负面、不能产生效益的部分抛弃掉，国有资本应该投入到更有活力、更有未来、更有前景、更有成长空间的新兴行业中去。各位投资界朋友，每个人的财富也可以通过私人股权投资形式投资到实体经济，随着经济成长而获得财富增加。

从更大的环境来看，我们面临中美贸易摩擦，虽然过去 40 年，我们已成为世界第二大经济体，但是，很多科技领域中还处于落后的水平，不是我们想象中的强大。要弥补差距，就要追赶，这需要靠什么呢？最终还是靠我们的企业家。过去 40 年，民营经济对中国经济成长的贡献率越来越大，未来这股力量可能还是会继续下去。

对于科技实力存在差距，怎么追赶发达国家呢？有观点认为靠产业政策、靠政府，我对此还是持一个比较怀疑的态度。国际经验告诉我们，政府在主导产业发展实际效率比较低。无论是苏联，甚至是一些西方发达国家，在这些方面都没有太多成功经验。那靠什么呢？要依靠企业家，依靠能够创造价值、能够制度创新的这批企业家们。做企业需要资本，除自身积累外，更多依靠民间资本投资，以及间接金融银行的支持。例如深圳的华为公司，二十多年来，从一个默默无闻的电讯设备制造商，演变成为一个全球著名、掌握先进技术、在世界上有影响力的大企业，假如通过我们专业机构，汇集各行各业的一点一滴，然后寻找经济生活中更加面向未来的新兴行业，这种机会是巨大的。

对 话

陈道富[*]：财富根源最后归结到实体经济，实体经济归结到企业家。当然，我们也看到金融业怎么样把财富管理产品规划好，呈现在投资者面前，银行在这个调整过程中面临挑战和机遇。

刚才杨秘书长从财富高度揭示财富增长和资管行业怎么实现，但是财富到底是什么，什么是财富？就是到了今天，我们有可能需要重新思考——财富的根是什么？实体经济又是什么？银行到底如何调整？财富管理业务在资管行业如何分配？最后我给所有嘉宾提出一个问题，在目前的市场环境下，资管新规在对行业调整过程中，各个机构在重构过程中如何发展壮大？从个人或者投资者角度来看，怎么抓住这次转型和重构，让财富保值增值？

杨再平：实际上这次资管新规明确去刚性化，它的意义在于促进金融产品更加多样化，在风险对接和风险撮合上更加多样化。为什么现在金融是以银行为主呢？银行对接的都是风险偏好比较低的。比如存款，要有保障，所以一般风险偏好比较低的愿意存款。它支持的项目也只能是风险比较低的。过去刚性兑付的理财产品，实际上类存款。去刚性很大可能是促进金融机构、金融产品多样性，更看有一些高风险项目。对于风险偏好比较高的群体，他们也有资金实力，愿意承担风险，对社会贡献会更大，收益也应该更高，满足这部分人“高风险高收益”的金融资产需求。另一方面，有些项目风险比较高，尤其是高科技项目风险都比较高，但是一旦成功，确实能够极大增加社会财富。所以，从这两方面来看，去刚性会释放出这种能量，让具有一定风险的创新能够得到支持。

* 陈道富，时任国务院发展研究中心金融研究所副所长。

陈道富：刚性兑付也是有机会的。

华而诚：中国的金融，以前是间接金融为主，老百姓储蓄大部分放到银行，成为银行存款。现在有所谓的理财产品，可以借助理财产品筹集更多的资金，为企业提供股权投资资金，这是直接金融。在转型过程中，资金最大来源还是以间接融资为主的银行。但是，银行对股权投资并不擅长，与股权投融资类公司合作自然就顺理成章。这就是金融各行业机构的融合，银行、基金、信托皆各有所长，一起搭建一个平台，互相合作，实现共建、共融、共享，当然仍要重视管理好投资风险。

监管要赶上金融创新步伐，不然创新走偏可能引发系统性风险。但是也不能将创新全都抹杀，全部回归本源，让银行只做传统信贷业务。影子银行业务遏制导致债务违约，很多民营企业出现违约问题。不能说影子银行融资管道都没有风险，监管部门应该将注意力集中于金融活动可能导致的“系统性”风险。不要过度监管。当然什么是过度？事先也可能不容易规范得很清楚。所以，监管要赶上创新步伐，但不应该超前！

我们都是做投资出身，都在学习资产管理，我以前从事银行业，依靠刚性兑付。当今“被动”理财是大方向。美国现今都是以指数基金为主，为什么呢？美国几十年投资股票市场的历史经验表明，主动投资管理公司，需要收取管理费，但是其投资报酬多数达不过股市大盘指数，达不到指数基金的水平。所以，很多主动基金管理者难以找到工作，开始退潮。被动型指数基金将是未来大方向。所以刚才姚老师介绍的“漂亮 100”指数，我认为应该关注，不要以为自己能够管好风险，有能力选择哪些股票，这也有可能是一条非常辛苦的路。

陈道富：保持我们金融体系活力，使我们金融体系能够成长起来，是财富能够更好管理和成长的根源。财富真正本源是能够获得成长，财富不只是钱、房子，个人和机构能够成长，如何成长呢？允许你有活力，成长起来。监管则是帮助成长，而不是代替成长，这样财富能够更好更有活力地迸发，给市场一个更好空间。除了“漂亮 100”外，怎么抓住这一轮调整机会呢？

姚余栋：中国经济长期繁荣稳定是最根本的。前段时间，一个香港学者告诉我，在香港买房子自己有点困难，他恰好在深圳买房，价格翻了10倍，深圳房价下跌后，在香港买房了，是不是这个道理。未来关键是 β，中国经济保持6.5%左右，2020年以后保持6%左右速度，应该没有太大问题。这需要一个信心，对财富增长最根本的信心，否则，错过最大的 β。一些投资巴西、土耳其，类似金砖国家，最后都出事了，收益没有收回，资产贬值。而人民币作为国际货币未来越来越稳定，国际货币属性越来越强。这是一个大环境，大环境之后我们再看看短期配置，可分为春夏秋冬四季，现在是冬季，去年下半年是春季，看好权益类股票，所以要调仓，不调怎么行呢？长期看，投资标的成本，指数很重要，“漂亮100”也不错。所以长期要靠指数，主动中被动胜出。

陈道富：β 对投资界的人非常重要，如果你很悲观，说“不”，很快被市场淘汰，所以一定说“是”的，乐观积极的态度。所以财富更多来源于信心和信任，当前环境下，信心和信任可能是更大的财富来源。下面有请熊总发言。

熊焰：我进一步强化刚才提到的混改话题，现在中国的所有制结构，有人使用所谓的“五指模型”做比方，一个手五根指头，纯而又纯的国有企业可能会有，如大拇指，但不会很多。纯而又纯的民营企业、家族企业会有，如小拇指，也不会太多。绝大多数是中间三根手指，就是国有中有民营，民营中有国有，这就是所谓的“五指理论”。民营企业向国有企业的投入、混改是一个趋势，但是国有资本向民营企业、优势民营企业、战略新型民营企业注入，更是一种趋势，而且收益更高，对中国经济贡献和支撑会更大，更符合国际潮流。

陈道富：我们在黑与白中间有一个更大的选择空间，黑白之外还有一个灰色地带，但是黑与白之间也会发现中间的五彩世界，那具有巨大价值。黑与白之间不要只看到黑和白，更要看到黑白之外的五彩世界。

任劲：我们财富的增长都离不开中国经济增长。有两点需要注意，一个是周期，这非常重要，影响人们一生财富最重要的因素。短期看，就资产配置问题，刚才杨会长谈到三个原则：收益性、流动性、安全性。财富管理最重要的一个核心是在控制好风险前提下，怎么保证收益最大化。

陈道富：周期就是站在周期中，跳出周期，获取周期产生财富价值增值。五位嘉宾精彩阐述未来的投资机会与价值，再次感谢五位嘉宾分享的真知灼见。

第八章

投资驱动创新

随着中国证券市场的不断规范，为了更好地防范金融风险，上市企业的发审日趋严格，IPO数量成为衡量地区经济活力的重要标准。资本市场对于创新的驱动作用愈加显现，如何构建良好的上市梯队，如何高效地推动企业走向上市程序，如何完善资本市场服务地区经济的功能，对建设更具包容性和适应性的多层次资本市场具有重要意义。

IPO 门槛如何合理界定

戴立宁*

所谓“资本驱动创新”就是指没有资本就没有创新，创新是最消耗资金，但关键问题在于资金来源在哪里呢？当然，IPO 上市是资金来源最好的渠道，但关键问题在于上市 IPO 是有门槛的。我作为中国证监会国际顾问 12 年有余，大概每年开会都会谈到 IPO 门槛的问题，一般来说，越是好公司越让它上市，基本都是如此，在中国台湾也遇到过类似的情况。

问题就在于门槛应该是设置高门槛、中门槛，还是设置低门槛呢？一般的结论是门槛越高说明公司资质越好。那什么是门槛呢？邓小平说过：“不管白猫黑猫，会抓老鼠就是好猫”，简单说一句话——会赚钱的就是好公司。IPO 上市是以公司市盈率作为标准，能赢利赚钱的公司就是好公司，问题就出在其中。

中国台湾是一个小岛，也是一个相当不错的试验区。在台湾也是如此，中国人具有相同性，能赚钱的公司就是好公司。台湾是从传统纺织业起家，然后进一步发展石化产业，后来进入电子信息产业。在整个产业发展过程中出现一个问题，以电子信息业而言，公司早期需要拼命投资，烧钱非常厉害，等到公司赢利赚钱之时，利润也相当丰厚。所以，全世界的富豪大部分从事的都是电子产业，因为，它能点石成金。但

---

* 戴立宁，中国证监会国际顾问委员会原委员、台湾证券管理委员会原主任委员。

是，当电子产业初期需要资金的时候，却很难找到钱，由于处于亏损期，这些本来很需要上市融资的公司，却因为门槛问题一概不准上市，等到公司发展壮大赚钱之时，资金已经足够并不缺钱，此时何必需要上市呢？这是一个现实性的问题。

创业板本身就是要降低 IPO 的门槛，但也是中门槛，对于公司赢利也是有要求的，也许青岛或者即墨是一个好的试点之地，重新探讨 IPO 上市的问题。虽然 IPO 上市以为高标准最好，公司赚钱。其实表面高标准的背后最大的一个流弊就是财务造假，这也是普遍存在的现象，公司一旦财务造假，上市之后股票一定下跌。

另外，如果上市公司是夕阳产业，即使财务报表真实无误，上市之后，股价走势行情也将承压。如果 IPO 标准定得很高，意思就是夕阳无限好，夕阳公司最容易上市，因为处于最好的上市时机，一旦渡过这个时机，可惜近黄昏，所以，产业发展高点时上市，即使财务报表真实无误，上市后未来业绩也会面临下降，传统产业需要重新规划，同样可以达到高效能，在既有传统产业中杀出一条路，在资本市场上取得机会，从事产业经济的人士一定都知道这个道理。

以高标准作为 IPO 上市门槛实际是一个迷途，最终如何破解呢？即墨发展需要创新，在创新阶段必然大量烧钱，研发需要大量资本投入，在此阶段用什么方法得到有效投资呢？虽然可以用私人集资的方式，但是相对受限制，而 IPO 公开上市是最好的一条融资渠道。

以伦敦、纽约上市标准来看，公司就算亏损也能上市，是低门槛。创业初期，尤其是创新情况之下，是烧钱极厉害的阶段，这时候才需要大量资金。在台湾，第一个阶段曾把上市要求连续三年投资 10%报酬的标准降为 6%，到第三个阶段，哪怕公司亏损，只要不超过 1/3，都可以上市。经过改革，曾经连续三年证券市场中 80%—90%的资金都流入台湾电子产业中，一个晶圆厂大概需要美金 10 个亿的投资，台湾有 21 家晶圆厂，如果没有一个高效率的资本市场是无法做到的，这就是当年台湾电子业能够在全世界范围内出类拔萃的重要原因。

资本驱动创新要做好资源聚焦

李迅雷*

资本驱动创新重要一点是要聚焦。因为资源是有限的，资本也是有限的。山东是一个经济大省，各个地市区的经济都比较发达，但是，还是要重点发展，本人认为山东应该重点发展两个地方——青岛和济南，本人之前也考察过很多省市城市，基本上各省市城市都是重点发展两个地方。

例如福建省重点发展福州和厦门两市，而浙江重点发展杭州和宁波两市，基本上都是“双子星”布局和现象，如果一个省遍地开花式的重点发展是不存在可能性的。即便是中国经济第一大省广东省，资源基本也聚焦在粤港澳大湾区这一带，其他地方相对发展也是比较落后，广东省地区之间的经济发展差距，相当于中国的东部与西部之间的差距，所以，各种资源要集中在某一个区域或某一个点重点发展，从而带动地区的经济整体发展。

此外，发展也要聚焦产业。山东省目前正处于新旧动能转换的关键时期，山东省也提出重点发展十大产业，其中，五大产业是新兴产业，五大产业是传统产业。从发展时间上看，这十大产业都要发展，但是，发展也要有先后顺序。海洋经济与海洋产业是可以重点发展，还有一个高端化工产业也是可行的，这两大产业应该优先发展。

---

* 李迅雷，时任中泰证券首席经济学家。

山东在考虑产业发展布局时，首先要评估和分析周边省市区有哪些产业政策，发现其中与山东省产业政策存在同质化的部分内容。现在，中国各省市制定的产业政策与山东省的产业政策在很多地方具有重复性，出现重复雷同的情况之时要认真比较分析谁更具有优势和劣势。山东省周边省市都很发达，例如西边有京津冀地区；南边则有江苏、上海；西南部的中部地区有长沙、武汉等，这些地方经济也是相当发达的，山东则是被包围在这些发达地区之中，怎样发展自己真正具有优势的产业是值得思考和分析的。

同时，发展还要聚焦到产业发展的核心环节上。一个产业发展涉及产业链的各个环节，如果能把一个环节打造好就相当不错。例如芯片产业，由于中国芯片产业相对落后，中国各地方都提出要加大芯片产业发展力度，芯片产业本身有很长的产业链，涉及很多环节，如果把其中一个环节做精做强相当不错，计划将整个产业链环节全拿下几乎不可能。再举一个例子，宝钢主业是钢铁，但是，现在要涉足供应链、电子商务等领域。现在社会分工越来越细化，这种产业发展方式应该引起注意。

最后一点是聚焦人才。山东是 GDP 总量的第三大省，人口是全国第二大省，但是，近年，本人感觉到山东人口流出现象比较严重，现在人口流出现象不再是东北地区。据统计，山东省 2017 年常住人口增加了 50 万人，但是，山东省人口出生率很高，2017 年人口自然增长 100 万人，但是常住人口却只增加 50 万人，这说明有 50 万人流出。什么原因呢？因为各个省市都吸引人才。2017 年，广东省 19 个城市中有 11 个城市人口是净流出，现在，人口往大城市流动，不仅反映资本集聚、产业集聚，人才也在集聚。

最近，中国股市出现大幅下跌，原因在于风险偏好提高，股民对风险意识提高，风险溢价增加后，估值水平降低了。如何让人们有信心？一是国企改革要推进，因为山东国企比较多，在新旧动能转换上，国有企业如何提升活力呢？ 2018 年 6 月，习近平总书记到山东考察烟台万华时曾说到，国有企业不能抱残守缺。目前，股市中的国企改革指数基本跑输大盘，股市下跌幅度很大，但是，跟国企相关各类国企指数跌得更多。十八届三中全会提出来到现在，国企改革步伐还是有点迟缓，这方面还要加大推动力度。

国有企业在中国股市中的占比很大，如果能提升信心，中国资本市场就有更多的资金参与其中。即墨背靠山东和青岛，就如同上海、北京、广东、深圳一样，对周边地区的发展带动、周边人口的集中非常明显。所以，即墨人口肯定增长，有一个辐射效应，利用这个辐射效应招商引资，利用资本市场吸引更多资金、更多人才，推动当地经济发展。

通过供给侧改革提高投资效率

华而诚*

谈到新旧动能转换，中国自改革开放 30 多年以来 GDP 平均年增速达到 10%，从 2012 年开始下降，进入一位数的新常态，这是很正常的发展趋势。

过去，中国经济快速发展的动力来自快速的城镇化及工业化，因为工业劳动生产率远高于农业。当中国经济进入后工业化时代，经济增长动力开始由工业转向服务业，因为服务业劳动生产率低于工业，经济增速随之下降。自 2014 年开始，中国经济增长速度进入服务业拉动力超过了工业的阶段。

从经济需求面分析，过去 30 多年，中国经济发展动力主要来自高储蓄率支持的高投资率。高投资率弥补了资本存量不足的短板。但是，当今已进入资本过剩导致投资报酬率递减的发展阶段，依靠投资拉动经济增长的效率将越来越低。

与生产面的结构转型同步，自 2014 年开始，经济需求面的结构转型由投资转向消费，即消费对经济增长拉动的贡献率开始超过投资，特别是零售之外的服务消费。因此，经济增长减速的新常态伴随着居民生活质量提高，这是经济发展由量朝向质的提升。

中国经济整体负债率或者说宏观杠杆率过高成为国内外关切的议

---

* 华而诚，包商银行首席经济学家，世界银行原驻华首席经济学家。

题。国际货币基金组织（IMF）在2017年给中国政府的咨询报告中建议，把杠杆率降下来，如果不降杠杆，还要维持经济增长目标于2018年到2022年间平均的6.2%，非金融机构部门债务占GDP比例（杠杆率）可能从2016年的236%提升到2022年的297%的危险高值。因此，中国政府应该把降杠杆置于首位，虽然会导致经济增速下滑。降杠杆与稳增长似乎是一个两难的选择。的确，杠杆率的高升主要缘于全球金融危机后的稳增长政策。

但是，中国经济宏观杠杆率的增速从2016年第一季度开始持续下降，到2017年第四季度，杠杆率已趋于稳定，降至256%。其间，经济增长率非但没有下滑，反而从2016年的6.7%提升到2017年的6.9%。什么原因使得杠杆率增速下降的同时，经济增速能够保持提高呢？这就是投资效率提高抵消杠杆率增速下降对经济增长的负面影响。这个现象是否会持续到2018年，仍然不知道，因为2018年已经过去一半。提高投融资效率可以破解降杠杆与稳增长之间的矛盾，成为降杠杆的基础。因此，我们更需要强调供给侧改革以提高资源的使用效率。

台湾经济的结构转型也经历了由投资转向投资效率提升的阶段。20世纪80年代中期，把执行了几十年的奖励储蓄及投资的条例改为奖励产业升级条例，着重于整体传统产业升级换代，提高经济整体劳动生产率，而不是选择性地奖励某类新兴行业。譬如，名牌捷安特就是传统劳力密集性脚踏车行业转型升级成功的一个案例。

经济新旧动能转换离不开创新。传统银行靠担保抵押间接金融模式自然无法满足高风险的创业投融资需求。因此，企业创新需要直接金融支持胜于间接金融。十八大提出要提高直接金融比重。直接金融可助力金融市场风险定价机制的形成及金融资源更有效配置。

直接金融属于投资银行的业务范围，包括两个主要内容：一是服务创新企业上市IPO及风险投资基金成功退出。另外一个业务内容是企业的兼并重组。美国投行最大收入来源不是辅导企业上市，而为企业之间兼并重组提供服务，收取相应顾问费用。因为，美国经济储蓄率低，企业无法如中国企业一样从银行取得足够的信贷资金，靠投资扩充产能使企业壮大。企业之间互相兼并重组成为企业升级换代、动能转换及扩张的重要途径，譬如思科（Cisco）。

中国经济已迈入储蓄率将长期下降的发展阶段，银行传统存贷利差收入必将收窄，为银行投行业务开展以增加中间收入提供了契机。银行为企业之间的兼并重组做咨询，必须了解企业双方需要，才能谈妥双方都可接受的交易价格，做好“媒人”的角色。因此，银行需要能对宏观经济形势及行业发展有所掌握，以助力从融资朝向融智的转型。有效率的投行兼并重组业务可以用市场手段消化过剩产能于无形，不易产生类似“三去一降一补”的问题。

众筹也是直接融资的一种形式。众筹概念是在 2008 年美国发生金融危机以后，奥巴马总统首次提出的。当时，美国失业率最高时超过 10%，怎样增加美国就业人口成为一大挑战。因此，要鼓励大众创业。新创公司先靠吸引风险投资，之后到美国股票市场上市筹资，这一传统融资方式路径过长、成本过高。众筹则允许 100 万美金之内的投融资可以利用互联网筹资。众筹投资者要担负投资风险，因此是直接融资。众筹对监管提出了要求，譬如如何保护投保者权益。众筹也刺激了中国 P2P 的快速发展。

总结一下：中国经济转型升级已经迈向从量的拉动转向以质取胜；由靠投资拉动，转向靠提高投资效率拉动。金融服务好实体经济的转型升级至关重要，必须由间接金融转向直接金融，从融资转向融智，譬如资产管理业务。

积极推进金融业供给侧结构性改革

鞠朝友*

即墨作为青岛现代新区，历史底蕴深厚、区位交通便捷、发展空间广阔。近年来，我们全面落实海洋强国、交通强国、军民融合、乡村振兴等国家战略，大力实施新旧动能转换重大工程，综合竞争力跃居山东区县前列。

即墨之前是一个县级市，现在刚刚改成区，人口大约150万人，在市改区之前，即墨的综合竞争力、县域经济排名都是位列山东省第一位，在全国最好的成绩排名中位于第七名。特别是把金融业作为现代经济的血脉和支撑，积极推进金融业供给侧结构性改革，制定实施金融与产业发展计划，构建起全方位、多层次的金融服务体系，荣获山东省金融生态环境建设模范奖。目前，即墨区已有四家上市公司，准备或拟上市还有近十家，梯次培育上市企业战略已经初有成效，但是上市公司的规模还有待提高和壮大。

中国财富论坛是青岛市财富管理金融综合改革试验区开放合作的重要平台，更是权威性财富管理的前沿高地，在国内外金融及财富管理业界具有积极影响。真诚期望与各位专家学者在财富管理、资本创新等领域开展深度合作，共同推动即墨金融做大做强、创新发展，更好地服务保障实体经济发展。

---

* 鞠朝友，时任青岛市即墨区区委常委、副区长。

对 话

王波明：下面请新华保险董事长万峰发言。

万峰：我从事保险行业，今天讨论的主题是投资创新，现在中国创新项目很多，投资也不少，但是效果为什么不佳呢？我认为还是要以务实为根本。举个例子，我们有很多机会和好产业，人寿保险是朝阳产业，一个未开发的市场。保监会之前颁发很多牌照，投资很多，但是截至目前有几家保险公司做好业务了？安邦保险用 10 年时间打造出一个 2 万亿资产的公司，但是现在又怎样了？很好的一个产业，投资巨大为什么没有做好呢？这需要反思。

中国寿险产业早在加入 WTO 之时，外资就想进入，此次中美贸易摩擦，美方提出开放寿险市场的条件，首先开放 51%，三年以后 100% 开放。为什么做不好？一是浮躁。投资的是保险行业，但是业务却不是保险的活，只是通过保险产业圈钱发展其他业务。二是缺少懂人寿保险的人才。只有了解这个行业，真正的行业专家才能按照行业规律办事，才能做好产业。如果只是投资驱动，找一个台阶，随便请两个人就算专家，无法做好人寿保险。安邦的结局很可惜，如果它的资产和负债现在都刚性兑付，两三年之内将兑付完，这个公司也将“打回原形”，成为一个新公司，资产负债归零，只剩几十亿资本金，一切从头再来，10 年时间全部浪费，10 年时间走回原点。确实，在过去 10 年中，有投资驱动也有创新发展，但是为什么最后归零呢？这也是从另一个层次反思保险产业，对实体经济发展也有一定的启示。

王波明：实实在在做事，别胡思乱想。

万峰：别好高骛远，就算是服装纺织业只要精耕细作，也都有创新发展的机会。

王波明：很多企业胡思乱想。例如一些钢铁企业，现在全都变成金融集团，投资几家银行，最后报表上今年盈利多少，全都从所投银行的投资收益表转化而来，但是，钢铁主业却都亏损，这就是“胡思乱想”，不守主业，如果这样，这些钢铁企业干脆去开银行，还炼什么钢呢？

戴立宁：为什么金融业发达地区贫富差距会越来越大？这是一个普遍现象，但是其中也有一个显著原因。现今时代，创业经营靠努力、劳力、脑力成功难乎其难，靠钱赚钱最为容易。刚才谈到钢铁企业，钢铁厂是国有企业，从银行贷款极为容易，获得贷款资金，其利率只有3%甚至更低，财务报酬远超过本业利润，何以至此呢？实际若干产业掠夺资产，产生这种现象，这也是财富差距越来越大的原因，财富的不公平造成现在这种现象。我们是中国特色的社会主义，中国金融有没有这种特色呢？说来非常惭愧，现在金融业从业人员基本上都是留学美国，思维还是美国式的一套，产生的结果就是占领华尔街运动中99%的普通民众，因为美国的社会财富主要集中在1%的人的手中，这种财富分化的现象在国内越来越普遍。银行跟当铺有什么区别？当铺是赚钱就好，银行是大众的，99%普通民众都是存款，都是存款人的钱。

贾康：前面各位专家谈得都有道理，但是角度不同，我的角度可能会被指责为“胡思乱想”。发展的规律就是不平衡，原来的阵型忽然间就可能改变。中国经济发展40年下来，曾经青岛处于靠前位置，当时驰名商标，青岛企业占比不少，产业集群有重有轻，还有海洋优势等。近几年，青岛发展势头有所减弱。山东曾经发展势头也很强劲，现在也在减弱，甚至有人担心“东北化”。深圳崛起了，人们一般都认同，但是，深圳曾经有过迷茫，是什么拯救深圳呢？靠的是高科技，深圳得天独厚，又遇上大湾区战略增值，增加推动力。长三角地区应关注杭州，它也有产业集群，但是最大亮色是阿里巴巴这类高科技企业，还带着若干“独角兽”。所谓“独角兽”企业是指估值很高，大约在10亿美元以上的企业。山东青岛有没有“独角兽”值得琢磨。贵州也是一个亮点，在想不到的地方，建成云平台和数据中心，并与苹果这样最前沿性的国际知名企业主体形成稳定的联系，我的手机缴费、流量不够都是通过贵州云平台通知我的。

王波明：贵州的优势在于地价便宜和电价便宜，就是这两个。

贾康：四季如春，种种说法，打动中央和企业大佬把事做成功了，这值得琢磨，你追我赶格局中的战略思维，山东、青岛、即墨可以掂量掂量，在高科技孵化、新兴产业崛起上有没有一席之地，有没有可能性。

王波明：也不一定是高科技，任何东西抢到制高点就行。

贾康：有没有可能，不一定想到就能做到，是不是可以先想一想，先“胡思乱想”，有没有可能找到如贵州一样的，有点自己不同之处的地方。

李晓林：我给即墨提一个具体建议，两年前我来即墨考察过，即墨的公共卫生做得非常棒，底层卫生很棒。即墨有温泉，非常适合做未来高龄健康产业，而不是养老地产，养老地产是把土地卖完就死掉了，高龄健康产业是借助老年人群需求，做产业链延伸和整体打造。中国 10 个人中就有 1 个糖尿病患者，10 个人中有 2.6 个人有心脑血管病，这都是慢性病。山东地区心血管病、糖尿病发病率非常高，整个理念要改变，整个产业要与投资结合，在产业链上延伸，不能一提养老就把土地圈起来卖掉，那不是我所想到的概念。即墨要聚焦一个领域，聚焦一个方向。个人认为，即墨如果用健康养老产业概念，不能马上赚钱，但是集中这些人的办法就是很大的产业，适合中国国情。中国量非常大，要有一个专业投资平台，专门性研究新健康管理，特别是 60 岁以上人口健康管理产业，这是一个新话题，应该前瞻性的研究，一定不能说到养老就想到地产，土地卖完了，下一届政府做什么呢？但是，高龄健康产业会不断滚动，不断发展。

王波明：这个真的可以考虑考虑，即墨有风景，有海洋，有绿色。

李晓林：渤海湾是中国唯一没有污染的海洋。

王波明：三亚有污染吗？

李晓林：你如果真的想知道，把海里面打捞的生物化验比较，唯独崂山湾没有污染，没有重工业污染。人才流失也是问题，人才是流动的，人流出就能流入，青岛崂山的地方优势是人才可以进来，政府如何解决让中高端人才流入的区域就业问题呢？所以，青岛是中国少数地方中具有人才流入的巨大优势，包括气候优势和环境优势，只要结合起来，选择一个非常好的新的产业，或者跟传统产业结合，把人才引入流入青岛，这个很关键。

王军：两个简单想法：第一，主题有点逻辑问题，应该是资本驱动创新，投资可能只是核心条件，但不是必要条件，因为投资可能带来很多东西，还是看投资什么内容。最近，中央提出扩大内需。新时代下，投资内需，恐怕不能再是过去的“铁公机”了，重点是教育、人才，特别是基础教育，怎么让孩子们从小能独立思考，自由表达意见、思想，而不盲从所谓权威，这个很重要，这是目前教育中缺失的一块。

两个案例，一是中兴事件，一名犹太人法务顾问向美国反映内部情况，为什么出现这种问题呢？我们对国际关系、国际惯例不熟悉，企业一旦走出去，必须聘请熟悉国际法律人才提供专业化的服务。二是本周一 NBA 詹姆斯转会去湖人队，为什么转会湖人队？因为洛杉矶教育好和学区房，詹姆斯两年前在洛杉矶购买房产。所以，投资教育虽然很长远，但是很有效。

另外，政府力量很重要，但不能过于依靠政府、依赖政府，要相信、尊重市场，更多发挥企业家在企业创新中的主体作用。现在，过于依赖政府又开始有计划的崇拜和颂扬，出现抬头迹象，很多反市场化现象又增多。在国际上要反对去全球化，在国内要反对“反市场化”的倾向。虽然，大家相信政府集中力量能干大事，当然干成大事很多，没干成的事也不少，政府存在低效与浪费的问题。例如芯片产业，现在各地一窝蜂上马，政府也可能出台 5 年发展规划，这种依靠补贴，营造不公平制度，已经在国际上受到他国的孤立。下一步再靠补贴，往往和腐败，甚至欺诈联系在一起，成为欺诈和腐败的温床。之前，新能源和光伏领域的骗子太多了，所以，要把市场和政府定位分清楚，营造好的营商环境，一味靠补贴培养不出大企业和所需要的创新。

第九章

金融城建设与生态环境

金融城是吸引金融机构聚集、促进金融业和经济发展的强大引擎。当前，中国许多新一线城市都在以打造金融城为目标，能否在竞争中脱颖而出，营商环境是重要因素。良好的营商环境有利于吸引资金、人才、技术等要素的聚集，并激发各类市场主体的活力。如何借鉴国际或区域金融城建设的经验，营造适合金融机构落地和金融业创新的政务环境、市场环境、法治环境、人文环境以及国际经贸环境等，突出地方特点和优势，打造具有竞争力和辐射力的金融城，值得深入探讨。

青岛应吸取全球金融城建设经验

初明锋*

在过去一百多年的时间里，金融城或者金融中心建设是整个世界经济竞争，或者区域经济竞争多重奏当中的一个强劲音符，也是经济竞争的一个重要方面。无论从伦敦到纽约，还是从东京到新加坡、从香港到上海等这些世界性大都市，金融中心始终是角逐的焦点，竞争的音符一直在强劲奏鸣。在这些金融中心城市建设的历程中，有哪些成功的经验？又有哪些失误和教训？这是我们现在打造金融中心城市时，需要认真研究、分辨、借鉴、吸取的，使之成为我们建设金融中心城市的一个后发的优势。

虽然各个金融中心城市建设有不同的特色和经验，但是也有一些最基本的共同点，比如完善的制度和法制环境，坚定不移的契约意识，善待金融人才，生活条件便利，交通发达等等，这是一些具有共性的方面，对青岛来说，这些方面都有很大的改进空间，要对标对表，迎头赶上。

对于金融中心城市建设，作为政府本身，要在发展市场经济的过程中，努力做到上述一些基本方面。下一步，青岛还应该更多地走出去，从海外著名的金融中心城市中吸取建设经验和教训，助力青岛财富管理金融综合改革试验区更好发展。财富管理中心是青岛打造特色

---

* 初明锋，时任山东省金融办副主任。

金融中心的一个最佳定位，只要路子走对、功夫下足，未来非常值得期待。当然，政府的服务应该如何做到既到位又不越位，要再进一步的探讨。

需政策系统性激励创新金融体制机制

马险峰*

生态环境主要是指将金融城作为一个生态系统来考虑，政策系统性的进行激励以加快推进金融城建设，特别是青岛如何加快推进国家财富管理综合改革试验区建设。

近日，生态文明贵阳国际论坛2018年年会开幕，习近平总书记向生态文明贵阳国际论坛2018年年会致贺信中强调："生态文明建设关乎人类未来"，我国"坚持走绿色发展和可持续发展之路"。

金融生态环境作为国家生态文明建设的重要组成部分，也要走可持续发展之路，顺应金融发展长期趋势，遵循金融发展基本规律，围绕金融城建设主题有四点意见。

第一，金融城建设要把握金融业发展的长期趋势和方向。中国金融业发展的长期方向就是提高直接融资比重、加快发展资本市场。

货币多、资本少是我国金融结构的基本特征。2017年底我国货币化率（M2/GDP）为191%，明显高于美国72%、英国121%的水平，但资本化率（股票市值+债券余额/GDP）为149%，远低于美国376%、英国400%的水平。从金融化率（货币化率+资本化率）比较来看我国为341%，也明显低于美国448%、英国521%的水平。货币多、资本少的金融结构下，企业权益资本少、负债多，导致长期投资

---

* 马险峰，时任证监会中证金融研究院副院长。

少、后劲不足，融资难、融资贵现象突出，经济杠杆率高，不利于经济可持续发展。货币多、资本少的金融结构与金融发展落后长期共存，是我国新兴加转轨的经济发展阶段所决定，需要通过加快发展资本市场、提高直接融资比重特别是股权融资比重来逐步加以缓解。

提高直接融资比重是资本市场发展的长期方向。自 1984 年中央文件采用“直接融资”概念以来，提高直接融资比重一直是资本市场的发展方向。“十五”、“十一五”、“十二五”期间，我国直接融资比重分别平均为 4.9%、11.5%和 16.4%，呈现快速增长态势。2016 年最高增至 23.8%，但 2017 年因债券净融资下降等原因，直接融资比重下降至 6.8%，应引起高度重视。加快构建现代金融体系，促进货币向资本的转化，显著提高直接融资比重，不断优化金融结构，是我国资本市场发展的长期方向。应在防风险的同时，积极采取措施进一步提高直接融资尤其是股权融资比重，保障金融对实体经济的有力支持。金融城建设要注重发展从事直接金融业务的金融中介机构的发展。

第二，金融城建设要积极参与引领金融体制机制的创新。近年来，构建绿色金融体系是我国开展的一项重要的金融体制机制创新。

构建绿色金融体系是通过金融市场机制优化金融资源配置，促进绿色经济的可持续发展。通过绿色信贷、绿色债券、绿色股票指数和相关产品、绿色发展基金、绿色保险等金融工具和相关产品的创新服务，支持金融资源投向绿色经济领域，有效提升经济活动中的环境风险管理能力。近年来我国绿色金融快速发展，例如，2013 年末至 2017 年末国内 21 家主要银行绿色贷款余额从 5.2 万亿元增至 8.5 万亿元。

2017 年 6 月，国务院决定在浙江、广东、贵州、江西、新疆五省（区）部分地区设立绿色金融改革创新试验区，推动绿色金融体系的探索与发展。试点地区不断探索创新绿色金融的体制机制，如建立绿色项目和绿色企业的标准体系，为政策激励和绿色投资提供决策依据。金融机构也纷纷提供业务指引，调动配置绿色金融资源。例如，工商银行截至 2018 年初，在全国绿色信贷投放超过 1 万亿元，在试验区的绿色信贷超过 1600 多亿元，与上年初相比增长 8.3%，高于一般的公司贷款增速 5.2 个百分点。

第三，金融城建设要注重引领新的投资理念、投资技术和投资方法。近年来，环境、社会责任和公司治理投资，英文简称 ESG 投资，中文可简称为三优投资，就是国际上兴起、甚至逐步发展成为主流的投资理论与投资实践方法。

投资者在开展 ESG 投资中，除考虑投资对象的财务指标因素外，还选择在环境、社会责任和公司治理方面表现优秀的公司进行组合投资。也就是说，投资者在进行投资选择时，除关注传统的财务指标外，还特别关注环境、社会责任和公司治理三方面的因素，挑选出表现优秀的公司进行投资。因此，我们也可以把 ESG 投资叫作三优投资。三优投资不是对价值投资的替代，是价值投资适应可持续发展的时代变化，充分考虑自然资源、环境社会成本风险不断增加因素取得的发展与升级。

ESG 投资这一概念最早出自《高盛 2007 年环境报告》。高盛公司将投资者长期以来重点关注的公司治理因素，与近年来兴起的环境保护因素，以及具有较长发展历史的责任投资因素整合在一起，创新形成既保持历史传承又极具时代特色的 ESG 投资理念。ESG 投资理念在形成过程中，还借鉴吸收了长期以来一些宗教机构倡导的道德投资，慈善基金会倡导的社会影响力投资，以及近年来联合国倡导的可持续投资等的投资理念，不断完善、逐步趋向成为主流的投资理念与方法。

自从 ESG 这一概念产生以后，被全球投资界所广泛接受，并逐步形成一股世界潮流。据统计，MSCI 公司近年来基于全球 5500 多家上市公司编制了 700 多只 ESG 指数，以满足不同责任投资人的需要。除了针对特定企业的 ESG 评级之外，MSCI 等机构还开发了针对特定国家和特定行业的评级产品。

2009 年，联合国相关机构发起成立可持续证券交易所倡议（简称 UN SSE），致力于为全球证券交易所、投资者、监管机构和企业之间提供有效沟通的平台，加强上市公司ESG信息披露，推动可持续投资活动的开展。2015年，UNSSE发布了供交易所自愿采纳、面向上市公司的ESG信息披露指引。截至2018年5月，全球共有71家证券交易所（包括上交所、深交所）成为联合国可持续证券交易所倡仪的合作伙伴，承诺推动建设可持续发展的资本市场。据统计，2016年底全球ESG投资基金的资产规模约为23万亿美元，占总管理资产的26%。ESG投资已经从边缘型的投资策略转变为主流的投资策略。截至2017年底，加入联合国责任投资原则倡议协议（PRI）的机构已超过1800个，这些机构管理资产金额超过68万亿美元。

实践表明，ESG指数具有良好的长期表现。从2007年底至2017年底的10年期间，MSCI新兴市场ESG领先指数平均年化收益率为3.72%，高于MSCI新兴市场指数-0.72%达3.99个百分点。同一时期，MSCI全球市场ESG指数平均年化收益率为2.98%，高于MSCI全球市场指数2.44%达0.54个百分点。

在我国发展ESG投资，可使资本市场投资变得更加注重环境保护、更加关心社区发展，将为建设美丽中国提供不竭动力。2016年8月31日，人民银行、证监会等七部委联合发布的《关于构建绿色金融体系的指导意见》，要求金融业要大力支持环境改善、应对气候变化和资源节约高效利用活动。我国资本市场上的一些投资管理机构陆续推出一些ESG投资基金产品。截至2018年5月，我国基金管理机构推出以环保、低碳、新能源、清洁能源、可持续、治理、社会责任为主题的公募基金产品100余只，基金规模达700多亿元。

但从整体上看，我国ESG投资还处于发展初期，ESG投资生态初步形成，一些大型机构投资者还处于观望状态，投资规模有待进一步扩大，在中国开展ESG投资还存在诸多挑战。但我国经济和资本市场的稳定健康发展，必将对推动ESG投资创造良好的环境条件。发展ESG投资，将是资本市场推动绿色低碳经济发展中重要举措，具有广阔的发展前景！这一新生的财富管理理论与方法值得大家关注并进行学习研究和借鉴推广。

第四，我国金融资产规模较小，具有较大增长潜力。财富管理行业发展潜力巨大。

我国经济高速增长推动了居民财富的积累。根据瑞士信贷银行测算，2017 年中国财富总值居世界第二位，达到 29 万亿美元。但从成年人人均金融财富水平看，我国与主要发达国家相比仍存在较大差距。根据 2017 年瑞士全球财富报告测算，我国成年人人均金融财富仅为 1.3 万美元，不仅远低于美国 32.0 万美元、英国 17.0 万美元与日本 15.4 万美元的水平，也低于亚太地区 2.8 万美元和全球平均 3.5 万美元。因此，从总体上看，我国还属于较为贫穷的国家，目前属于金融发展较为落后的国家，未来具有较大的发展潜力。

金融开放需建离岸经济先行区

肖　耿*

要从全球发展趋势角度分析金融城定位和突破口，定位上需要升级。2018年以前，本人加入香港证监会，3年的主要工作负责香港金融市场和中国金融市场的融合，包括QDII、QFII、沪港通、深港通、债券通等，通常一些创新大胆的政策从概念到落实需要5—10年的时间。

大概10年前，本人参与牵头了上海国际金融中心建设的政策研究，上海虽然进步非常快，但是，目前还有瓶颈，与青岛发展中遇到的障碍类似，因为，金融开放与改革需要得到中央监管部门的同意及支持。

现在，中美面临贸易纠纷、贸易战威胁以及全球其他国家对中国发展提出进一步开放的要求，另外，数字金融、人工智能及其他很多领域颠覆性的技术创新也形成一种竞争压力，所以，世界级城市都在争夺上述领域的人才资源。而金融在上述领域的竞争中扮演非常重要的角色，能不能启动及维持创新项目主要在于风险投资基金及其相关市场能否有效运作。

随着全球货币、金融及贸易体系出现严重裂缝，美元独大而其政策不稳定，对美国、欧洲及新兴市场经济体的稳定发展形成挑战，这对新兴市场货币及港币产生冲击，同时，人民币汇率、跨境资本流动及外汇储备安全也遇到新挑战，特朗普的全球贸易战更威胁到世界贸易组织

---

* 肖耿，时任北京大学汇丰商学院金融实践教授、香港国际金融学会会长。

体系。

由于港币跟美元挂钩，香港货币政策与美国货币政策一致。但是，香港实体经济跟全球都有联系，跟内地联系更多，这导致香港货币政策与其他实体经济不匹配。

此外，在中国、美国、欧洲等各经济体内部也出现一些严重的结构性问题：收入不平等、环境问题、债务问题等。这些最终将牵扯并影响到资产定价以及风险管理。

从目前全球形势看，中国金融开放和改革定位需要升级，突破口需要落实。本人最近正在研究粤港澳大湾区自由港、自贸区以及与香港融合的问题，个人认为中国需要在目前阶段对标香港，迅速建立一批世界级开放城市群。原因何在呢？西方世界的所有要求，实际上在香港都已经实现。内地的特区、实验区、自由港、自贸区也有条件迅速学习及复制香港营商模式与生活方式。因为，中国经济体太大，青岛等一些沿海重要城市可以先行先试，成为中国的国际性城市，也就是所谓的中国的离岸经济体，既是中国的也是世界的。

在中国历史上，广州、上海、香港、青岛是最早与西方接触的地方，当时都属于中国的开放离岸经济体。目前，它们都是中国经济最开放、最市场化、最国际化的世界级城市，进一步大胆开放，在中国沿海及边境地区建设一批世界级开放城市，是中国与世界更好融合的一个突破口。

在这些开放的世界级城市中，金融城、金融街为什么就很重要呢？因为，金融市场与资源配置、资产定价、风险管理、公司治理相关。如果上述四个问题解决不了，金融就难以发达，市场经济也无法正常运作。在目前形势下，上述四个方面的功能必须在全球化背景中展开，资源在全球市场配置、资产在全球开放市场中定价、风险在全球市场背景下管理、公司治理与知识产权等也必须考虑全球制度环境。

金融城发展不能只局限于国内市场，必须立足于开放的国际市场，所有金融城发展必须对标香港，而香港实际是对标纽约、伦敦，发展金融城本质是一个国家发展战略。很多地方在金融城建设上大胆实验，基础设施、高楼大厦等硬件很快可以建成，但是到底要做什么呢？看不清楚，因为这需要国家政策指引和确定。金融城发展必须与国家发展战略联系在一起，青岛发展金融城的60条国家政策非常好，其中涉及如何让资本开放、怎样与香港和台湾接轨、怎样跨境投资等内容，体现了国家核心发展战略。

现在问题的关键是如何落实，这其中有三个问题。一、在金融城建设中，需要国家层面上保持人民币汇率灵活性，但为控制系统性风险，人民币汇率升值和贬值幅度都不能太大；二、资本账项必须开放，但开放速度也不能太快，必须要有序开放，能守住系统性风险的底线；三、开放过程中如何改善国际货币与金融秩序。开放中面临博弈与挑战，这与人民币、美元及国际货币基金组织一揽子货币SDR在未来国际货币与金融体系中扮演的角色有关。

那么，金融城发展突破口在哪里呢？最重要的一点是中国世界级开放城市中的金融城如何相互合作与竞争，形成一个以超主权一揽子货币SDR为基准，可对国际货币秩序及“一带一路”发展做出重要贡献的开放型国际化金融生态体系。

具体有以下几点建议：

中国金融机构通常离岸发行美元债，本人认为今后不应该再发行美元债，应该鼓励发行一揽子货币SDR超主权货币债，包括在大宗商品交易市场鼓励使用SDR一揽子货币计价。有外国专家提出青岛发展商品交易市场很有前途，但本人认为需要国际化，包括考虑以未来超主权货币SDR作为中国离岸商品交易的计价货币。这个过程中很重要的一个突破口就是发展SDR债券市场，中国大型金融机构要发行人民币债，但也要发行离岸SDR债券，为改善国际货币金融秩序做出关键性贡献。

谁来购买SDR债券呢？主要是中国老百姓，他们财富积累太多太快，但都是人民币，而他们未来的消费有相当一部分会是境外的产品与服务，因此需要逐步积累离岸外汇资产，老百姓将在未来通过金融科技、区块链技术购买一揽子货币的离岸债券产品。这种具有中国特色债券可以设计成为一年、两年、三年或更长期的锁定期。在锁定期内不能卖出，但锁定期后可以在离岸市场自由买卖。这个产品为中国家庭未来孩子留学及配置海外资产提供了一个非常稳健的市场发展框架，使得资本账目开放可以非常透明有序地通过开放城市实现。

中国金融城需要学习和复制香港的营商环境及生活方式。香港模式为什么重要呢？因为，香港是一个完全自由的、国际化的世界金融中心，而且港币目前与美元挂钩，是硬通货币。未来港币如果与 SDR 一揽子货币挂钩，香港所有金融资产都将变成以 SDR 超主权货币为计价单位，可以在全球范围交易流动的资产，这就是中国及其他世界级开放城市需要学习和复制的，也是未来最终发展目标，让中国一些沿海发达开放城市的金融资产可以在全球金融市场定价，与香港金融资产一样，成为全球硬通货。这对中国未来的实体经济，特别是创新型经济体发展非常重要。中国金融开放最终是为实体经济产品及要素在全球市场定价及有效配置服务。

所谓的开放型世界级城市，特别是离岸金融城，并不需要在物理上设置类似香港和内地一样的边界，通过区块链等数字金融科技，已经可以设置电子围栏，从监管和技术层面就可实现金融城不需要设立物理路障及关卡，也可以对外开放。

青岛是一块非常好的试验田，上述比较超前的思路可供海内外人士思考。

要找准定位和切入点

何　平*

金融城的建设规划，要从金融的本质出发。金融有两个作用，一是服务实体经济，另外一个是财富再分配，很多人不愿提这个，但事实存在。从服务实体经济角度看，金融一般会帮助现有产业提升效率并鼓励创新，同时还能促进新行业的出现。财富再分配，简单的例子比如某些对冲基金可以实现财富再分配，有一些更复杂的宏观层面的财富分配，在金融与产业互动背后实现的，比较隐性。

金融城建设有三个重要因素，一是找到金融服务的需求方，金融城建设中一定要找到金融城最重要的服务对象和服务目标。世界上有很多金融城，它们各自产生、发展、变化、起源路径都不一样。以芝加哥为例，是从大宗商品期权期货交易发展而来，当时，作为密西根湖边的芝加哥是大量农作物集散地，很多农民有这种交易和避险需求，发展出很多避险工具，包括期货期权。另外一个例子就是新加坡，作为马六甲海峡上一个重要港口城市，贸易往来特别频繁，最终使得新加坡成为一个贸易集散地，必然带来很多资本流动，以及金融服务需求。

看看迪拜，很富有，为什么呢？因为，阿拉伯国家卖石油赚大量金钱后，不知道该如何处置？这就需要财富管理。所以，最后建立金融城，吸引专业人才到迪拜进行财富管理。

---

* 何平，时任清华大学经济管理学院金融系教授、中国金融研究中心主任。

二战之前，伦敦是英国海外扩张时资本融资的一个主要城市。二战之后，当英国在全球势力收缩之时，伦敦主要作用变为离岸美元的交易中心。所以，金融城或金融中心的建设都有一个特定需求。青岛市作为一个金融城建设的排头兵，必须找到需求切入点。不然，发展无从谈起，什么都想抓，什么都抓不上，必须找到切入点，这就要解决需求层面的问题。

二是吸引金融人才以及一些企业或金融机构入驻。人才也是金融城建设中很重要的要素。现在很多家长希望自己孩子进入金融行业，清华大学经管学院也有很强的本科专业，每年会吸引很多高考状元进入清华经管经济与金融专业学习。为什么人才很重要呢？金融从业者需要有一个聪明的大脑，人才很关键，优秀人才怎么才能吸引到青岛呢？这需要花很多心思，简单靠薪酬不能解决问题，要有很多配套措施。

最后，有一个很多人都会忽略的要素，就是原始资本。现在全国上马各种各样的金融小镇、金融城，此起彼伏，最后投资巨大，政府投入很多资金，批准大片土地，建起很多高楼，最终空置或者大多数企业和机构象征性入驻，没有真正意义上成为一个名副其实的金融服务中心。这其中很重要的一个原因是缺乏原始资本，金融城需要原始资本，金融服务是把有钱人自己的财富资本提供给需要的人，金融机构的进驻还需要一些原始资本。例如，迪拜的阿拉伯人很有钱，这就是原始资本，有的港口城市有理财、贸易、离岸货币结算需求，最终汇集资本。如果这些条件一开始不存在，原始资本来源需要引起关注。

在这三要素中，需求最重要。金融城建设中要结合自身优势，可以是地域优势、人才优势、空气优势等，结合国内外经济发展最新变化动态，找到自己的切入点。对于青岛来说，有很多可能的切入点，但必须选择其中的一个而为，不能面面俱到。例如“一带一路”金融服务的需求来自于中国资本走向海外，帮助一些发展中国家提升自身基础设施，帮助中国产业转移，这是一个方向，也存在可行性。青岛作为最早单列市，在开放中具有很多优势，这是它可能抓住的一个切入点。

第二个可能的切入点就是国内产业转移或者经济结构调整，供给侧改革。青岛自身发展可对于内地发展提供很多借鉴意义，这也是青岛的优势，帮助内陆地区发展，促进经济结构调整。

第三个可能的切入点是金融科技，因为，它是一个非传统的新兴行业，把科技更好地融入金融中。金融科技有两个目的：一是提升现有金融服务效率，降低成本；二是在新场景中为新的人群提供新的服务。从这两个视角可以推动金融科技发展。一个地方发展金融科技的优势在于不用与传统金融中心竞争，可另起炉灶、另辟蹊径。青岛与上海、深圳或其他金融城市相比，人才、资本等方面都没有优势，需要一个新的切入点或者发展路径。以上三个切入点，青岛有抓住的可能。

金融城建设需要良好的生态环境

樊志刚*

围绕着金融城建设，应从三个方面入手。

一、金融城建设需要政府发挥积极作用，需要对金融城进行培育。从现有金融城产生和发展历史可以归纳出，金融城应该有两种类型：一种是自发式，一种是规划式。自发产生比如伦敦、纽约、芝加哥等地市。没有任何人规划，纽约是商人在梧桐树下签一个协议，最后形成华尔街，发展成为世界金融中心。伦敦也一样，最早从保险契约等类在咖啡馆里面进行交易而逐渐发展起来的。特别是二战以后又产生了一些新的金融中心，比如新加坡以及近年发展非常快的迪拜等地。这些地方一个重要特点是政府在其中发挥了非常重要的作用，进行规划和积极的培育，通过对金融城发展所需要基本条件的创造、打造，积极培育出一种适合金融业发展的环境，才使产生了这些金融城。

对于中国更应该如此，金融城发展政府要积极进行培育。包括中国最著名的上海，本身就是新中国成立前的金融城，是自发的，现在，金融城多为规划产生的，离不了政府积极培育。

二、金融城产生与发展和金融生态有关，打造或者培育金融城必须营造一个非常适宜金融城发展的金融生态。一个良好适宜金融城成长发展的生态，主要包括以下几个方面。

---

* 樊志刚，时任中国工商银行城市金融研究所副所长。

首先，有一个活跃的经济基础。一般来说，金融城不可能在一片沙漠、经济一片荒芜、经济不发展的基础上产生，需要一定的经济基础。其次，科学的功能定位。金融城细分一下大概有三类。第一类是综合性的全功能金融城。第二类是多功能金融城。第三类是单一功能金融城，具有特殊功能的金融城。

一个地方要培育和发展金融城，应该有一个科学的定位，看看哪种类型的金融城最适合选择，把功能定位好。通常情况下特别区域性的金融城，从单一功能作为突破口是十分明智的。例如青岛选择财富管理作为突破口，作为金融城培育和发展的一个核心和起点。但是，也要掌握一个原则，要在重点突破基础上沿着这个链条延伸，以点带面多向发展。围绕财富管理功能本身，首先要在财富管理所有链条中展开。在此基础上，进一步围绕财富管理发展一些其他相关功能，或者发展成为围绕财富管理作为中心的多功能的一个金融中心。

同时，建立良好的营商环境，这一点非常重要，它有什么样的体现呢？政府要公平治理，政府对待企业和金融机构是不是给予公平对待。另外，法律是否可靠，如果遇到官司，法院通过法律手段，是否能够依法得到合理解决。此外，交易诚信如何，当地是不是信用程度很高，讲诚信，有一个确确实实的诚实守信环境。做金融经营就是靠信用，如果没有良好信用环境，任何一种金融产业不可能发展起来。

此外，畅通的信息交流。金融在一定程度上是经营信息。由于信息本身的特点，即信息不对称现象存在才产生金融。如果整个社会信息已经全部对称的情况下是不可能有金融存在。所以信息非常重要。比如青岛处于区域性中，与北京、上海等地方相比，在信息方面具有自己不足之地。众多的金融机构为什么喜欢聚集在北京或上海，除其他条件外，北京与上海信息发达也是非常重要原因。如果作为一个金融城，别的地方很多消息都已经知晓，当地却慢半拍，金融城的建设很难实现，所以必须要有畅通的信息交流。

另外，贴心的公共服务。金融机构和金融人才都需要有一个贴心的公共服务。至于金融机构，一个地方能不能提供成本相对较低、环境又非常先进的办公条件；而对金融人才来说，需要的生活条件是不是能够满足，子女上学等问题能不能有效解决等等。所以，这一点也非常重要。即使教育非常发达的北京，金融街在这方面也作为非常重要的一个抓手，帮助金融机构解决这些实际问题，作为吸引金融机构的一个重要手段，以留住金融机构以及金融人才。青岛在这方面应该需要做得更突出。

最后，充足的人才培养。金融需要人才，有什么样的人才就有什么样的金融水平。但是青岛不能仅仅满足于从北京、上海等地吸引人才，吸引高校毕业生等。还需立足自身培养金融人才，包括财富管理方面的人才，形成一个专业基地。本地人实际上最靠谱、最值得信、最用得上。

第三个方面是金融城建设具体要怎么做呢？有三点需要注意。

一、要把硬件做硬，同时要把软件做软。硬件是必要条件，软件是充分条件。有一些地方建设了很多高楼，条件非常好。但是，难以吸引金融机构和金融人才落户，这是软件方面的欠缺。

二、要重视和发挥现有金融机构作用，不能为打造金融城等远大目标忽视现有金融机构，让现有金融机构潜力、能力没有充分发挥，不利于金融生态的打造。如同生二胎，一胎小孩没有照顾好，却忙生二胎，这种效果最终不好。

三、要在金融城建设过程中，高度重视金融科技的作用。金融科技也是可以高度应用在财富管理上。例如，财富管理中已经出现智能投顾等创新业务模式，应用已经非常深入。财富管理以及其他金融业务，今后发展肯定高度依赖金融科技。所以，整个金融城建设也必须高度重视金融科技的重要作用。

青岛金融发展迎来崭新契机

张清东*

今天上午青岛·中国财富论坛成功开幕，这次论坛不仅是从理论上对金融领域当前最新形势和发展态势进行了思想碰撞，也产生了思想火花。同时，为业界提供好的资本项目和企业对接平台，很是让人欣慰，希望能够在未来有更好的发展。

在今天上午的开幕式上，青岛市长孟凡利已经代表青岛市人民政府对青岛市进行了全方位推介，各位都是权威，对数字非常敏感，只想强调两点：第一，2017 年青岛进入 GDP 过万元城市的俱乐部，达到 1.1 万亿元人民币，在全国排名第 12 位，这是青岛市经济社会发展很重要的指标。第二，最近一期发表的全球金融指数，青岛被排为全球金融中心指数第 33 位，在中国是第 5 位，这些成绩一方面表明青岛近年来经济社会发展取得进步，另一方面离不开在座各位的支持和帮助，才使得青岛在财富管理综合示范区建设上取得了今天的成就，再次对各位的支持表示感谢。

金家岭作为青岛市财富管理综合示范区的核心区，位于崂山区山水秀丽之地，聚集了青岛市全市 75%的大型法人金融机构，当前致力于打造财富管理核心区、金融安全示范区，建立金融城、生态城、未来城。2018 年 1 月，国务院批复的山东新旧动能转换综合实验区总体方

* 张清东，时任青岛市政府副秘书长。

案中，将财富管理示范区作为做大做强现代金融服务业的重要抓手，明确提出加快建设青岛综合管理改革示范区。青岛市金融发展和金家岭金融区域建设将迎来崭新的契机。

站在新时代，在上合峰会之后，青岛进入发展的新时代、新起点，开启新航程，青岛的未来充满信心。希望各位借着此次青岛财富论坛各抒己见，为青岛财富管理发展多提宝贵意见，多献发展之策，欢迎世界各地人才来青岛。

构建金家岭财富管理高地

江敦涛*

崂山是中国海上名山第一，崂山区是青岛东部宜居宜业的现代化山海品质新城，陆域面积395.8平方公里，海域面积3700平方公里，海岸线长103.7公里；辖5个街道办事处、139个农村社区、22个城市社区，常住人口43.87万人。崂山区是青岛市体育、文化、医疗、教育、休闲等城市功能的主要承载区，也是金融、高新技术、旅游等新兴产业的核心集聚区。近年来，我们认真学习贯彻习近平新时代中国特色社会主义思想和党的十九大精神，深入践行新发展理念，全力打造生态田园城市、山海品质新城，推动崂山在高质量发展上率先走在前列。特别是我们始终坚持创新驱动产业转型升级和新旧动能转换，依托青岛中央创新区、青岛金家岭金融区、崂山风景旅游度假区和青岛崂山湾国际生态健康城，集聚发展战略性新兴产业、金融产业、旅游产业和大健康产业"四大主导产业"，加快打造青岛高端产业引领区、全省新旧动能转换示范区，基本形成实体经济、科技创新、现代金融、人力资源协同发展的现代产业体系。2017年，崂山区用623.1亿元的生产总值，创造出260.1亿元的区级税收总收入、141.8亿元的区级一般公共预算收入；万元生产总值财政贡献率全市第一，区级一般公共预算收入总量连续两年居全省区（县、市）第二。

* 江敦涛，时任青岛市崂山区委书记、青岛金家岭金融聚集区管理委员会主任。

金融是现代经济的核心、实体经济的血脉，也是崂山区全力打造、重点发展的一个主导产业。近年来，我们按照“一手抓金融载体建设和规模扩张，一手抓金融生态体系和风险防控”的思路，着力打造青岛金家岭金融区，金融产业实现从无到有、做大做强，正以稳健有力的发展态势，加快迈入国际知名的财富金融中心行列。

我们坚持立足青岛、面向全球集聚金融企业，推动金融产业持续壮大、健康发展。目前，已建成金融及配套楼宇载体近 690 万平方米；集聚金融机构和类金融企业 750 余家；其中，大型法人金融机构 15 家，占青岛市的 75%；私募基金实缴规模 465 亿元，约占青岛市的 80%；国内外上市企业达到 10 家，新三板挂牌企业达到 17 家，集聚金融业态 20 余类；金融业增加值以年均 20%左右的速度增长，2017 年达到 100.32 亿元，占 GDP 比重达到 16.1%；青岛金家岭金融区被评为全国最佳金融改革创新示范区。

我们坚持以新业态打造金融产业发展新引擎，在抢占金融产业未来发展高地上持续发力。金融业不仅是一个服务创新的产业，也是一个创新驱动的产业。我们注重引进培植消费金融、信用资产交易、风险管理、金融仲裁、第三方支付等金融新业态，海尔消费金融、青银金融租赁、百森通支付等一批新金融企业落户我区；特别是把金融科技作为重中之重，启动建设青岛金融科技中心，目前，已布局区块链、大数据征信、智能投顾等多类金融科技业态；全球首个区块链产业沙盒“泰山沙盒”和 200 条“崂山链”在崂山首发并落地运行。

我们坚持把金融产业生态体系建设作为金融区发展的生命线，持续增强金融产业发展的内生动力。在政策激励上，我们精心制定了“金融产业政策 18 条”“金融人才奖励措施 6 条”“精准招商中介奖励措施 4 条”，推动青岛金家岭金融区成为全国金融激励范围最广、兑现力度最大、引才引智最优、产融结合最紧的金融区之一。在金融平台集聚上，我们引进了蓝海股权交易中心、青岛产权交易所、青岛联合信用资产交易中心等一批要素市场，持续增强金融要素辐射能力。在财富金融文化营造上，与中国金融 40 人论坛等多家知名金融智库开展战略合作，成功举办全球金融中心指数发布会、山东金融博览会等一系列高规格会议，金家岭正逐步成为财富智慧的汇聚地和发声地。在金融服务上，我们落户了教育培训、会计师事务所、律师事务所等一大批中介服务机构，全面推进“放管服”改革，确定“零跑腿”事项65项、“只跑一次”事项 145 项，着力打造全国审批项目最少、审批速度最快、服务质量最优的营商环境。在金融服务实体经济上，发挥金融区优势，引导设立总规模 33.7 亿元的 4 只股权投资基金、参股企业 27 家，下一步总规模将达到 200 亿元；鼓励区内金融机构创新“企易贷”“商户贷”等系列金融产品，在服务新旧动能转换、中小企业发展、乡村振兴战略等重点领域上取得显著成效。

新时代新征程，金融和资本承载着促进经济高质量发展的重任。随着上合组织青岛峰会的成功举办，青岛由此迈入国际化大都市的行列，青岛金家岭金融区的发展也必将面向国际、走向世界。下一步，我们将牢牢把握服务实体经济、防控金融风险、深化金融改革“三大主题”，拿出最优的政策、最优的服务，搭建最好的平台、最好的环境，推动青岛金家岭金融区向着建设“三区三城”、构建财富管理高地的新阶段加快迈进。

——我们将以每年“3 个 100”的速度，全力打造财富管理核心区。坚持金融产业“两手抓”发展思路，每年新引进金融机构和类金融企业 100 家、新开工金融及配套楼宇 100 万平方米、新建成金融及配套楼宇 100 万平方米，着力聚集一批银行、证券、保险等金融机构总部或区域总部，力争到 2021 年，金融业增加值突破 200 亿元。特别是，我们将抢抓国家深化财富管理改革的重大机遇，集中优势引进一批财富管理龙头企业，进一步完善财富管理产业体系和产业链条，在国内外立起财富管理的“金招牌”。

——我们将以青岛金融科技中心为依托，全力打造金融科技先行区。坚持把金融科技作为崂山未来金融产业新的增长点来培育，研究制定金融科技产业激励政策，鼓励支持金融机构实施金融科技创新工程，加速集聚发展智能投顾、大数据征信、区块链金融等新兴业态；同时，加快建设滨海数据中心、海尔云谷等一批金融科技产业楼宇，引进集聚一批金融创新企业，推动青岛金家岭金融区成为金融科技创新和应用高地。

——我们将以诚信、安全、自律、公平为目标，全力打造金融安全示范区。探索建立部门监管、行业自律、社会监督、政府协调统筹于一体的大监管体系，健全完善守信受益机制和失信惩戒机制，加快集聚征信、资信评级、信用咨询等信用服务机构，重视引进一批金融安全专业机构，提高金融风险防控能力；特别是对投资类企业这个重点，我们将加强监管、主动监管、深入监管，努力为青岛金家岭金融区创造一个最优的发展环境。

产城融合、产融结合，是崂山今后发展的重要方向。我们将坚持生产、生活、生态“三生共融”的理念，着力把青岛金家岭金融区，打造成为特色鲜明的“未来三城”，即集约紧凑、功能完善、管理高效，以财富管理为特色的综合性金融城；品质高端、环境优美、服务便捷，让居者心怡、来者心悦的宜居宜业生态城；新产业、新业态、新技术、新模式先行先试，新的工作和生活方式竞相试验，让全球金融企业与人才创智未来、实现梦想的智慧未来城。我们的目标，就是以“三区三城”建设，推动青岛金家岭金融区加快成为国际知名的财富金融中心。

站在未来展望金融业的发展，我们充满信心；乘着东风向着金融业的明天再出发，我们大有可为。真诚希望各位金融家、企业家能到崂山创业发展，我们将竭诚提供优质服务、创造良好条件，携手共创金融业稳健前行的美好明天。

多方位推动青岛财富管理金融中心建设

王　锋*

青岛金家岭金融区位于青岛市崂山区，是青岛市财富管理金融综合改革实验区的核心区，是一片充满活力、富有实力、更具魅力的发展热土。崂山区正在加快构建现代化产业体系，打造宜居宜业的现代化山海品质新城。我们重点发展四大产业。一是科技产业。我们着力打造的青岛中央创新区，是国内创新创业生态最优、创新资源最密集、高新技术产业最富活力的区域之一。虚拟现实、智慧产业、智能制造、生物医药、新能源新材料五大战略性新兴产业，已聚集企业 1000 多家，每个产业都有 1 名以上院士领衔源头创新、1 个以上龙头企业支撑带动；二是旅游产业。这里有 1 个国家 5A 级景区、3 个 4A 级景区、9 个 3A 级景区。我们着力打造的崂山风景名胜区，正加快成为享誉海内外的旅游度假胜地；三是健康产业。我们的崂山湾国际生态健康城，获批成为全国首批健康旅游示范基地，相信不久的将来，大健康产业将会在崂山区蓬勃发展。

第四大产业是我们今天重点研究讨论的金融产业。我们打造的青岛金家岭金融区，规划总用地面积 23.7 平方公里，是国家级青岛财富管理金融综合改革试验区的核心区。青岛金家岭金融区以构筑面向国际的

* 王锋，时任青岛市金融工作办公室副主任、青岛金家岭金融聚集区管理委员会副主任。

财富管理高地为目标，致力于打造财富管理核心区、金融科技先行区和金融安全示范区，建设迈向生活美好的金融城、生态城、未来城，助力青岛财富管理金融中心城市的建设。

在载体建设上，我们致力于打造优质的楼宇配套集群。我们按照每年新开工项目 100 万平方米、新建成项目 100 万平方米的速度，全力推动高端金融载体项目建设。目前已经投入使用金融及配套载体面积达到 700 万平方米，为各类金融机构和配套产业的入驻提供了强大的载体支持。

在招商引资上，我们致力于构建丰富的金融产业生态体系。青岛金家岭金融区对标国内外一流金融聚集区，根据国内外财富管理行业发展趋势，致力于打造财富管理金融机构价值矩阵，构建充满生机与活力的金融生态圈。近年来，青岛金家岭金融区累计落户金融机构和类金融企业 750 余家，涵盖 20 类金融业态，大型法人金融机构、基金认缴规模、金融业税收分别占青岛市的 75%、90%和 49%，聚集效应初显。

在政策服务上，我们致力于打造全国最优的政策洼地、服务高地。我们出台了金融业持续快速发展 18 条和金融人才奖励措施 6 条等新政策。新设法人金融机构落户最高补助 1.5 亿元。私募股权投资基金按照募集资金实缴情况给予 50 万元至 1500 万元的落户补助。对新设立重点金融机构高管在落户、购房、子女教育、个税等方面给予优惠支持。

在氛围营造上，我们致力于打造财富管理思想交流最为密集、金融专业人士交流最为频繁的财富管理智慧文化高地。我们密集组织举办了全球金融中心指数发布会、金家岭财富管理论坛、金家岭金融科技论坛、中国财富管理指数发布会等一系列高规格高品质论坛会议活动，青岛金家岭金融区逐渐成为财富管理智慧的汇聚地和发声地。

一次盛会，改变一个城市。上合青岛峰会的胜利召开，掀开了青岛发展的新篇章，金家岭金融区也踏上了创新发展的新征程。我们期待各位嘉宾为金家岭金融区的发展建言献策，共同推进青岛财富管理中心城市建设。

对 话

王军[*]：初主任介绍时提到很重要一点却欲言又止，是想留在下面环节与我们深入交流。在座各位嘉宾中只有您来自当地政府，政府如何提供更好的服务，为金融城建设助力？我认为靠政府补贴恐怕不行，如何打造更多好的生态环境，给金融城建设提供一个好的环境呢？请您谈谈看法。

初明锋：我首先要向青岛同事表示敬意。因为他们在青岛围绕打造财富管理金融综合改革实验区的工作中既艰苦又富有成效。目前，青岛在中国金融中心城市的地位已经得到大幅度提升，而且得到一些国际上的认可。过去传统金融的主要功能是融资，现代金融又增加了一个理财。青岛抓住财富管理中心这个新方向，做好理财这个特色金融。

在早期，青岛一定要引进所有金融业态。但是，未来一定要突出理财特色。建设财富管理中心城市，才是青岛站住脚并发展壮大的一条通道。如果只是一个泛泛的金融中心城市，无法与北京、上海、香港竞争。所以，下一步青岛在财富管理中心城市建设过程中，要针对如何培育理财这个特色产业开展工作。

在这个过程中，政府要扮演什么角色呢？这是一个很难解答的问题，金融监管如同男性衣服一样，两个口袋还是四个口袋，两个扣子还是三个扣子，最终是周而复始。在经济顺周期时，金融业发展繁荣，此时政府监管往往会宽松。但是，经济发展有周期性，金融也一样有周期性。过去几年时间，寒潮来袭，经济下行，金融遇到风险，此时又要强监管。政府监管忽紧忽松，忽冷忽热，这也是一个周而复始的过程。

金融监管周而复始对地方政府无关痛痒，因为金融监管在中国属于中央政府的职能，作为地方政府要尽心竭力把能够做到好的事情办好就

---

* 王军，时任中原银行首席经济学家、中国国际经济交流中心学术委员会委员。

可以。

青岛本身有一流水平的自然条件，准一流水平的交通通信条件，准一流水平的政务司法条件，还有接近二流水平的文化教育条件。自然条件是客观条件，我们会努力的余地很小。那些准一流，或者停留在二流的一些条件，需要下大功夫改造提升。刚才也有一些专家在这方面给我们了一些指点。

政府服务如何做到到位而不越位呢？下一步，青岛应该向提供更通达便捷的交通通讯保障、更人性适度的行政管理保障、更公正高效的司法保障的方向努力。另外，针对财富管理这个特色行业、特色定位去引进人才，打造载体，发展标志性、旗舰式的项目。

王军：国家金融开放步伐越来越快，作为青岛如何抓住当前金融开放机遇，特别是资本市场直接融资发展的机遇，您对青岛有什么好建议？

马险峰：金融市场加快开放以后，金融机构设立也将更加开放。青岛应加大力度吸引合资机构，特别是在外资金融机构新设方面要有所突破。目前证券公司、基金公司、期货公司、私募基金等机构相对比较少，应有所突破。此外，最近资产管理行业正在整顿。资管新规出台后，财富管理行业将进入规范持续发展轨道，这将会为青岛带来新机遇。近期，私募基金机构因为营改增面临巨大压力，青岛在税收方面或许可进行突破，例如考虑明确免征私募基金管理机构增值税，这是比较大的政策，会吸引一批私募财富管理机构落户，这种手段可能会产生超预期的政策效果。

王军：肖教授海内外游历甚广，刚才提到纽约、香港、伦敦，它们都是全球知名的前几位金融中心，青岛可以用它们哪些成功经验作为借鉴呢？

肖耿：青岛具备成为重要地区性金融中心的地理位置条件，现在需要的是开放。因为，其他所有金融中心没有不开放的，所以，青岛在开放上如果有所突破前途非常广阔。整个中国的东北部最适合吸引人才、吸引机构，当地财富未来积累会越来越多，例如美国西雅图，有微软和亚马逊两家巨头公司，就这两家公司就能把城市带动起来。青岛未来一定会出现一些非常好的大公司。

王军：何教授，您来自大学，请您从理论角度简单分析一下金融城建设到底需要什么样的生态环境支撑？哪些因素是最核心、最要紧的呢？

何平：首先，人才很重要，围绕人才打造一个居住、教育、医疗以及一些文化生活的生态也很重要。如果需要吸引一些国际化人才，更需要一些相应基础设施的建设。所以，人才生态很关键。

同时，金融的核心是信用。所以，整个信用体系搭建离不开法律监管生态的建设。中国现实社会中的某些商业往来的思维方式和交易模式与现代金融的理念可能存在一定冲突。所以，迪拜等一些国家，以及一些刚建成的金融城，在法律生态上会建立一种特区性的特殊法案、法律体系，多数采用英美法系，比较适用于现代金融信用机制建立。这种法制生态对于金融体系，尤其是信用体系建设可能更加有利。

此外，打造科技生态也很重要。这需要一些科技类企业进驻，加上政策引导，帮助这些科技企业入驻发展，促进金融行业的发展。

王军：樊所长关于这个话题有什么补充？

樊志刚：青岛发展金融城具有非常多的优势。第一，它是一座具有现代经济发展底蕴的城市。第二，青岛经济本身比较发达，产值已经突破万亿。第三，地理位置覆盖整个华北，是华北最重要的港口。同时，面向东亚、日本、韩国，现在又处于通过大陆桥向中亚延伸的这一个特殊位置。另外，财富管理本身和整个开放程度有密切关系，未来肯定会更加开放，特别在资本账户方面，开放力度越大，为财富管理和资产全球配置创造更多、更好的条件。所以，青岛发展金融城有得天独厚的优势。

王军：经过了一个半小时的充分讨论，各位嘉宾都贡献了自己智慧，分享了宝贵观点，相信这些真知灼见会为青岛下一步更好地推动金融城建设增砖添瓦，希望今天的讨论带来一些收获，促进青岛下一步经济社会高质量发展上个新台阶。

第十章

企业借力资本市场与配套服务

增强金融服务实体经济能力、提高直接融资比重、促进多层次资本市场健康发展是十九大提出的重要战略，而企业借力资本市场也是做强的重要途径。但在一些区域，企业仍然存在缺乏资本市场观念、对上市流程了解不足等问题，资本市场的发展远远落后区域经济体量和创新活力。从政府层面来说，如何提高企业家资本市场意识，整合和推动交易所、银行、证券公司、创投公司、评级公司等机构，为企业参与资本市场提供全周期、多层次的服务体系，并培育创新企业成为后备资源，对助力企业发展壮大和增强区域竞争力有重要意义。

中国普通投资者选择受限

秦　谊*

谈资本市场，我要从美林证券谈起。美林证券通过子公司向全球提供投资、融资、咨询、保险和相关的产品及服务，包括证券业务、投资管理、财富管理等，在投资管理业务范畴创作出多种类型的衍生产品，包括信用衍生产品、期货衍生产品等，包括私募投资，整个过程中，不同的产品有不同的发生方法。

什么是衍生产品？衍生产品是用信用风险做博弈的一种金融工具。2005 年，债券市场低迷，很多企业将衍生产品的投资放到海外去做。同年，美国所有券商的海外收入首次超出美国本土收入。这是监管带来的变化。美国对券商的监管政策非常严格，例如证券法。

美国 90%都是直接融资市场，如果我是 GE 面临给员工发放工资，可以通过发行债券的方式进行融资，再用融资款进行发放。投资者自愿投的开始标价，如果投资者信任这支债券，标价会越来越高，利息则反之降低。定价由市场决定，每个企业、每个产品均有进行市场参与和市场定价，而不是通过中介发行商进行信用担保。这样，可以让投资者更深度地了解到产品的丰富性。

这几年，通过金融危机看到了几个国家应对风波的对策。在英国，每个地方都有它自己的破产法，不同的地区申请破产保护，要从会计方

*　秦谊，时任德勤亚太区投资管理行业主管合伙人。

面去保证它的隔离。2006 年，摩根由于流动性出现问题导致股市崩盘，并非交易不在，而是产品难发。2012 年，中西协搞资产证券化，建行做过很早的一次资产证券化，没有现金流情况分析，这是不对的。债券是由产生资金流的资产支持，根据资产现金流对债券进行标价，中国发行资产证券化时，要发行方做过预测后再由发行方做担保进行销售。

在中国，大部分都是间接融资，所有的信用信息都被银行包围，投资者的投资选择非常有限，建立完整的信用体系是关键的一步。

资本市场上市准入有提升空间

王国光*

我是 1993 年开始从事投资银行，先后在几个大型的证券公司从事企业融资、并购、衍生品的交易销售等业务，经历了中国资本市场伴随中国经济增长不断发展壮大，也经历了境内外市场的跌宕起伏。我就谈几点。

第一，中国资本市场日趋成熟，能为企业提供全方位的服务。经过 20 年的发展，中国资本市场的产品种类、交易规模都日趋成熟，已经成为全球重要的资本市场，为企业提供融资、并购、投资交易等各方面服务。2017 年，中国股权融资金额达到 1.7 万亿，其中 IPO 公开发行筹资 2300 亿，上市企业达到 438 多家。同年，企业债券融资达到 6.4 万亿，上市公司的整个市值达到 50 万亿，上市企业为 3547 家。今年，监管部门推出很多政策，支持境外创新企业发行存托凭证和境内创新企业上市，这是与国际接轨和市场成熟的表现。

第二，境内境外两个资本市场日益连通。境外资本市场作为境内资本市场的重要补充，今年监管部门推出的政策中，包括沪伦通、德国上市和 H 股全流通试点，以及过去推的沪港通、深港通，近一步提升了资本市场的开放程度。另一方面，香港市场推出了没有盈利和收入的生物科技公司，同股不同权的企业也可申请在香港上市。

---

* 王国光，时任中信证券董事总经理、投行委综合行业组负责人。

第三，中介机构在资本市场的作用趋于提升。现在从交易产品到种类都非常复杂，企业对中介机构特别是投资银行的服务要求持续提升。随着近几年的发展，我们会看到，经验丰富、专业性强的投资银行得到企业和市场认可。从今年年初到现在，整个境内股权融资和债权融资排名前十的中介机构占了市场的百分之七十几，前五名达到百分之五十几。中信证券在整个市场一直排名前列。

第四，资本市场的核心问题是公司上市的机制。发行制度从原来的额度制、审批制到现在核准制，市场发展日趋完善。资本市场应该是一个市场经济，企业能否上市以及上市的定价应该由市场决定。资本市场的核心问题，目前还是没有解决，企业上市机制的问题，还是有很大的提升空间。

第五，企业进入资本市场要充分考虑市场风险。现在资本市场的产品，包括法规、交易均比较复杂，企业在运用金融产品的时候都有两面性，有好的一面，有坏的一面，例如 2008 年金融危机，就是企业和中介机构过度使用金融产品，造成全球金融危机。这个危机过去十年对整个全球金融市场影响深远。所以企业在运用金融产品要适时、适度，要学习、熟悉金融产品，还要得到投资银行等机构的专业建议。另外，企业一定要关注自己的流动性，最近很多上市企业大股东因为股权质押造成流动性问题，导致上市企业控股权的丧失。经济环境下，流动性对企业、政府、个人的影响至关重要。

新三板价值偏低在于流动性不足

罗明雄*

在资本市场从业 12 年，谈点感受。

第一方面关于制度政策。首先分享三句话。

第一句：有法可依，有法必依，执法必严，违法必究。大家都知道，中国不缺法律法规，最重要的是如何有效执行。目前咱们国家包括证监会等政府相关部门都在不断努力。

第二句：对政府来说，法无授权不可为，法定职责必须为。而对企业来说，法无禁止即可为，政府应该要在法律法规严禁的范围及负面清单之外给企业留有更多的自由发展空间。

第三句：与其教育投资人，不如教育从业者。我们的确要保护投资人，要加强投资人教育，我国包括股民、理财投资等各类投资人在内有数亿人之多，但仔细研究法律条文、企业财务报表，认真做金融风控的投资人却少之又少，教育投资人的难度非常大，把广大的投资人都教育成类似我们京北投资专业团队这样的金融投资水平是绝对不可能的事情。但金融从业者都是特定人员，都是相对有一定文化素质的职场人士，如果能让每一位金融从业者在培养基本的金融从业素质的同时，让其了解金融风险，以及如果违法违规需要承担的责任的话，会极大比例

---

* 罗明雄，时任京北投资 & 连交所创始人、总裁，上海交通大学互联网金融研究所所长。

地降低金融诈骗事件的发生；当从业者都不去骗子公司工作后，骗子能产生的危害也会小很多。

第二方面谈谈关于对我国多层次资本市场的建议。

腾讯为何选择去香港上市？阿里为何选择去美国上市？为什么不在大陆上市？我们在上市条件需要商榷的情况下，其实更欠缺的是如何实实在在地执行退市制度。目前我们正在慢慢往这方面走，正在不断完善这种制度，促进资本市场不断地成熟与完善。国内对股市长期以来骂声一片，但香港同样有很多下跌乃至暴跌的股票，为什么没有那么多抱怨？正是因为香港的监管机构与投资人对规则能够很好地理解和执行。

目前国内的多层次资本市场，之所以没有很好地发挥其效果，个人认为有两大方面的原因，即规则的制定和规则的执行问题。规则是不是好的规则？能否达到预期的目的？能不能鼓励创业团队的同时，又对投资人有适当的保护？如果在合理清晰规则之下的投资产生投资亏损，投资人是否就应该愿赌服输？当下新三板流动性不足，核心原因是什么？为什么不能让它流动起来？

交易创造价值，多层次资本市场如果缺乏流动就是一潭死水，不能为了避免犯错误而永远驻足不前。良好的规则与有利的执行是核心。

资本市场还需向精细化发展

赵锡军*

从 1990 年上交所正式营业、1991 年深交所正式营业，中国资本市场发展至今近 30 年。30 年现在看起来非常短，无法跟英国资本市场发展时间相比，也很难跟美国、中国香港市场的历史匹敌。尽管现在市场里学习了很多美国的资本市场规则，但市场内容是自己的，因此对资本市场的认识积累很难在短时间内达到精细程度。

厨子是从美国回来，炒的菜是中国菜。中国资本市场是在美国待过的人创建的，是以为国有企业改制、为国有企业融资为出发点起源，跟市场有一定差距。银行借不到钱怎么办？只能从另外一个角度考虑能否融资，资本市场由此开启。20 世纪 90 年代初期，刚开始发行股票没人购买，很多人不认可甚至反对这个市场，深圳市规定党员干部带头购买股票，从而引领很多人争相购买，发生变化。

中国以近 30 年的时间，大步走过了别人很长时间的路，迈的并不踏实，粗看上去有各种制度、各种规则、各类产品，还有各类投资者和各种渠道，可是其中每一个环节、每一项工作都没有完全做到位。如果希望这个资本市场继续为企业、为投资者做更多的贡献，就需要一个可以让它更加健康规范运行的理念。

中国资本市场发展近 30 年，能够从总量、市值上跃居全球第二，

---

* 赵锡军，时任中国人民大学财政金融学院副院长、金融与证券研究所副所长。

能够与其他国家相对应进行交流，已是日趋完善。待中国各方面围绕的资本市场或资产市场的政策法规与执法、企业上市公司的素质与认识、投资者的理念与素质等均达到精细程度的时候，我们的资本市场才是到位，如果没有达到精细程度就是没有到位。

当然我们要发现问题并解决问题，要从机构、投资者的角度找到实打实解决问题的方法，这样，才能把这个市场做好。今天话题很好，企业借力市场配套服务，企业借力并通过市场获得融资，兼并资源配置，包括存量、增量资源的配置。资源配置有多种方式，需要通过多层次的市场来实现多层次的服务。在目前中国这个环境下，政府如何为资本市场的发展做规划，如何为企业和投资者做好服务以及政府承担的功能确实是非常特殊的话题。这个特殊话题在中国香港市场和美国市场都不存在，只有在中国才有，尤其是在青岛，地方政府怎么样来做好这个事情，值得探讨。

资本市场难以形成长期预期

刘 锋*

我谈三点观察。

首先，从融资的角度看社会融资总量，20 多年来社会融资总量结构没有发生很大变化，主要方式一直是以间接融资为主，通过银行系统向居民部门以及企业部门发放贷款。为什么全世界最大的银行、最大的金融机构都在中国？这与社会融资的主要方式有关。到今天为止，企业通过资本市场融资的比重不足 20%。虽然股票市场已经有 50 万亿的市值，但从融资的角度讲，每年股票市场融资的比重在降低，企业从资本市场获得的资金比重在下降。

第二，从投资角度看，老百姓最大的一项资产配置是房地产，其次是银行系统的存款、理财产品等，参与股票和债券市场的投资活动只占到资产配置的 20%，最近几年还有资本市场投资比重进一步下降的情况。机构投资者方面，如公募基金从 1998 年开始，到 2009 年有一半公募基金是投在股票上，而到今天这个数字不到 10%。

第三，上市公司的财务结构，全体上市公司的平均资产负债率接近 50%，杠杆很高，部分企业达到 90%的负债率，其主要融资手段还是一般体系的间接融资，而且百分之七八十还是短期借贷。过去几十年经济的高速发展至今，资本市场的发展不但没有匹配实体经济发展的规

* 刘锋，时任中国银河证券首席经济学家、研究院院长。

模和增长速度，从融资结构和方式观察，其功能和作用反而还在相对退化。

上述问题的症结在什么地方，为什么相关问题越来越严重？从2015年开始，我国经济结构和运营生态发生质的变化，以服务业为主的第三产业创造的GDP超过第一产业与第二产业之和。而这个产业的大多数企业是民营企业。民营经济在整个经济体系中具有重要地位，贡献了50%以上的税收，60%以上的GDP，70%以上的技术创新，80%以上的城镇劳动就业，90%以上的新增就业和企业数量。企业的融资需求、融资方式随着经济形态的变化而产生变化。以前完全靠投资拉动，现在则难以为继。居民财富如果都囤积在房地产市场，其他实体领域还能得到金融资源的支持吗？

我们依靠房地产与基建投资以及第二产业重资本投资拉动经济增长的边际产出率正在急剧下降。为什么我们一直希望发展直接融资而效果不显著？问题在哪里？间接融资与直接融资最大区别在于信用关系发生了变化。间接融资是通过银行建立的间接信用，而银行背后有国家增信。但资本市场上投资人与融资方的信用关系则完全不同，投资人直接跟企业发生关系，是直接的信用关系。例如，买股票或企业债，企业一旦违约无法执行预期给予投资人的承诺，或通过各种内部人操纵掏空企业资产，企业拿着投资款到海外去，投资人的东西被质押却得不到分红。这样的信用关系，怎么敢投？谁来保护投资人利益？这种没有保障的情况如果长期存在，将非常危险。

资本市场上无法形成长期的预期，企业甚至监管的信用缺失或流失甚至滥用，信托责任不能落实到位，市场交易机制本身效率不高，造成很多价格的扭曲。行政干预的定价模式，也造成了要素分配机制的扭曲。成熟市场和新兴市场的最大区别是法律规制的严肃、完备程度不同。现代资本市场依托的是完善配套的法律制度和交易机制，当然这种完善也需要时间。然而，要有时不我待的紧迫感，加速推动现代化多层次资本市场的发育成熟。

谨慎监管造就经济持续增长

Samuel Pan*

我主要介绍澳大利亚的资本市场。澳大利亚是一个很有特色的国家，股市规模大概是1.6万亿澳币市值，约合20万亿人民币，和其GDP相当。澳交所是20世纪80年代由几家比较小的交易所合并而成的，上市公司2000多家，资本市场种类比较多，包括ETF、期货、股权、期权，甚至有现代衍生品、股指期货、能源期货。澳大利亚的监管部门跟中国也不太一样，主要有一个证券投资监管委员会，它主要的职责是将包括银行、保险，甚至股权投资等新经济技术的投资，纳入统一的政府平台下监管。从90年代初到现在，澳大利亚经济已保持持续26年增长。它是唯一一个没有遭遇经济危机的发达国家，2008年全球金融危机时，澳大利亚的经济增长率依然大于1%，这归功于澳大利亚严谨的监管，政策传导的有效性也特别强。

澳大利亚的房地产市场目前也处在高位，泡沫比较大，跟中国的情形类似。政府为应对这一问题做了很多工作，包括对银行贷款的导向，对海外投资人在这方面的规范和限制。所以澳大利亚房地产市场的泡沫并不像此前预计的那样会有刺破的风险。现在，风险已得到控制，房地产周期正处在从顶点往下走的阶段。

---

* Samuel Pan，时任澳大利亚保集基金合伙人、董事。

为企业上市提供一站式服务

高　健*

市南区是青岛市重要的中心城区，是青岛作为国家沿海重要的中心城市、国际性港口城市、滨海旅游度假城市、国家历史文化名城的主要承载城区。城区风景秀丽、环境宜居，是青岛市“红瓦绿树、碧海蓝天”最具代表性的区域。作为青岛乃至山东半岛服务经济核心区，2017年市南区全区生产总值达1095亿元，服务业增加值占生产总值比重达91%。在青岛市10个区市之中占据十分之一的比重。市南区与金融有着不解之缘，早在20世纪二三十年代，青岛的金融业就发轫于中山路区域并活跃兴盛起来。时至今日，市南区在青岛金融业版图中仍具有举足轻重的地位。作为全市金融业大本营，2017年全区实现金融业增加值286亿元，占全区生产总值的26.1%，1037家各类金融企业在这里创业发展，金融机构总量占全市总数的60%以上，区域本外币存贷款余额约占全市的40%和60%，区域经济和金融呈现出互促共进的良好格局。

本次高峰论坛以“企业借力资本市场与配套服务”为主题，具有很强的现实意义和鲜明的时代特征。党的十九大报告提出：“增强金融服务实体经济能力，提高直接融资比重，促进多层次资本市场健康发展。”资本市场是金融服务实体经济的重要保障和支撑，企业借力资本市场，

* 高健，时任青岛市市南区区委副书记、区政府区长。

不仅能够有效解决融资难题，帮助企业加快发展，也是推动产业转型升级的重要途径。近年来，市南区通过财政、金融、税收、人才、技术等多元化扶持措施，坚定不移推动企业上市、加快发展，培育了鼎信通讯等 95 家本土上市、挂牌企业，其中上市企业 4 家，新三板挂牌企业 26 家，65 家企业在区域股权交易中心挂牌。

今天，众多嘉宾齐聚青岛，共话“企业借力资本市场与配套服务”这篇“大文章”，为正在加快新旧动能转换、推动金融业创新发展的市南区带来了难得的学习借鉴与交流合作良机。就在几天前，在青岛市金融办和证监局的支持下，中国北方首个资本市场综合性服务平台——青岛资本市场服务基地在市南区挂牌运营。平台将借助上交所、深交所、全国股转系统，以及中国香港、新加坡、英国、德国、韩国、美国等境内外交易所的资源优势，汇集各类优质金融机构和中介机构资源，为企业上市提供培育辅导、协调服务、资本运营等一站式服务。当然，在资本市场建设和服务方面，市南区才刚刚起步，还处于摸索阶段。在此，恳请各位专家畅所欲言，不吝赐教，为市南区金融及相关产业的发展建言献策，提出宝贵意见。同时诚挚欢迎更多的企业家参与市南区经济社会建设，共享发展机遇，共创美好未来！

对 话

宋斌[*]：赵教授是一位持续多年研究证券和资本发展的专家，我看过他很多文章和资料，他的演讲有很强的历史感和深入感。下面我给各位提的问题有点小小的变化，想请各位都回答一段，企业对资本市场、对金融行业最大最迫切的需求是什么？请各位回答这个问题，第一个问题请秦总来讲。

秦谊：回国以后，我参加了信达的改制，从社保开始，把人民币交给私募基金进行管理，所以对于企业，对于资本的需求，还是稍微有一些了解。我们最近完成了全球经济 10 年创业公司的回顾，在这个回顾中可以发现中国并不缺钱，在任何板块的融资额，中国和美国是看齐的，在创业量的角度看，中国远远低于美国的科技公司。

举个例子，在过去 10 年中，美国供给创业公司 73 亿美元，投资了 269 家支付创业公司。中国在过去 10 年中，一共在支付创业公司中投资了 69 亿美元，投资额和美国不相上下，但只投资了 7 家公司。所以这是一个吸金的现象，少数公司把大量资金拿走了，我们是不是有其他的技术出现，有其他的备选方案？创业公司想要获得优良的资金，必须了解作为创业者如何和资金对接，应该做多少账、雇多少人、公司的章程怎么写、应该用什么办公软件、上市之前应该怎么设置股权计划等，更要清楚谁能够在上下游帮助到自己，使得企业更好在资本市场获得投资立足。

王国光：上市公司是整个资本市场的核心，国内企业上市的标准是所有企业和中介机构及资本市场都关心的。我做过境内上市，也做过境外上市，我觉得境外上市的标准非常清楚，但我们还是希望国内上市有

---

* 宋斌，时任云月控股执行合伙人，中国 / 北京股权投资基金协会执行副会长。

清楚明晰的标准和选择的原则。

罗明雄：我建议各家企业在遇到困难时，创始人一定要分清坚持和维持的差别。坚持是在遇到困难情况下的坚忍不拔，是朝着正确目标不畏艰难的持续努力；而维持则是没有意义的死扛，是没有想象力的苟延残喘。

因此，咱们作为企业创始人，一定要在深入调研的情况下确认一个清晰的目标，按照京北投资的四个正确——“正确的人在正确的时间，用正确的方法做正确的事情”，来对人、时机、方法、事情四个维度仔细分析，确实不是属于自己创业方向的，或者本身方向就是错的，或者这个创业方向已经是明确的夕阳产业，要勇于放弃，去找到自己擅长的领域，用合适的节奏去发展。

至于关于是否融资，是否上市方面的问题，创始人一定要对企业自身有一个清晰认识。投资机构是以赚钱为目的的，因此融资不是企业的终点，而是起点；同时一家企业是否需要融资，也要结合企业自身特点及阶段来有针对性的个性化来分析，并且充分用好债权、股权等不同的融资方式。另外，如果企业没有持续的发展空间，不能很好地解决财务规范等成本问题，那么企业创始人也不一定需要将上市作为自己的奋斗目标，踏踏实实做一家盈利的、对社会有价值的公司也挺好。

赵锡军：作为企业，我们从经济学研究角度讲，对金融的需求核心还是资金。我们要解决金融资源配置的问题，就是为了给企业解决资金的核心问题。企业缺少资金是表面现象，重点是需要从战略层面思考资金的用途与使用方法以及资金的保值增值。大部分企业只看到眼前，仅考虑如何把 IPO 做成功。成功后这笔资金怎么使用？甚至有一些投资项目都不知道这个资金用到哪里合适。

中国政府对产业规划的能力非常强。次贷危机时期，美国派了庞大的代表团跟咱们沟通，他们羡慕中国能短期动员大量的投资者进行投资。中国政府有产业规划，可以引导企业的投资方向，可以引导企业提前思考并确定资金的用途及使用方法。

刘锋：信用文化是企业最值钱的东西。例如投资银行，银河证券正在做调整，我们要给企业部门进行全生命链的提供金融服务。不仅仅是上市的时候来找我，在企业全生命周期的每个环节为企业提供融资服务。给个人提供全方位的财富管理服务。

同时，政府部门也可以通过创造良好的营商环境，减少各种手续，避免各种苛捐杂税不合理或重复的费用，也是尽量地给企业创造很好的增信环境。

这个做好了，资本市场自然会对你进行青睐。

Samuel Pan：我非常赞同刘总说的，企业在不同阶段对市场的需求不同。在初创期，企业没有盈利，因此政府补贴，包括税收优惠等各方面都非常重要。除了企业的不同阶段之外，不同的行业对于资本市场的需求也是不一样的。举个例子，澳大利亚在医疗行业有一定的优势，特别是药物的研发，这种初创公司很多，在生物制药方面有很多好的项目。最近有一个好的新技术，就是靶向治疗，适应 18 种癌症。我做到某种阶段就可以到资本市场上市了。澳交所有两个标准，一种是盈利要求，另一种是资产、融资达到一定市值，也可以上市。同时，它还有机会被较大的欧美药企收购，这样的企业的自我定位就是做研发平台。因为澳洲市场比较小，到一定阶段可能就直接把技术卖给欧美，而不是去发展更大市场。这样的做法跟以色列类似。

我觉得企业在不同阶段一定要准确定位对资本市场的需求，要平衡好，把资金运用好。

宋斌：澳大利亚有自己的特色，有优势的行业，它的资本市场构成也有自己的一些特色。

我们今天面临的是两个问题，一是中国的资本市场应该发挥什么作用，二是企业最为需要什么金融支持。根据云月控股在中国 10 年股权投资控股并购的成功经验，以及股权投资基金协会十年的行业服务实践，可以准确回答这两个迫切重要的问题。

我们从投资银行业务和政府经济管理的角度，研究中国资本市场的发展，30 来年时间虽然还有点短，但是内容非常丰富，有些深刻经验教训的过程。这条路走到今天，我们应该深刻地总结与反思，深刻地重新理解，继续强化市场定位，不忘初心。这个初心是资本市场为实体经济发展服务，而不是独立存在于整个产业经济之外。资本市场是证券市场、权益市场、期货市场的结合，不单纯是一个金融业的市场，实际上还是实体企业在其基础上整合和腾挪的平台。中国资本市场继续发展的关键，是要发现和检讨还有哪些政策、市场、体制、机制等方面的问题和阻碍，解决问题的方法是进一步深化改革，打破条条框框，往前再走一步又一步，用市场化的方法解决市场的问题。同时，金融服务业要大胆开放，金融投资业要稳步、准确、适时、适度开放，在股权投资方面，做更多更大的开放，特别是大力促进中国与各国的双向开放，这些开放安排对中国资本市场和支持产业发展大有好处。

第十一章
区块链技术在金融业的应用

近年来区块链技术在金融领域掀起一股热潮，大量传统金融机构、金融科技巨头及资本公司都在不断注资研发区块链技术，这必将带动未来经济和产业格局之调整。但当前区块链技术仍处于探索阶段，如何解决核心算法、性能等问题，形成行业技术标准，更深入进行场景探索，使技术和应用落地，乃是关键。中国金融行业正处于“开放、监管、创新”并举新阶段，开放推动创新，创新亦催生风险，如何使监管与创新同步前行，防范风险带来的连锁反应，使区块链技术高效、安全、真实的推动金融行业发展和转型，亦需要各界共同探索。

未来区块链更需中介而非取消中介

王永利*

大家知道区块链是诞生于比特币的，从比特币诞生以后，经过一段时间的沉积，到 2012、2013 年以后逐步为社会所认知，2017 年迅速升温。其间，在比特币基础上又派生出以太币、莱特币等新的区块链的应用。今天大家公认比特币是区块链的 1.0 版本，在这个基础上，以太坊又加了智能合约，有人命名为区块链 2.0 版本。现在大家还在不断探索区块链的演进。

在这个过程中，对于什么是区块链，其实说法非常多，但是缺乏统一的定义，这是我们一直希望工信部等部门能够牵头给它一个明确的定义，因为现在说法太多，想象太丰富，反而容易把它带乱了。

现在大家基本的说法是：区块链是去中心、去中介、点对点的交易处理体系，是全网验证、全网记录、不可逆转、难以篡改、可以溯源、公开透明的分布式账户体系，这是到目前区块链定义两个主要的内容。但是如果按照去中心、去中介、点对点交易这个标准，很多人所说的运用了区块链，那基本上都不是。因为现在几乎没有真正去中心的区块链应用。

很多人说区块链将是信任的机器，是价值的互联网，区块链将再造生产关系、经济组织、运行模式，将颠覆法定货币体系，颠覆复式记账

---

* 王永利，时任海峡区块链研究院院长、共享金融 100 人论坛理事长。

法，甚至将出现人人可发币、人人自金融、人人自组织的全新的社会。区块链似乎能解决人类社会一切的问题，让人充满想象和希望，但到底是不是这样?

这就需要在极度狂热中保持理性，要由表及里、去伪存真，抓住它的核心逻辑，准确把握其内在本质，避免出现方向性颠覆式的重大错误。

由于很多关于区块链的说法，主要都是基于比特币区块链而言的，这里也主要基于比特币区块链进行分析。

一、比特币这一类的加密数字货币能不能成为真正的货币，这一类的数字货币能不能颠覆法定货币体系

我们知道货币在人类社会存续了几千年，不断地演进，从最初的实物货币到规制化的金属货币，再到金属本位下的纸币，再到去金属本位的信用货币。不断地演进到今天它的逻辑和规律是什么，这是正需要我们去准确把握的。

货币在演化过程里面，特别是出来纸币以后，人们逐步发现货币的功能越来越多，货币的影响力越来越大，但是它最重要、最核心的功能是价值尺度。

要发挥价值尺度的功能，最基本的要求是币值一定要相对稳定。要做到币值相对稳定，理论上必须是一个国家的货币总量要与这个国家主权范围内法律可以保护的能够货币化的财富规模相对应。也就是说货币总量和财富规模要对应。

怎么对应呢？不可能一个个完全对应，所以就出来一个中介目标的概念。有一个全社会消费物价总指数的概念，所谓 CPI 的概念。当一个国家的 CPI 变动，即通货膨胀率的波动，在我们目标范围内，在可控的水平之内，我们就认为物价或币值是相对稳定的。

这里边我们讲的是相对稳定，因为一个国家越大，物价越不可能绝对稳定，同时又要将波动控制在一定范围里面不能失控。当你通货膨胀率的水平控制在一定上升范围里面，意味着货币在一定程度上是贬值的。货币的贬值有什么好处呢？它可以抑制存款、鼓励投资和消费，从而发挥货币政策的作用，促进经济的发展。正因为货币总量可以人为调控，而且有一个调控空间，货币政策才出来了，货币政策和财政政策一样，成为国家宏观调控的两大政策之一。但是有一个前提，货币的贬值或者通货膨胀不能失控，一旦失控，底层人民活不下去，社会就会发生剧烈的动荡，政府或朝代就会更替。历史上这种例子很多。

今天在货币政策上也面临着很多诱惑，诱惑人们超发货币。也正是因为这样的原因，使一些人开始说你们这个货币体系不对，人为能控制，就会有腐败、不公平，我们能不能用技术的手段形成一些人不能干预的货币体系？这也就催生了比特币这一类的加密数字货币。

但是我们要知道，货币发展的规律是货币要逐步从财富里面脱离出来的，成为一个财富的对应物，这样我们才能用货币总量完全跟财富对应，同时也跟着有一定的调控余地。因此像黄金这样实物属性强，受到它的储量和挖掘加工约束很大的东西要脱离货币，成为货币的对应物，当然可能有很大的储值的功能。这样就使货币发展到今天，成为人们所说的信用货币或者国家信用担保的货币。我自己觉得这个叫法不一定准确，因为很多国家政府的债务越来越大，是永远也还不了的，所以说是信用货币有点牵强。严格地讲今天的货币就是法定货币或者主权货币，是说一个国家的货币总量一定要跟这个国家主权范围内法律可以保护的财富规模相对应。也正因为这样大家会发现今天我们再回去用实物货币，用黄金做货币已经不可以了。同时我们再回去说民间发货币，货币的非国家化同样不可以。今天很多加密数字货币拥趸者都举一个圣典，说哈约克先生就说货币应该非国家化。但哈约克的想法到今天还没有落地，就是违反了货币发展的轨迹和逻辑。

我们来看看比特币。比特币运用了非常复杂的技术和严密的数学运算，但是在货币这个体系上是高度模仿黄金的，所以我们可以看到它是总量一定，而且每四年减一半，因为黄金储量是一定的，越容易挖的先挖出来，越往后越不容易挖，所以新增的产量理论上是越来越低的，总有一天会挖完。比特币也是一样，总量 2100 万个，每 10 分钟所含的含量系统设定好了，每四年自动减一半一次，到 2140 年基本上全部结束。

大家可能看到了现在的信用货币存在一些问题，但你再想回过去比照黄金设计出一种新的货币体系，本身就违反了货币的发展逻辑和规律，从这个角度来讲它不可能成为真正的货币。这些东西只能是一种网络虚拟资产，或者是在一个商圈里面运用的代币、商圈币。它不一定完全没有价值，难道说黄金脱离了货币就没有价值了吗？依然有价值，只要你有真正应用的场景。

大家会看到像比特币这样的东西，只要在大家认可的比特币圈里面，它也是有一定流通使用的基础。就像现在中国法定货币是人民币，不代表没有单位的饭菜票，商场的购物券一样，电商平台的积分等。

一旦确定了属于商圈币，就要严格控制在商圈里面的使用，不能出商圈使用，否则就在挑战法定货币的应用，如果冲击法定货币了，就一定会受到国家的监管。只要你做大了，对法定货币体系构成了威胁，它一定会来监管你。今天你会看到这个趋势已经出现了，各国逐步开始强化对加密货币的监管。这是我们要注意的一个问题。

大家知道比特币尽管模仿黄金，但是它的设计比黄金要严格得多，因为它每 10 分钟产币多少都告诉你了，人为是调不了的。然而，严格限定每十分钟的产量，就会使货币的供应量和经济的发展，财富的变化产生严重的分离，然后货币的币值根本难以控制。如果真的像比特币 2017 年初 1000 美金到 11 月份将近 2 万美金，有人说未来可能 10 万美金、20 万美金一个比特币的话，以它作为货币，大家想想整个币值的波动会多大。因为你上涨得快，可能贬得也会很大。更重要的是，比特币一开始没有引起大家重视，很多学生在宿舍里玩，因为不值钱，所以前期挖出来的比特币密钥不少都丢了，成为死亡币，而且这个是激不活的。今天大概 1700 多万的比特币挖出来，其中有三百七八十万是死亡币，那本来 2100 万个就很有限，再去掉三百七八十万个币的话，这个币的供应量就更有限了。更何况如果它真有上升空间的话，马上就会有很多人不是做币的支付，而是将其作为储藏物、收藏品，那供应量就更有限了。所以从这些角度来讲，真正搞货币的人就会发现，它其实很难发挥货币的作用，它更像是一个货币的对应物，像黄金一样作为储值物是可以的。

因此，央行数字货币或法定数字货币都不可能模仿比特币或以太币，形成全新的货币体系，而只能是法定货币的数字化、智能化。不可能在维持法定货币体系的同时，又推出和维持另外一套货币体系。

二、像比特币一类的区块链能不能颠覆世界，能发挥什么样的作用

比特币非常强调去中心、去中介、点对点。但是怎么实现去中心呢？一定需要社会上的计算机加盟共同运行，共同维护规则。因为如果系统运行的主机是某一家的主机，他要更改系统的规则是非常容易的，怎么能讲是去中心的呢？所以比特币一定是要社会上的计算机共同参与运行。

要大家参与的话，第一个前提是系统要开源，自动下载马上能运行，不需要做大量接口测试才能联网运行，否则根本就应付不了社会化、全球化加盟体系的需要。

第二规则要内置到系统里面，所谓的编码即规则。大家在运行这个系统的同时就是维护这个规则，未来未经过加盟的节点一半以上的同意，你即使一开始维护这个编码的人员也无权更改系统的规则。

但是要做到让社会的计算机加盟共同运行谈何容易啊，它需要共识、需要激励。最后的结果就是越追求去中心、去中介，就越是形成了

一种完全封闭的网络体系。你今天看到，比特币上面能运行什么东西呢？只有一个东西，就是比特币。而比特币是哪来的呢？是链生资产，是系统上挖矿出来的，跟现实世界没有任何的关系。正因为这样，它才能做到从一开始产币到币任何的转让变动，每一个账户都是全网监控的，是很难篡改的，是可以溯源的。正因为每个账户可以保真，所以我们才可以做到根本不知道账户后面的人是谁，只要保证这个账户是真实的就可以做交易。

结果有人在这个基础上演绎出来说，用了区块链就可以不用知道对方是谁就可以做交易，就可以去信任、去中心、去中介了，真的是这样的吗？

比特币去中心、点对点的交易是有严格的前提的。从一开始就必须在一个封闭的网络体系里面，交易的资产只能是链生资产，不可能把现实的财富送上去。当不能把现实的财富送上去运行，这怎么能解决现实的问题呢？所以比特币今天依然需要兑换成法定货币才能实现它的价值。如果不能兑换成法定货币，其价值会大打折扣。

问题是比特币这个区块链本身没有交换的功能，只有挖矿、产币和内部的点对点的转移。没有兑换的功能，要兑换必须要出比特币的圈到外挂的交易体系上。所以大家会看到今天出了很多数字货币的交易所，交易所出了问题不代表比特币体系出了问题。比特币的体系到了今天为止依然是安全的，前提是它是个完全封闭的，不受外面影响的独立体系。

还有一个，比特币产币的规则每十分钟多少个币，它忘了货币金融是连在一体的，金融是需要有贷款生息或者投资分红的。大家看看比特币产币的规则有没有贷款生息和投资分红额外币的产量呢？没有，必须出来换成法定货币以后，只有通过法定货币才能实现贷款和投资的需求。因此，如果严格用比特币的区块链，金融的功能会大受影响，这是我们需要看到的。

正因为这样，比特币区块链就带来一个问题，就是大家想象的非常好，它是一个全新的东西，但是它是完全封闭的体系，实际上解决不了我们现实问题。

因此，以太坊设计人说这样不行，这样就成为网络游戏了，在这个东西里面要解决实际的问题，所以以太坊在此基础上加了一个智能合约，在上面可以做一些私活。但是一加智能合约以后就打破了传统的封闭，今天以太坊的安全性就比比特币要弱一点了。

同时，比特币、以太币坚持全网验证、全网记录，量一大以后全网的存储占的空间非常大，效率非常差，消耗的资源越来越大。今天又有人探索能不能进一步提升，比如，一定要全网验证，全网记录吗？现有的银行不也就两地三中心，增加了一个热备份和冷备份，不是也没有出现大问题吗？我们能不能在全部节点里面选若干的核心节点，比如 21 个节点、31 个节点就可以？这就出现了 EOS 或者类似的东西，所谓的区块链 3.0，基本上是采用缩小节点，不再全网同时记录、同时存储了。

这又出来一个问题：这些核心节点谁来选呢？如果是由某一方指定核心节点，那不就没有去中心了吗？所以大家又在探讨能不能编一个系统，在选节点的时候就是去中心的。现在都还在不断地探讨，甚至进一步说到，挖矿需要巨大的能量消耗，一定要挖矿吗？类似这些方面，今天区块链都还在不断地探索改进。

那么，讲到这里我们可以得出一个结论，就是区块链目前还处在它的初创期、探索期，我们可能认为它很有发展的空间，但是不要轻易地说它能颠覆这个、颠覆那个，目前可以看到真正的应用非常地有限，还需要做大量的探索。

正是从这个角度来看，我从去年以来一直呼吁大家，一定要理性看待数字币、区块链。从目前的发展阶段和应用场景来看，区块链研发会有两大分支：一个分支是继续聚焦于底层技术的发展，就是公链的研发，不断地去改进。但是一定要知道底层技术、公有链的研发需要大量长期的投入，实现突破是很难的。希望有人继续沿着这条路扎扎实实地去研发、去创新、去突破。

另一个分支是应用。这个应用就不要想着像比特币一样的区块链，聚焦在挖矿造币上面去。我一直在呼吁大家要跳出比特币挖矿造币区块链的范式来找应用。没有挖矿造币，在金融领域的应用就不会像大家想象的那么可观，那么深刻，那么具有颠覆力，也就不要聚焦于虚拟币的炒作和割韭菜了。

那么区块链有什么应用呢？那就不要再去追求去中心、去中介，追求的是信息的分布式处理，连续的加密，可以溯源，不可以篡改等，优先做这些方面解决实际问题。从这个方面大家看到是有很多应用场景的，因为这个社会在加快向信息社会迈进。

首先可以找跟我们的财产或者债权债务交互频繁没有那么密切关系的其他东西。大家会看到，现在像 BAT 他们都在做网络游戏，不管是养猫还是养宠物，是网络应用，不涉及现实的财物和法律法规。

第二是做公益性事业，像捐款，是钱物单向出去不需要再回来，没有买卖关系，没有借贷关系，但是人们关心这个东西是不是按照我的意愿去了，所以可以溯源、可以追踪。

再进一步，我们现在很多行政事业单位在政务里面有大量的单证、合约、影像等等东西，我们能不能帮他推到链上，上网运行，保证这个东西是真的，合法的，不可逆转的，随时可以查的。这都是可以的。再进一步可能才是未来向着所谓计算机联网，信息联网和价值联网，也就是实物联网相融合的方向发展。所谓的真正的要解决我们现实问题，那可能还要有一段过程。

必须看到，区块链是多种技术的集成，比特币是第一个应用，也是到目前为止非常完整的一个封闭式的体系，它很安全，但是解决不了现实问题。越来越多的人发现，目前比特币区块链或者类似的区块链都存在着“去中心、高效率和安全性”三者不可兼得的三角难题关系，所以要实事求是，注重解决现实问题，注重应用的使用，要跳出比特币区块链的范式。

区块链可助力保险业资源配置

李晓林*

区块链由于它自身的一些性质，对当今社会具有不确定性的风险，但如果做了相关的约定之后，对风险可以起到一定的制约作用。

保险产品本身经营的是金钱，使用金钱购买与保障相关的产品，以交保费的形式达成领取保险金的目的。比如医疗过程中，可以调配一名保姆或者医护人员服务，也可能调配的是医药服务，而这些所购买的不同的东西，有不同的行为和走向，有的提升，有的降低，当这行为合到一起时自然会对资源配置起到很大的影响。所以，我们说区块链在提升资源配置效率等方面会有很大作用。

保险是做风险关系的，我们利用区块链的相关性能，比如智能合约，假设保障的是癌症，我们将癌症的相关信息放在区块链系统上，就可以形成自动赔付，一方面生成自动给保险金，另外一个方面可能给配置相应的医疗资源。这一个事情看起来简单，事实上由于一切在一瞬间完成的。这个过程当中改变原来保险相关资源。比如精算师的定价就不需要了。

保险本身是一个重要的资源配置平台。是说一个企业干活，社会公众买单。他买单的时候选择通过什么类型的平台，他完全可以通过交保费由保险公司来买单。这个配置最核心的困难就是这种不确定性的风

* 李晓林，时任中央财经大学保险学院院长。

险，而这种不确定性的风险，是由很多的行为带来的。只有达成一个约定，才能大大的提升资源配置。

用区块链创新特征来迭代传统行业

陈东敏*

“链湾”在中国推动区块链产业发展起步还是比较早的。“链湾”是2016年底我们跟青岛市北区政府，在共同探讨未来青岛市新型产业发展方向时，提出利用区块链新的增长期来带动新一代基于互联网的产业孵化和发展。我们认为政府的作用在于培育一个生态，让这个生态能够催生生态里面的一些企业，这是我们当时的主要观点。所以在2017年初我们出版了《链湾研究院白皮书》，介绍了“链湾”的生态构架、基础设施和加速培养区块链产业的创新机制和模式，培育产业集群生态是成功催生新兴产业的关键要素。我们认为区块链技术要应用到诚信体系的相关应用当中非常敏感，这需要一个非常稳重的体系，所以我们把监管放在了至关重要的位置。

青岛区块链研究院的定位是利用区块链的新技术创新特征与实体经济结合。怎么用区块链一些新的创新特征来迭代传统行业，是一个非常有价值的方向。

我们最关注的实际上是供应链金融创新。中国是一个制造业大国，目前的状况是最底端的供应商，最早花钱，最早做提供材料的零部件，却在最后一个得到支付，他们是非常艰难的。另外，为了放贷的安全性，银行只给顶级供应商放贷不给底层供应商放贷，导致底层供应链当

---

* 陈东敏，时任北京大学讲席教授、北京大学创新创业学院筹备组长。

中很难获得资本。这一问题恰恰是区块链通过共识机制，通过新的支付方法可以快速解决的。

我们认为区块链的问题在供应链金融创新当中，一定是能够产生最大效益的。在有限范围内共同达成智能合约的前提下，把一部分做账记账的支付方式交给一个信息化系统来完成，这是非常重要的。

谈到金融我要稍微讲一下监管问题，金融监管问题应该客观看待，恰恰因为比特币不被政府认可，反而可以利用创新思维发现新机会，通过比特币交换到现金，可以帮助初创企业获得融资，这和当年搞众筹是一样的。在中国，2017 年区块链领域进入了投机分子，借新的创新机制搞投机倒把的事情，给市场带来巨大的风险。中国政府正确的把它停掉了，但同时也导致正儿八经有创新思维的企业没有办法通过这种新渠道获得资本。个人认为，应该重新研究监管体制，使初创企业通过政府监督正确地获取资本。

区块链应用需关注内涵场景与风险

杨　涛*

当前金融严监管的大环境下，如何客观理性认识区块链的风险和应用？我们认为可以从两个方面看，一是其技术本身，二是其能否直接用于风险管理领域，以及应用到相关场景中是否存在潜在风险。

首先看第一个方面，谈谈技术本身。在任何时期，公众都有可能对当前时代的一些典型技术过于崇拜，现在看来，无论是过于崇拜还是贬低都有问题。回顾历史，不断出现某些重大技术，曾一度对特定时期经济社会发展产生重要影响，但也可能逐渐平庸。时过境迁，历史不断反复。

对于区块链来说，一方面它确实在分布式技术发展的历程当中有重大进步，另外一方面，它跟我们现在关注的各种前沿技术密切相关，不可分割。比如我们关注的技术类型，有人工智能、大数据，有移动互联网跟物联网，有分布式技术，从早期的云计算到现在的区块链，还有安全技术、生物识别、加密等。这样一些技术在发展当中，有时候是融合在一起的。比如说人工智能有三要素，第一有大数据作为生产要素，第二有硬件算力，第三有算法。照搬过来，发现区块链甚至其他一些领域，似乎也离不开这些要素。所以要客观理性看待区块链在整个新技术发展演变过程中所处的地位。面向未来，我们同样也会有一些前瞻性的

---

* 杨涛，时任中国社会科学院金融研究所所长助理。

技术，未来可能发挥重大作用。比如说数字孪生、边缘计算，还有脑机结合这样一些似乎令人脑洞大开的技术，未来会不会再带来重大变革？我们当然可以展望。

具体到区块链技术本身，首先对其内涵要稍微细分一点，避免出现经常讨论的鸡同鸭讲。归根到底讨论区块链技术实际是三个层面。

第一个层面是最基础的协议与基础设施层面。这一个层面讨论的是什么？讨论的是类似于技术应用。像一个操作系统一样如何嵌入原有架构当中。再往上第二个是通用层，也是一个技术扩展层。到了技术扩展层讨论的是什么？讨论的是这一技术要进一步向开发者进行开放，进一步在行业中应用，面对要解决的一些共性问题，比如你解决的是算力问题、解决数据溯源问题、解决确权问题，解决其他一些快速计算等等问题。最后一个层面才到行业应用层面。如应用到房地产还是金融领域，抑或是应用到文化领域。这其实是不同层面需要分别讨论的问题。

区块链相关的一些最重要的应用，主要是第二和第三层面，底层要做突破创新其实很难，归根到底，到第二个层面，大家关注最多的一个是跟数据信息的确认有关，另外跟流程溯源有关。这两个领域不仅应用到金融领域，非金融领域也应用得很多。到了第三个行业应用层面，为什么大家都去做币？因为跟数字资产，数字货币有关。似乎商业模式已经得到证明，但同时存在巨大泡沫和问题。

谈区块链，首先要把不同层面的特征梳理清楚。既要看到它究竟能够在哪些领域做一些事情，也不能夸大。举一个例子，当关注底层基础层面，分布式技术也不断演进，过去有云计算，现在它已经比较成熟。然后有区块链，区块链本身也有瑕疵和不足。纯理论层面大家在谈，下一代的分布式技术会往哪些方面走，如哈希图、有向无环图等。

我们认识技术，不管是从风险的角度，还是从其他的角度来说，重要的是要对技术本身有深刻了解，不能人云亦云。很多人推出区块链，推出自己的一套技术方案，说我这就是共识，这就是最牛的。但其技术方案往往是一个黑箱，别人不知道你做的是什么东西，那如何能够形成共识。

其次的问题，是我们如何把这些技术应用到相关场景当中。放得好就是能够服务于金融，服务于实体，放得不好会出风险，这是肯定的，一个重要的切入点是问题导向。也就是说，无论是金融领域还是非金融领域，我们要看现在的服务场景当中有哪些短板和不足，如果我们把区块链技术引入过来，是不是会缓解这些不足和短板，还是增加了矛盾。这是最重要的逻辑，而不是说我觉得这个领域可以用区块链来尝试把它替代。不是为了技术替代而替代，而是为了问题导向解决问题。

同样，我很同意如保险这样的应用领域。说到金融时，金融本身功能可能有支付结算，资源跨期配置、股权细化，还有风险管理、信息管理等，把这些金融教科书当中最基本的功能对号入座，你会发现有一些领域确实是可以切入的。但从整体上看，区块链最适用的领域应该说还是在非金融领域。在金融领域特别是涉及系统核心稳定性时，它一定会受到各个国家监管的严重关注。所以还是比较难的。

如何解决呢？例如，我们谈的流程溯源与信息的确认，如何在现有的金融服务流程当中发挥它应有的作用。比如说票据，过去特别是在纸票时代经常会出现一些问题，甚至有的银行拿到实物票据，莫名成了报纸，这样一些非常简单问题很容易用区块链解决。

有专家谈到供应链金融，它面临最大问题是什么？是这个链条当中二三级小供应商距离核心企业太远，它的信息信用难以进行判断，别人没有办法给它信用支持，如果它的这个信息能够上链，用联盟链方式，一定程度上是否能够解决信息不对称呢？这是一种思路。当然面临的另外一个问题就是这些中小企业是否愿意上链。所以第二个核心点就是我们依托不同的场景看需求，能否把区块链技术的应用对号入座放进去，来解决现有矛盾和短板。因为所有金融当中的短板归根到底就是几个问题，信息不对称、定价和交易费用跟成本，另外还有搜寻成本跟匹配效率。如果说我们解决了这些矛盾，又在现有的合规范畴内，这个风险就是可控的。

当前市场情况下，币、链等各类型产品涉及的内容太复杂，同时，国内乃至全球的发币项目多数都有问题，整个生态还有待进一步完善。

金融机构尚需对区块链继续探索

Mayda Lim*

关于区块链，我主要讲三点。

首先什么是区块链（What），在座很多专家已经讲到，我不再重复。

我关注的第二个W是在哪里（Where），这是更加核心的部分，即我们可以在哪里去运用这个区块链。现在有很多POC项目在银行、在金融行业都在开展。我主要讲三个案例分析。第一个是使用。我们用分布式的账本来针对商业租赁和商业借贷。如果要租赁一个商业办公楼，银行担保就会使用区块链。我们所使用的第二个场景是代理银行，我们在美国和澳大利亚之间有一个实时的代理银行，通过POC得到肯定或否定的实时反馈。我们参与的第三个积极参与的应用是，全球支付创新。起初只有六个创始银行参与，现在已经扩展到了二十二个银行，均参与到了具体项目当中。每天都有千亿美元流转在这一应用中，涵盖40多种货币，均基于区块链。所以我分享第二个W就是我们在哪里应用，很多案例分析已经证明区块链是可以应用的。

第三个W是人人都在观望（Wait and See）的状态。这与监管密不可分。很多金融机构依然对于这样的技术抱着观望的态度，就像火车车速本可以提升至很高，但是因为监管法规的限制，以及市场的采纳率，

---

* Mayda Lim，时任澳新银行技术服务总监。

无法进行实际提速。我们到底要看到多少案例分析才会去应用呢？我没有标准答案。但很多情况下，只有一方是不够的，我们需要一个完整的网络。这也就是为什么现在每个人都在观望。

建设全国区块链产业高地

焦明伟*

青岛是国家沿海重要中心城市，美丽并富有朝气，宜居且充满活力。六月成功举办的上合峰会，让全国乃至全世界领略了“世界水准、中国气派、山东风格、青岛特色”。市北区作为青岛的主城核心区，商贸物流发达，产业基础雄厚，近年来自觉践行新发展理念，加快推动新旧动能转换，坚持突出创新第一动力，做大做强“区块链”等六大特色产业，努力开创更有温度和厚度的主城核心区建设新局面。

今天，国家、省、市各级领导以及众多国内知名专家学者集聚岛城，共同探讨区块链技术在金融行业的应用，可谓精英汇聚，群贤毕至，这是青岛“链湾”项目建设进程中的一大喜事和盛事。市北区作为国内较早启动区块链产业发展的城区，已于 2017 年 6 月出台国内第三份关于区块链产业发展的地方性政策指导文件，并于 2017 年 9 月继工信部和贵阳市之后发布了全国第三本官方区块链白皮书，以区块链技术应用推广为重点，全面推进“链湾”建设。

目前，市北区已正式组建区块链工作推进中心及区块链产业研究院，搭建了“链湾”基本框架，初步完成专业人才、行业专家与渠道资源储备，陆续筹建产业基金平台等五大平台以及“供应链金融”等十大应用场景。在区块链技术不断创新应用的背景下，市北区将以“打造全

---

* 焦明伟，时任青岛市市北区区委常委、区政府常务副区长。

球区块链 + 创新应用示范基地、建设全国区块链产业高地”为发展目标，继续强化“区块链 + 产业”的新动能，为我省新旧动能转换综合试验区建设做出有益探索和积极贡献。

我们真诚地希望，通过此次高峰论坛活动，能够使更多的朋友了解市北、关注市北、支持市北，为市北区块链产业发展建言献策。相信在各方的共同努力下，我们一定能开创共赢的新起点，共创发展的新辉煌！

对 话

杨东[*]：谢谢 Mayda Lim 女士非常扼要的把我们三个典型案例，也是你们澳新银行亲自应用的案例介绍得非常清楚。对我们下一步区块链技术在银行的应用方面，我觉得是非常有价值和意义的。以上是四位嘉宾对第一个话题，金融风险防范，金融产品的创新，各位都提出了非常好的一些想法。

第二个话题是监管。区块链技术对于提高监管能力本身有什么贡献和价值。监管本身也需要改造。监管方面有没有更多一些好的建议和思考？包括从宏观的，国家层面的，地方层面和微观的风险控制层面能够有一些好的建议。首先有请李老师。

李晓林：涉及偏金融的监管，核心问题一是偿付能力监管，二是市场行为监管。偿付能力监管，不是用最符合市场进行预估，而是用最可靠性、最审慎进行预估。当出现不测的情况，我们还可以收拾这是可靠性，而市场行为监管指的是规范性。可靠性从风险防控角度来说，这一轮新技术里面最可靠就是我们的区块链技术。这里面无论是它的数据不可篡改还是去中心，都可以控制。只是当我们完全依赖于一些机制，通过机器完成这些机制的时候，我们要有一定的跟踪。

杨东：我追问一下，区块链技术如果保险公司没有必要了，如果区块链技术应用之后监管本身是不是可以淡化？因为我去蚂蚁金服跟他们交流讲课时，他们已经有一个相互保险牌照，监管可以植入产品当中，监管本身可以进行一个改变。所以监管本身可以比传统监管更加高效，低成本，而且更加简单

李晓林：信息的获取以及它的准确性，区块链无疑有积极作用。但

---

* 杨东，中国人民大学金融科技与互联网安全研究中心主任、法学院副院长。

我们不能简单地依赖，还要有一些其他的东西去干预。因为我们的市场有很多风险特征，跟全球其他国家是不同的。第一我们的市场是成长性市场，不够成熟。这里面有很多的因素，包括人力成本。在成熟市场，它的资源相对不是那么短缺，而人比较值钱，所以它把所有的问题都归为人力的问题。另外，我们还有一些特征，就是随机理想跟博弈现场的冲突已经到了高潮期。在这种情况下，我们还完全的寄希望于机械的协议。这个协议是有巨大的作用，但是我们要把它放在适当位置。在监管过程当中，我们要做好防范利己主义者的措施。

杨东：下面请陈东敏老师讲一讲。

陈东敏：我讲一个抽象问题，监管为了扶持创新是一件好事，粗暴监管对创新非常不利就要停掉，ICO 就是典型例子。青岛链湾提倡自律，自觉拥抱监管，一个健康生态更有助于初创企业发展，初创企业应该拥抱有效积极的监管，这是我们的观点。

区块链研究院平台是投资平台，把资本组合起来用平台的方式评估区块链的应用公司，引进区块链特征，利用区块链管理合作共同投资，其中有用到代币形式奖励生态中提供各类服务的企业或个人，某种意义上我们引进区块链方式做一定监管。

我主张在合适的领域使用区块链，为什么？它会下降取证成本比如大宗交易里面很多诈骗，每一个诈骗案政府要追查所有过程，取证周期跟成本太高，以至于很多案子没有办法下结论。如果能够把一个区块链技术用得恰到好处，降低取证成本和时间，这个生态会变得比较健康。我认为应该积极的使用区块链来减少监督成本，营造一种更良好的营商或社会环境。

杨东：谢谢。以链治链，区块链治理区块链。杨涛老师怎么看？

杨涛：我用简单几句话表达我的观点。

讨论监管问题的时候，像区块链这样的技术可以有效应用。但是要分几个层面来看问题。

第一个问题，监管面临两个方面，一个方面是宏观审慎的问题，它关注的是系统性风险。另外一个方面是微观审慎问题，关注个别机构可能存在的风险。从这个视角来讲，实际上在宏观审慎层面，我个人认为区块链能够做的事情不是特别多，因为现在就宏观审慎风险已经有复杂网络理论等等新技术，希望用来判断危机爆发的概率。但这很难，因为里面涉及很多复杂问题，包括政策选择本身可能对这个市场下一步预期产生非常复杂的影响。但是，区块链后续能够在微观审慎层面有所应用。无论对于信用风险、流动性风险，包括一些其他问题的判断，我们实际上完全可以利用这些新技术解决某方面的问题，这是我的第一个判断。

第二个判断是什么？监管安全是很重要的。大家现在最担心的就是风险跟安全问题。相关金融科技企业提供一些创新产品，长远来看也可以通过外包服务，给各级监管部门提供这样的技术支撑。但是需要注意的是什么？我个人觉得在区块链的应用在监管科技中难以单兵突进。因为我们说到监管科技时，还有更广泛范围，如从机构角度如何讨论合规。我们在这些监管层面当中面临一些挑战是什么呢？是监管成本问题，信息不对称问题，人力不足的问题。区块链，加上人工智能的深度学习，以及大数据的进一步整合，以及利用生物识别安全技术来进行身份认证，这些所有的东西融在一起，很可能给监管科技带来重大改进。这是第二个观点。

第三个观点是什么？技术很重要，另外在监管过程当中，现在看起来人力也很重要。这是什么意思？过去大家知道监管最大杀手锏是什么，面对这些问题做现场监管，现场监管才能看出你是否有挪用客户保证金，挪用备付金问题。现在遇到人力不足的问题，我们希望用技术替代。但是在实施监管措施的过程当中，落实监管指标，判断潜在风险都离不开人力资源。无论从监管者的角度，还是参与协助监管角度，相关的人也要不断提升自己的技术能力和水平来适应这种变化。实事求是地讲，如果最后都依靠区块链，依靠机器算法维持信任，仔细想一想成本反而是最高的。

为什么？过去依靠软信息依靠人力判断，有些情况下反而是效率比较高的。我前两天在一家智能家居企业参观，各个环节都是智能化控制，非常高档。最后有人说了一句话，所有的功能只需要聘请一位保姆就能够解决，听着也挺有道理。核心的意思是我们二者都离不开，既需要人力优化，来解决深度学习等技术应用中的黑箱或扭曲，也需要进一步拥抱和应用新技术。

杨东：谢谢杨涛老师非常精彩的三个观点，具有启发性。下面请 Mayda Lim 女士谈谈对这个问题的看法。

Mayda Lim：银行是监管的接受者，一般情况下合规成本比较高。怎样降低成本呢？市场上有很多技术可以应用。如果我们把这些技术和区块链连接到一起，实际是一个范式的变化。从封闭式的系统变成开放式的系统，这一过程需要投入很多教育。合规的成本确实很高，也确实需要有一些人来普及。这个过程并不仅是使用技术就可以快速解决的。我们能不能用区块链呢？我认为可能。但问题是，你想用区块链解决什么样的问题。如果可以的话，这一生态系统中所有人都需要理解这个技术的构成、应用，而且把技术恰到好处地应用在解决痛点上面。

杨东：其实澳大利亚在区块链技术应用方面具有非常丰富的经验，而且澳大利亚证券交易所，全世界第一个用区块链用去解决证券交易的一个交易所。另外，澳大利亚全球区块链技术表的秘书处就在澳大利亚。接下来我们会到澳大利亚考察区块链方面的应用，包括央行、数字货币、证券交易所的情况。期待澳大利亚经验更好被中国所借鉴。

我们期待着区块链技术在链湾研究院的具体工作下，青岛市北区在区块链的应用、区块链和金融场景结合、区块链和政务结合等方面探索出更加落地有特色的项目。

第十二章
中国财富管理发展指数发布

随着中国金融市场的发展，金融结构和功能都在发生着重要的变化。金融市场将从以融资为主过渡到融资与财富管理并重的时代。在此背景下，中国人民大学研究团队自2017年起开始编写《中国财富管理发展指数报告》。本指数体系囊括全球财富管理发展宏观指数、中国财富管理行业发展指数、区域财富管理指数以及财富管理前瞻性指数。通过指数化的方式，更加客观、直观地对中国财富管理行业发展现状进行描述，对财富管理行业未来发展前景进行预判，从而为财富管理实践提供参考和指导。

中国财富管理发展指数：青岛处于前五

钱宗鑫*

《中国财富管理发展指数报告》大概分成几部分，一部分是全球指数，主要是大背景，从全球范围看这个行业发展基本情况，包括发展规模、增长速度以及环境。中国财富管理行业的发展指数，在行业层面看，财富管理行业在中国发展的宏观情况。区域指数主要为了方便进行横向的比较。我们发掘中国主要的 19 个城市目前在财富管理的行业所具有的优势和各自的特点。最后团队利用统计方法，对行业在未来的发展情况做了简单的预测。由于部分 2018 年数据将于后半年发布，在此发布的指数结果仅为项目组研究的中期成果。

今年报告的主要结论是：

从全球看，财富管理行业在近两年里继续保持了良好的发展态势。总的来说，北美居于领先地位，亚太地区在中国等经济体的带动下继续保持快速增长，结构也不断优化，正快速朝北美和西欧等发达市场演进。

从行业结构看，新兴市场财富管理行业结构不断地向发达市场和地区趋同。

从中国来看，整个财富管理行业在过去五年内呈上升趋势，这个在行业内部出现了很多的分化。

---

* 钱宗鑫，时任中国人民大学财富管理研究中心副主任。

从财富管理行业的声誉上讲，财富管理行业的声誉逐年改善也是有分化的。在公众心目中，传统金融机构，像银行、保险相对于现在新兴的私募基金还是第三方财富管理机构，都是声誉比较高的。

从人才队伍建设角度讲，最近五年之内中国注册理财师的数量在不断地增加，在人才队伍结构上有很大的改善空间，在高端人才方面比较匮乏。在金融领域除了资金以外，人也是非常重要的因素。

从区域指数上反映，全国 19 个城市横向比较，目前处于前五的是上海、深圳、北京、广州和青岛。如果跟去年做纵向比较变化较大，广州市从去年第六名上升到第四位。

从前瞻性的分析上来讲，银行业和信托业的发展速度从 2016 年开始有所放缓。证券和基金保险业的基本情况，目前看还可以。

从区域角度看，基本看到北上深三个城市在财富管理行业领跑全国的趋势可能要持续很长时间。

《中国财富管理发展指数报告》编制方法：

一、无量纲化处理

数量指标无量纲化。在一些综合性指数的编制过程中，由于不同的衡量财富管理中心发展的指标单位不同，我们将其无量纲化，转换为 0—10 之间的数值再进行加总。例如财富管理的规模单位是货币金额，而理财师数量单位是人数，通过无量纲化，在加总这两个指标时把它们都转化为 0—1 之间的数值。

二、指标权重的确定

报告主要权重确定方法有两种：

1. 因子分析法：通过降维，将反映个体特征的多个指标转化为一个或几个少数综合性指标，从而使该指标兼具科学性、全面性和有效性等特点。该方法的优点是能够将大量指标变量构成的指数体系综合成几个简单的变量，以代表内部主要的推动信息。其缺点在于较为依赖指标变量的数值规律——相关性。

2. 简单平均法：在社会各界和专家对各指标的相对重要性存在争议

的情况下，用综合平衡来作为客观考量。

全球财富管理分大洲的整体规模和离岸财富管理规模，主要反映出该地区进行财富管理期间的跨境业务情况。高净值人群在整个财富管理规模里所占比例说明，财富管理行业中更关注高净值人群。

全球财富管理的发展指数也包含两个指标，一是整体规模增速，二是高净值人群财富增速，这里以国外机构对高净值人群的定义为准。

在大环境上讲，看相对比较简单的，比较透明的全球清廉指数。

按照我们这样的一个指标体系计算，按 2017 年的情况，我们排名的第一名是亚太，并不是因为它规模最大，而是发展势头上居于明显优势，如果看增速指标的话，远远超过北美。虽然北美略占优势，但是这个优势没有那么明显。这是目前的情况。整个财富管理行业在全球的发展，最近一两年有差距在拉大的趋势。

亚太地区 2005 年在全球管理规模的份额占 8%左右，经过十几年时间现在占到 20%，欧洲的份额从三分之一到现在的接近五分之一，跟金融危机的打击有关系。

中国金融中心的国际影响力在不断上升。金融中心在全球的排名有所上升，尤其是北京、上海和深圳这三个城市，现在进入了全球前二十的金融中心，在排名的 96 个城市里也有青岛。

目前来看高净值人群的财富占比，中国和美国加起来占了整个行业的半壁江山，中国财富管理行业在这几年有比较大的发展。目前来讲美国份额比较大。

从结构来看，整体上来讲，整个高净值人群财富管理的分布，从亚太和北美比较的话，它也在接近，现在说比较大的区别的话，我们经常讲中国和美国比，美国是机构理财为主，中国是散户自己投股市，如果看高净值人群不是这样的。在亚太地区，对股票的投资是 30%多，在北美这个比例更大，这里面这个股票有好多是非上市的股权。另外一个明显特征，你会看到财富集聚很明显，2011 年 0.5%的人掌握了 38%的财富量，2017 年 0.7%的人掌握了 45%的财富量。

从财富管理产品和机构发展情况看，新兴市场集中于投资性资产，发达国家和地区则相反。

中国财富管理行业的发展指数，主要看以下五个层面，一个是总体规模，再一个是它的产品，然后它的机构，另外是机构的声誉，还有人才队伍。

从规模上来看，我们看到从 2013 年开始，一直到 2017 年，从财富管理规模看，全国一直逐渐上升，到 2016 年出现下滑，2017 年出现大幅下滑，这个跟监管有很大关系。细分到基金、证券、保险、信托和银行来看，在过去的 2013 年到 2016 年期间，整个领跑的增长的主要是基金行业。2016 年这个趋势发生变化，但财富管理规模还保持增长势头。

从产品看，2016 年财富管理产品的数量在上升，增速在下降，2017 年由于增速的大幅度下滑，产品总数是减少了。而这个减少主要是细分行业的话，发生在哪两个行业呢？一个是基金业，一个是证券业，基金业和证券业的产品数量在下滑。

财富管理机构发展指数，更确切地讲是集中度的指数，主要是看细分到证券、基金、保险、银行这些行业来看，占理财规模前十的机构所占的市场份额是否增加或减少。从 2013 年到 2017 年这个柱子变得越来越矮的话，它的集中度在下降，2016 年和 2017 年做对比，这个集中在去年是反弹了，我觉得部分原因跟监管计划有关系。大机构的适应能力更强。

财富管理机构声誉指数，我们用了数据挖掘的方法，一方面结合调查问卷，一方面做文本分析。考察七类机构 67 家公司，根据一些关键词去看公众对这些机构的看法。总体来讲，像我一开始说的，机构里面，传统银行和保险的评价更高一些。从趋势看，公众对金融机构声誉的评价是上升的，除了 2016 年在股市动荡后有下降，整体趋势还是上升的。

财富管理人才队伍指数，这个理财师分四档，高端人才比较少。国际金融理财师少，这跟资本市场开放程度有关系。但对从业人员来讲，投资是往前看的，本身金融教育的投资还是有必要的，长期来看国际金融理财师的需求会上升。

区域财富管理指数，有四个出发点，一个是看这个城市的经济社会大环境怎么样，借鉴了国内现有的指数，另外对经济发展相关政策，尤其是财富管理的相关政策，我们利用现有的数据库组织项目组成员进行手工搜集，并从政府官方网站去读取金融相关政策进行手工整理。产生了各个细分的指标。地区金融规划重视程度以各报告和文件中“金融机构”、“金融人才”和“财富管理”三个关键词词频构建分项指数。财富管理需求方面指数由财富管理市场需求和居民财富管理认知度两个分项指标构成。

从区域总指数来看，前五的城市主要是北京、上海、深圳、广州和青岛，比较明显的变化是广州由去年的第六名跑到前面了。财富管理认知指数有一个调研，从这个调研看，今年这个指数在广州有明显提升，广州的财富管理也居于前列。

地区经济市场化程度方面得分前五名城市分别为：广州、杭州、宁波、深圳和济南。青岛市得分为 9.27 分，位列第六名，经济市场化程度高，财富管理行业发展环境较好。

地区金融发展政策支持程度指数得分前五名分别为：杭州、上海、青岛、深圳和天津。一线城市、长江经济圈城市以及沿海城市普遍得分较高，北京得分优势并不明显。

地区金融规划重视程度方面，该指数得分前五名城市分别为：广州、重庆、深圳、青岛和北京，得分均在 9.0 分以上，其中青岛市得分为 9.15，东北和西部城市得分多在 7 分以下。

财富管理需求方面，前五名城市分别为：北京、上海、沈阳、大连和济南。青岛市虽以 8.18 分位居第七，但与前五名差距较小。

区域财富管理规模指数得分前五名城市分别为：北京、上海、深圳、广州和天津，北上深优势明显。

金融理财师规模方面指数得分前五名城市分别为：北京、上海、深圳、广州和南京。财富管理发展不平衡，上海、北京、深圳目前仍然牢牢占据着全国金融机构和政策中心、全国金融市场中心和全国资本市场中心的位置。

地方性金融中心潜力巨大，如青岛和杭州在“财富管理”发文指标和“财富管理”规划指标上最为突出，率先抓住了中国财富管理崛起的机遇。而广州、重庆等在“十三五”、“金融机构”和“金融人才”指标上遥遥领先。各城市在分项指标上的侧重不同，如我国东南沿海及长江经济带城市经济市场化程度相对较高，一线城市财富管理需求和规模较大，金融理财专业服务人员集中，二线城市财富管理政策规划突出。

从发展潜力来看，2017 年全国前瞻性指数值仅为 106.14%，比前几年数值有大幅回落，但我国财富管理发展前瞻指数每年均超过 100%，说明我国财富管理仍有潜力，有挖掘空间。

各区域财富管理前瞻指数值由大到小，前六位分别是北京、上海、深圳、天津、广州、青岛。

产品指数前瞻展望，中国财富管理产品指数将持续增长，但其增长率，则于 2016 年见顶，2017 年较大幅度下降，而 2018 年、2019 年则可能有所恢复，但增幅仅为个位数。

财富与财富管理的责任

贲圣林*

当前，财富管理呈现出怎样的发展趋势？

首先，从《中国财富管理发展指数报告》中我们可以看到，亚太地区的财富管理增长速度领跑全球，中国财富管理行业整体也呈现上升态势。第二，财富管理正呈现年轻化的趋势，以“科技新贵”为例，年轻的科技新贵们掌握了越来越多的财富，苹果公司的估值接近万亿美元，这在以前似乎是不可想象的。第三，财富管理还呈现出科技化的趋势。当财富集中度越来越向年轻人靠拢时，新一代的理财投资者正采取截然不同的手段，进行全球化资产配置。第四，财富管理更趋透明化。例如，瑞士联邦税务管理局按照金融账户涉税信息自动交换标准，于2018年9月底同部分国家（或地区）税务机关交换了约200万条金融账户信息，此举为史上首次，也象征着财富管理透明化发展趋势的开端。

在新的发展趋势下，财富管理又面临了哪些挑战？

就传统财富管理机构而言，虽然其积累了相对良好的声誉，但仍需在新形势下积极培养新的核心竞争力，信托业、银行业等在这方面也都有非常大的提升空间。就新兴财富管理机构而言，例如替代金融领域的

---

* 贲圣林，时任浙江大学互联网金融研究院院长、中国人民大学国际货币研究所执行所长。

参与者（如私募基金等），它们作为传统财富管理机构的竞争者，也要积极思考如何真正给高净值客户提供更优更好的服务。金融科技企业在财富管理领域的核心竞争力体现在科技元素方面，在其他方面却还有很多不足并有待进一步提升。而传统金融机构在做财富管理的时候，是否也可以借用更多的科技元素呢？这是非常值得考虑的。

最后，我们要清楚认识到财富与财富管理机构的责任。财富资源归根到底来源于社会。财富管理机构应当审慎思考财富管理产品是否能对市场、对实体经济、对社会带来更好的影响，在积极开展产品创新、金融创新的同时自觉履行好社会责任，不要把创新的道路走偏了。

让老百姓能买到更安全的财富管理产品

冯　博[*]

首先祝贺《中国财富管理发展指数报告》的发布，今年是指数发布的第二年，本次的指数报告整体很全、很细、也很新，青岛在报告中排名第五，在此我对指数的发布和青岛表示祝贺。

贲圣林先生说，超高净值客户定义是在一亿元以上，但一般人不敢有这么高的期望，这个标准有点高；赵院长说，除了温饱以外，你剩下的钱是要理财的就是你的财富，这个标准更适合我们的国情。我认为财富管理指数的普惠性是相当重要的，这个指数是第二年发布，对中国金融领域提出了客观、公正、持久的价值体系，希望它能为更多的人提供服务。这样指数才能发挥出它的重要意义，对下一步的中国金融发展起到一定作用。

个人认为财富管理要从两方面看：

第一是财富管理的需求，我们国家越来越多的人手上有了余量资金，他们需要通过财富管理投出去，特别是十九大提出我国经济进入新的稳定增长时期，从财富角度看，大家钱多了，财富管理需求也必然越来越强。

应该说财富管理需求方强是国家经济发展必然趋势，但是当前财富供给方较少，如，现在大家现在敢买股票吗？能买得到债券吗？大宗商

---

* 冯博，大连商品交易所原总经理。

品投资有渠道吗？他实际上老百姓财富除了存银行只有股票可以买，当前却是不敢买，其他的没有渠道我们买不到，这是我们财富管理存在的一个大问题。还有一个问题在银行理财上，银行最近普遍宣布原来的高收益理财产品现在不给兑付承诺了，同时银行理财的利润在下降，人们可选择产品余地下降，产品的流动性也在变差。从我们百姓角度看，钱放在银行不那么挣钱了，不那么安全了，不那么快了。

整个社会财富配置能力在下降，怎么解决？最近我们在去杠杆，大家资金更安全了。这点业外人士不是很敏感，原来我们以为自己的钱放到银行是安全的，实际上银行也是委托基金、证券公司来做，也是存在风险的。如果银行委托的机构出问题指导投资人直接损失。现在去标杆让人们有时间和机会在投资前自主审视产品情况，保持理性，谨慎投资。

第二是财富管理面临的任务。下一步的发展，要解决财富如何有效进行投资管理的问题，这是比较重要的问题。让更多老百姓能够买到更安全的产品，是我们下一步发展的重要方向。

用富人思维看待财富管理

管清友*

我讲两方面问题，一是观念，二是策略。

观念，我们要学会用富人思维看待财富管理。

举个例子，2018 年我在亚洲博鳌论坛上的发言引起了质疑。有记者提问房子的问题，我只说了一句话“如果你买不起，那就多买两套”，我不解释。如果你想深度理解这句话的含义，请认真思考。

第二个例子，去年我做互联网内容支付的产品开发，收到很多用户的留言和私信，“199 元太贵了，怎么这么贵?”看到这个留言我有些哭笑不得，金融专业人士的服务费比较高，我们一个团队打造的专业课程，收费 199 元，用户却认为贵。如果用这种思维去做财富管理，那么很难成为富人。

从这个观念讲，我们传统上的做法，甚至我们父母原来教给我们的做法，其实都是不合时宜的，或者说都不是正确的观念，所以观念很重要，用富人思维看待财富管理，不要怨天尤人。

策略方面，要用去市场买白菜的策略做资产配置。无论是百万、千万、还是上亿的资产，每个人都有自己的基本策略。拥有 10 亿现金的人和拥有百万现金的人，资产配置一定不同，但无论是什么规模，都要用去市场买白菜的策略做配置。

---

* 管清友，时任如是金融研究院院长、如是资本创始人。

罗振宇说，中国人在什么时候有获得感？是去菜市场买菜的时候。无论什么身份，跟老板讲价成功之后内心会涌出满满的获得感。同理，做财富管理资产配置，一定要有斤斤计较的策略和心态。很多人觉得买P2P理财产品、买股票投资不需要询价，好像天天都是机会，相反买大白菜却会比较计较。我的一些朋友在四五线城市生活，偶尔致电给我说，“管老师，我这儿有内幕信息，某只股票如何如何……”，我说这个消息到了你那里还是内幕信息吗？大家一个基本的心态应该是什么？学会用买大白菜的心态做资产配置，这是资本的策略。

冯小刚的《1942》里面有一句话说得特别好，老板踏入了逃荒的队伍中，别看我们都在逃荒，这是天灾人祸没有办法，如果我们回到风调雨顺的时候，我还是老板，你还是员工。实际上是讲，一个人对自己财富创造的基本思维，这就是差别。差别在哪儿？在脑子上。

未来十年财富管理市场趋势

李　琳*

今天和大家分享一下，我过去一段时间以来观察到的一些现象和思考。

有两个方面讨论一下，第一是财富管理领域如何实现金融产品供给的多样化，第二是如何将中国超高净值客户或个人的投资需求和金融服务实体经济的主旨相结合。高净值客户是资金供给方，我们一方面需要持续为其创造价值，也需要维护其财富的保值增值，同时有一个传承。财富管理这个话题很广，今天主要集中在财富的保值增值方面。目前中国的高净值、超高净值客户，他们的财富大多来自于传统的实体行业，青岛地区的主要来自于贸易。

当前中国经济模式不具备可持续发展性，企业面临转型升级的需求。现实是并非每家企业都能实现数字化，虽然都希望能转型升级。高净值个人参与到实体经济的转型升级有另外的渠道，就是通过投资来间接的参与，而不是停留在买房为主的老的投资思路。

我们特别强调，金融要服务实体经济，但是很多时候有政策导向，但实际操作和效果上有很大差距。首先要了解实体经济需要什么样的资金。我们讨论双创，讨论各种各样的概念，大数据、精准医疗等这些非常好的想法都在萌芽过程当中，它们需要长期资

---

* 李琳，时任中国人民大学国际货币研究所特约研究员。

金，但是中国普遍缺乏耐心的资金。同时，中国的商业银行体系对小微企业的贷款比例始终很低，尽管多年来政策在倡导，但是这个比例仍然停留在较低的水平，存在资金需求和供给不匹配的状况。

从财富管理角度说，个人投资方案跟财富规模、年龄、家庭构成、预期消费和风险偏好等因素有很大关系。从投资品种来看，我们预期个人高净值投资者的偏好将从固定收益向权益类投资的提升。从固定收益到权益，从短期投机到长期投资，这是未来的趋势。

过去十年，相对于传统的股和债，另类资产的崛起，给多元化的资产配置组合提供了更多的选择。当前，由于“本土偏好”(home bias)对海外经济和资产缺乏了解，大家的财富多以国内资产的形式存在，建议大家通过专业机构来进行全球化的配置。过度的集中到某一类、某一国的资产，无法避免单一负面冲击给财富带来的打击。我们提倡多资产类别，跨国别的资产配置，来做到合理、科学的分散，从仅仅投资中国到投资全球的转变也是未来的趋势。

购买多种产品不叫资产配置。资产配置是从上到下的一个系统工程。比如说股灾的时候买中国股票、买日本股票、买美国股票，出现危机的时候这些都会下挫，起不到分散风险的效果。要从更高的层次更加全面的思考资产配置的概念，引入科学的资产配置操作，而不仅仅是买一揽子随机的产品。

个人投资者如何实现上述趋势的目的？在当前高净值个人投资者资产中房产比例较高，股票比例较高的情况下，建议适当增加另类资产的比例。另类资产投资一般门槛较高，作为个人投资者，投资另类资产可以通过母基金，以避免单一项目的风险。现在中国市场不是很完善，投资环境鱼龙混杂，个人投资知识比较欠缺的情况下，特别建议通过专业机构，投资一些母基金，分散风险，保值增值。

投资还是有风险的，大家一定要根据风险偏好做出科学合理的判断。要了解自己，了解产品，了解什么是资产配置。

对 话

赵锡军[*]：李琳女士给大家提出了更加细致的投资考虑和选择，特别是从实体经济结构的变化和产业新的发展角度来考虑财富的投资方向。同时，要关注自己的风险偏好。给无论是高净值的还是普通投资者，都提出了相应的对策和建议。关于投资的考虑和选择，请嘉宾分享一下自己的投资方式，财富管理是自己做还是找机构？

贲圣林：我自己对财富管理比较差，到目前为止，基本是我太太在管理。

冯博：最近一些搞投资的朋友推荐我买股票，我不敢买，原因是年龄大了承担不了股票波动的风险。对年龄相对高些的人群来讲，投资固定收益产品可能更合适，真要做操作，可以购买债券基金。债券基金的收益稳定、波动小，比存放银行收益高点，也更安全。建议大家买大公司和专业化公司的基金，安全性更高些。

管清友：刚才说投资有风险，我觉得不投资就是最大的风险。大家一定要有投资的最基本的思维。给自己时间去系统学习投资、给自己信心去实践、给自己耐心去积累。

李琳：作为个人投资者，要回避单一项目，单一股票，投资要通过专业机构，资产组合多样化！

贲圣林：我不是很好的投资人，但是投资有一个铁率，你要在恐惧和贪婪之间找一个平衡。互联网平台爆发危机，它本身不够自信，缺乏有效的危机处理手段，最后得靠政府来兜底，这是不正确的。因此投资人要教育自己，在贪与怕之间找到一个比较好的平衡点，我觉得这是特别重要的。

---

* 赵锡军，中国人民大学财政金融学院副院长、金融与证券研究所副所长。

冯博：时间关系，补充一点，从专业的固定收益人士角度看，你要是安全稳定的每年挣个小比例收入，如年利率 5%，稳定持续十年，会比同期在股票市场和期货市场剧烈波动的投资结果更好。

赵锡军：希望我们的讨论对大家有所帮助，也祝愿在座的各位进入高净值的人群，实现财富自由、幸福人生。谢谢大家。

后　记

拥抱开放：做好中国自己的事情

张燕冬*

时光荏苒。2019年，青岛作为国家级财富管理金融综合改革试验区迎来了五周岁生日，而“青岛·中国财富论坛”也将举办第五届了。

2014年2月，在现任中国人民银行党委书记、中国银行保险监督管理委员会主席，时任山东省省长郭树清和现任文化与旅游部副部长，时任山东省委常委、青岛市委书记李群的推动下，中国人民银行等11个国家部委批复设立青岛市财富管理金融综合改革试验区。五年来，试验区稳步探索财富管理发展的模式和途径，金融业与财富管理行业呈现稳中有进、进中向好的发展态势。2018年，青岛金融业实现增加值800.4亿元，是试验区获批前的1.7倍；金融业增加值占GDP比重由试验区获批前的5.9%提高至6.7%，成为国民经济重要支柱产业。青岛市连续六次跻身“全球金融中心”排名前50，最新排名全球第29位，“财富青岛”成为崭新的城市名片。

这一系列成绩的取得，也有“青岛·中国财富论坛”一份微薄的贡

---

* 张燕冬，时任《财经》智库总裁、《财经》杂志副主编。

献。自 2015 年首次举办以来，在山东省政府、青岛市政府的指导下，论坛始终以促进中国财富管理行业的健康发展和对实体经济的支持作用为目标，推动政商学界的深入交流与探讨，并积极引进国外金融机构在青岛的交流与落地。除论坛外，《财经》《财经智库》也努力推动海内外的一些金融机构与青岛相关部门进行深入交流，以促成一些具体项目的落地，如伦敦金融城与青岛的合作等，从而给青岛当地带来对外合作的空间。

论坛从一开始就注重国际化，遵循时任省长郭树清的指示，每年邀请十几个国别的外国嘉宾出席，并与国内尤其是山东和青岛的企业与金融机构进行面对面交流，而外国嘉宾的广泛参与，也进一步增强了“中国财富论坛”的国际影响力，这对青岛在“全球金融中心”中的排名不断向前有很大的促进作用。

当前，国内外经贸环境的严峻与复杂，以及金融、财富管理、实体经济领域的相关问题，很多都在“青岛·中国财富论坛”中有所提及。回顾 2018 年财富论坛的内容，颇为感慨。

大家知道，2018 年是中国经济发展面临严峻挑战的一年，其复杂性、技术性、国际性已呈剧烈变动态势。中美贸易摩擦常态化给外需带来负面影响，对完成既定的 GDP 目标带来了诸多压力；国内方面，从高速发展向高质量发展的转型，更加强调防范金融风险和金融去杠杆，这给寻觅经济发展新动能提出了更为严峻的挑战。鉴于此，如何更好地发挥金融在中国经济发展中的作用，如何通过金融服务业等领域的开放，化解贸易摩擦压力，并以新一轮开放推动中国改革，都将考验各方智慧和定力。在此过程中，厘清新监管架构和目标下金融监管的核心功能，理顺金融开放、监管、发展和创新的关系，真正落实服务实体经济、防范金融风险、深化金融改革，也需要监管部门、金融市场以及相关经济部门的彼此密切配合。

在此背景下，“2018 青岛·中国财富论坛”围绕“探寻开放与监管新范式”这一主题展开，就世界复杂变局下的中国经济、开放与监管并举、金融助推新旧动能转换、科技金融实践与规范、突破金融服务实体瓶颈、资管新规与财富管理变革、金融城建设与生态环境、企业借力资本市场与配套服务、区块链技术在金融行业的应用等话题展开了深入探讨，并发布了“中国财富管理发展指数”。许多嘉宾的发言，今天来看仍具有很强的专业性、权威性和前瞻性。

从国际环境看，中美贸易摩擦不断升级，成为年度影响最大的事件。两个大国之间的贸易对垒，牵动的不仅是两国国民经济的神经，更是引发国际连锁反应的导火索。在论坛上，多位嘉宾就此进行了分析。美国联邦储备委员会前主席艾伦·格林斯潘（Alan Greenspan）通过对中美经济的比较与分析，提出加税会导致经济陷入衰退，应停止继续施加高关税，“资本和贸易上的战争会带来经济下滑，整个西方世界可能都会陷入经济困境。在这场资本和贸易战争真正开启之前，我们一定要及时止损。”格林斯潘提示人们，目前民粹主义正在席卷美国大陆和欧洲国家，且在不断扩张，民粹主义区别于其他思想，是非稳定思潮，无法捕捉到理性和问题的核心，这是一个特殊的历史现象。

中国方面的嘉宾也有自己的看法。中国证券监督管理委员会副主席方星海认为，美国当前的对外政策是基于国内的政治变化，“这个变化有深刻的民意基础。而且这个外交政策的转变，可能要持续很长一段时间。”光大集团研究院副院长、光大证券首席经济学家彭文生也认为，未来贸易战可能扩大。显然，嘉宾们都觉得贸易争端不会被简单解决，要做好打持久战的准备。

中国应该怎么做？嘉宾们给出了自己的答案。方星海认为，“要加大改革开放力度，把自己的事情做好，然后冷静分析国际经济体系的改变，找准自己发展的路径，延续我们过去改革开放 40 年来发展的良好势头。”国家发改委学术委员会研究员、中国国际经济交流中心首席研究员张燕生也有同样的看法：“先要做好中国自己的事情，然后从全球的角度来推动开放、发展和合作。”法国巴黎银行首席经济学家陈兴动则更具体地提出：“中国应当利用 2018—2020 这三年促进国内经济发展从高速度向高质量转型。中国最大的优势就是庞大的国内市场，要积极调动国内需求。”嘉宾的用词也出奇一致，那就是“做好中国自己的事情”。只有国内的问题处理好了，才能从容不迫地应对复杂的国际环境。

在这样的大原则下，对于正处于转变发展方式、优化经济结构、转换增长动力阶段的中国经济来说，如何在复杂形势下内外兼修，成为新的命题。而错综复杂的国内外经济金融形势，也给中国金融与财富管理行业带来很多不确定因素。诸多嘉宾就此进行了分析。中国银行保险监督管理委员会副主席周亮和梁涛分别给银行业和保险业点明了发展方向，那就是必须回归本源、服务实体；严格监管、守住底线，防控金融风险；深化改革、扩大开放。中国互联网金融协会会长李东荣对财富管理提出了几个方向的建议：打造规范协调开放的财富管理市场体系、有序推进金融科技在财富管理领域的应用、扎实做好投资者保护与风险教育工作。全国社会保障基金理事会原副理事长王忠民就如何处理好发展与去杠杆问题，呼吁要用市场自身的逻辑、工具和方法来看待去杠杆问题。

一些嘉宾则提出了更明确的建议。中银国际研究公司董事长曹远征认为影子银行是一种进步，对影子银行业务，要将非标准资产回到资产负债表内；大成基金副总经理兼首席经济学家、中国人民银行金融研究所前所长姚余栋则建议推动股权众筹制度来解决中小微企业的融资难、融资贵问题；中国银行原副行长王永利则就如何缩短资金传递流程、提高融资效率提出了自己的建议。

就出台的监管新规，嘉宾们也是寄予厚望，新华人寿保险股份有限公司董事长万峰认为监管新规将引导保险行业更加注重负债端改善；中泰证券首席经济学家李迅雷认为资管新规将打破刚兑，清理表外业务；中原银行首席经济学家王军则认为监管新规对于业内和市场的冲击将会很大，实施时要把握好度。

总体来看，嘉宾在一些大的思考上存在共识。其一，对国际环境和中美贸易争端尤其对贸易战的扩大化和持久性持谨慎态度；其二，深入推进包括金融业在内的各领域的改革开放，是中国的不二选择；其三，金融业的对外开放和对内强监管存在内在合理逻辑，要把防范金融风险放在重要位置，但“去杠杆”不能“重叠”进行；其四，金融与财富管理一定要回到服务实体经济的轨道上来；其五，金融科技的创新与应用是金融与财富管理行业变革的重要法宝，在创新模式的同时要注重制度和基础性研发创新。

在此，除感谢嘉宾们给论坛带来的精彩观点外，我还要代表《财经》《财经智库》感谢山东省政府、青岛市政府对论坛的鼎力支持，感谢郭树清主席给论坛的积极支持，感谢青岛市长孟凡利、副市长刘建军对论坛的关注和支持，感谢青岛市地方金融监督管理局（原青岛市金融工作办公室）王锋、王锦玲副主任，张辉、李鸣处长的持续支持，感谢人民出版社的专业支持。另外，要特别感谢海尔集团（青岛）金融控股有限公司对出版本书的大力支持。

最后，我要强调，“财经会议”已成为《财经》《财经智库》内容输出的重要部分，她不仅已成为一种平台品牌，更是关注全球和中国经济发展趋势的一个窗口，同时也是对地方、企业、领域提供问题解决方案的一个思想与行动结合的市场。希望呈现给大家的《探寻开放与监管新范式——2018 青岛 · 中国财富论坛》一书，能带给读者以思考和启迪，也希望即将举行的“2019 青岛 · 中国财富论坛”能呈现更多有洞见、有价值的思想。

2018 年 6 月于北京

责任编辑：鲁　静　刘松弢
责任校对：周　昕
封面设计：胡欣欣
版式设计：杜维伟

图书在版编目（CIP）数据

探寻开放与监管新范式：2018 青岛 · 中国财富论坛 / 王波明 主编 .—北京：人民出版社，2019.6
ISBN 978－7－01－020791－9

I. ①探…　II. ①王…　III. ①投资管理－研究－中国　IV. ① F832.48

中国版本图书馆 CIP 数据核字（2019）第 086191 号

探寻开放与监管新范式
TANXUN KAIFANG YU JIANGUAN XINFANSHI
——2018 青岛 · 中国财富论坛

王波明 主编
张燕冬 执行主编

人民出版社 出版发行
（100706　北京市东城区隆福寺街 99 号）

中煤（北京）印务有限公司印刷　新华书店经销

2019 年 6 月第 1 版　2019 年 6 月北京第 1 次印刷
开本：710 毫米 ×1000 毫米 1/16　印张：22.25
字数：312 千字

ISBN 978－7－01－020791－9　定价：70.00 元

邮购地址 100706　北京市东城区隆福寺街 99 号
人民东方图书销售中心　电话：（010）65250042　65289539